Alfred Elste
KÄRNTENS BRAUNE ELITE

2000

Alfred Elste

Kärntens
braune Elite

mit einem Beitrag von
Siegfried Pucher

Verlag Hermagoras/Mohorjeva
Klagenfurt/Celovec–Ljubljana–Wien 1997

Für Dita

2., verbesserte Auflage

Alfred Elste: Kärntens braune Elite
Umschlaggestaltung: Prof. Mag. art. Fritz Rathke
Fotos: Sammlung Alfred Elste
© 1997, Mohorjeva založba / Verlag Hermagoras, Celovec / Klagenfurt–Ljubljana / Laibach–
Dunaj / Wien
Gedruckt mit Unterstützung des Bundesministeriums für Wissenschaft, Verkehr und Kultur sowie
des Landes Kärnten

ISBN 3-85013-476-8

Inhalt

Vorwort 7

Einleitung 9

Danksagung 14

Abkürzungsverzeichnis 16

Erwin Aichinger 18

Moritz Czeitschner 35

Ottokar Drumbl 45

Karl Fritz 51

Johann Hauser 60

Hugo Herzog 65

Hubert Klausner 70

Sepp König 87

Hans vom Kothen 91

Franz Kutschera 98

Ernst Lerch 104

Alois Maier-Kaibitsch 112

Karl Pachneck 121

Friedrich Rainer 125

Walther Rentmeister 140

Otto Schatzmayr 144

Hans Scheriau 148

Hans Steinacher 150

Mathias Zmölnig 172

Odilo Globocnik 179

Literaturverzeichnis 200

I. Unveröffentlichte Quellen 200

II. Zeitungen, Periodika 201

III. Veröffentlichte Quellen und Darstellungen 203

Namenregister 211

Anhang 215

Vorwort

Zu den Klischees, die Kärnten betreffen, zählt der auch für österreichische Standards ungewöhnlich lockere Umgang mit der nationalsozialistischen Vergangenheit. Wie viele Klischees ist auch diese eine Vereinfachung, aber keine Verfälschung. Zwar war der „Reichsgau" Kärnten keineswegs der mit der (relativ) höchsten Zahl von Mitgliedern der NSDAP; aber die „Grenzlandproblematik" gab dem Kärntner Nationalsozialismus einen besonderen Charakter, der auch für eine spezifische Wirkung nach 1945 sorgte.

Die vorliegenden Biographien unterstreichen dies. Dies gilt für Odilo Globocnik, der sowohl in Polen als auch in der „Operationszone Adriatisches Küstenland" einer der schlimmsten Massenmörder des nationalsozialistischen Regimes war. Dies gilt für Friedrich Rainer, der als Gauleiter von Salzburg und von Kärnten eine wichtige Figur gerade auch bezüglich der Vertreibung der Slowenen war. Dies gilt für Ernst Lerch, dessen Strafverfahren ein besonders negatives Licht auf die österreichische Justiz wirft. Und dies gilt erst recht für Hans Steinacher, der – trotz seiner prominenten Rolle als Nationalsozialist – eine prominente Rolle im Kärnten der Zweiten Republik spielen konnte.

Die knappen Biographien, die Alfred Elste verfaßt hat (und die Ergänzung von Siegfried Pucher zu Globocnik), ergeben ein ebenso eindrucksvolles wie schlimmes Bild. Es ist das Bild einer Kontinuität. Der verbrecherische Charakter des Nationalsozialismus war schon lange vor 1938 angelegt; und er wirkte noch lange nach 1945 nach. Das ist zwar keine Kärntner Besonderheit – aber in Kärnten werden diese Zusammenhänge besonders deutlich.

Univ.-Prof. Dr. Anton Pelinka

EINLEITUNG

Die vorliegende Sammlung 20 biographischer Skizzen von „Alten Kämpfern" der NSDAP in Kärnten reflektiert jenen Parteigänger, mit dem die Nationalsozialisten in ihrem Selbstverständnis die Dauer des „Kampfes" betonen wollten, indem die Partei auf diese Veteranen verwies. Elite in dieser Elite war die „Alte Garde", das waren die Inhaber von Mitgliedsnummern unter 100.000.[1] Formal gesehen trifft in der österreichischen NSDAP die Bezeichnung „Alter Kämpfer" nur auf NSDAP-Mitglieder zu, die ein Beitrittsdatum bis zum 19. Juni 1933 (Verbot der NSDAP) vorweisen konnten. Dieses Privileg wurde aber auch jenen Nationalsozialisten zuteil, die den „Blutorden"[2] verliehen bekamen und die „nachgewiesenermaßen eine außerordentlich verdienstvolle Tätigkeit in der Partei oder einer ihrer Gliederungen vor dem 11. März 1938 ausgeübt haben."[3] In diesem Kontext wird die in dieser Sammlung präsentierte „braune Elite" als „Alte Kämpfer" apostrophiert.

Die Zusammenstellung erfolgte aus rein pragmatischen Überlegungen und steht weder repräsentativ für die Gesamtheit aller „Alten Kämpfer" der NSDAP in Kärnten, noch besagt sie etwas über die größere bzw. geringere Bedeutung einer hier vorgestellten bzw. nicht vorgestellten Person. Der vorgegebene Raum bedingte eine Einschränkung bei der Auswahl. Zudem wurde auf eine hierarchische Ordnung nach Parteifunktionen und Positionen verzichtet. Das ist aber auch Ausdruck eines historischen Sachverhalts: „In der NSDAP [...] sagten formale Kompetenzen, Ränge und Positionen nicht unbedingt etwas über den wirklichen Einfluß aus, sie bilden daher in vielen Fällen keine sicheren Anhaltspunkte für die Stellung eines NS-Führers in der Hierarchie der ‚braunen Elite'".[4]

Im Vordergrund jedes Porträts steht der innerparteiliche Auf-

---

[1] BEDÜRFTIG, Friedemann (1994): Lexikon III. Reich, Hamburg, S. 10 f.
[2] Siehe Anm. 202.
[3] ÖStA-AdR, Bestand Bürckel, Büro Knissel, Kt. 35, Mappe Gauleiter Bürckel, Anordnung Nr. 34/38, datiert 23. 9. 1938.
[4] SMELSER, Ronald/ZITELMANN, Rainer (Hg.) (1990): Die braune Elite. 22 biographische Skizzen, Darmstadt, S. VII.

stieg des Hitler-Promotors bis 1938 und sein protagonistischer Anteil an der nationalsozialistischen „Machtergreifung". In groben Zügen wird auch seine Position im „Dritten Reich" nachgezeichnet und seine Beurteilung durch die (Entnazifizierungs-)Gerichte nach 1945 zur Diskussion gestellt.

Wer waren die Protagonisten der NSDAP in Kärnten? Welche Erfahrungen führten sie zum Nationalsozialismus? Welche Funktionen bekleideten sie im polymorphen Parteiapparat? Was wissen wir über ihren sozialen Hintergrund, ihre Persönlichkeit, ihr Weltbild, von dem sie sich leiten ließen? Welche Karrieremuster lassen sich herausfiltern?[5]

Auf diese Leitfragen versucht der vorliegende Band Antworten zu geben. Dabei wird jede biographische Skizze in einen „rahmenfüllenden Hintergrund" eingefügt, das heißt, daß auf der Folie des politischen Backgrounds ein Stück Entwicklungsgeschichte der NSDAP mitreflektiert wird.

Die hier analysierten „Alten Kämpfer" waren die vor Ort operierende Führungsgarnitur; sie vermittelten dem Kärntner Nationalsozialismus tatkräftige Impulse und machten sich unter den Kärntner Nationalsozialisten schon früh einen Namen. Ihre ersten politischen Sporen hatten sie sich zu Beginn der zwanziger Jahre als Mandatsträger der völkisch-nationalen NS-Partei in den Gemeindestuben erworben. Infolge ihrer unermüdlichen Agitationsarbeit, in der sie sich als Potenzierung der Werbekraft der Partei erwiesen, sollte die NSDAP Anfang der dreißiger Jahre bemerkenswerte Fortschritte erzielen. Die „Alten Kämpfer" bildeten gewissermaßen den Motor der nationalsozialistischen „Kampfbewegung", sie hielten die zentralen Schalthebel in der Partei in ihren Händen und besaßen ob ihres langjährigen Auftretens in den Land- und Stadtgemeinden Popularität. Außerdem verfügten sie über eine entsprechende Hausmacht und verstanden es virtuos, für den Nationalsozialismus Stimmung zu erzeugen.

Dem sozialen Profil nach herrschte zum einen der Idealtyp des Frontsoldaten vor, der sich in die Enge des Nachkriegsalltags weder einordnen wollte noch konnte. Zum anderen ergänzte ihn der Typ des politisierenden Angestellten, Beamten und Akademikers. Zum Großteil waren sie durch den Weltkrieg und den

---

[5] Vgl. ebd.

Kärntner Abwehrkampf aufgeputscht und fanden in den Wehrverbänden und in deutschnationalen Parteien starke Kontinui-
tätselemente. Sie ließen auch ihre Frontkampf- und Abwehr-
kampferfahrung in eine landsknechthafte Variante des Militarismus als Lebens- und als politische Bewegungsform einfließen.
Der Altparteigenosse verkörperte somit das „politische Soldaten-
tentum" und provozierte gewaltsame Zusammenstöße mit politischen Gegnern. Seine politischen Umtriebe führten häufig zu sozialer Deklassierung.

Es läßt sich nachweisen, daß einige dieser „Alten Kämpfer"
schon früh vom Nimbus, von der suggestiven Wirksamkeit der
„missionarischen Führerperson" erfaßt wurden. Wenn ihr Aktionismus weltanschaulich begründet war, gingen Antikapitalis-
mus, Antiliberalismus, Antisemitismus und Antislawismus ein
Amalgam ein, das durch die nationalistisch-aggressive Interpre-
tation der Weltkriegserfahrung, der Einsätze im Abwehrkampf
und der angestrebten Liquidierung des „Systems" aktualisiert
wurde. Hiezu kamen ein völkisch mystifizierter Jugendkult und
ein Führerkult, die das Auftreten und die Binnenstruktur dieser
rechtsradikalen Aktivisten bestimmten.

Diese „braune Elite" rekrutierte sich aber auch aus dem
deutschnational-liberalen Milieu. Der militante Heimatschützer
und der politisierte Großdeutsche oder Landbündler suchte nach
Handlungsmöglichkeiten. Sie trafen sich in der NSDAP. Zudem
bestätigte sich das Diktum der „politischen Jugendgeneration".
So konturierten beispielsweise der völkische (Wehr-)Turner und
der korporierte Burschenschaftler das Bild dieser Elite.

Neben den frühesten Promotoren der NS-Partei wie Moritz
Czeitschner, Hugo Herzog und Matthias Zmölnig, werden aus-
führlicher jene Platzhalter Hitlers skizziert, die als Schlüsselfigu-
ren den Weg der Partei zur Macht mitbestimmt haben. Diese Cli-
que der „Getreuen" Hitlers, als „Kärntner Gruppe" bezeichnet,
stellte im März 1938 die Weichen. Zu diesem engsten Führungskreis der NSDAP in Österreich, der sich in Rivalitäten um Landesleiter Josef Leopold und die von ihm delegierten Machtkompeten-
zen bewegte, sich aber von ihm emanzipierte, zählten neben Hubert Klausner in wechselnder Bedeutung die jüngeren bzw. späteren Machtträger: Odilo Globocnik, Friedrich Rainer, und – nicht
unmittelbar zum Kern der Kärntner Gruppe gehörend – Franz
Kutschera. Sie zementierten sich als Protagonisten der ex-

pandierenden SS im Machtzentrum der Partei und stellten bald ihren Mentor, den „leutselig-populären" Weltkriegsoffizier und Abwehrkämpfer Hubert Klausner, in den Schatten.

Wie kein anderer förderte Odilo Globocnik die NSDAP. Er besorgte Waffen, Geldmittel, Propagandamaterial, heuerte Aktivisten an und zog die Fäden zu deutschen Partei- und SS-Stellen, was natürlich der Kärntner Gruppe im Ringen um Positionen und Pfründe entgegenkam. Globocnik, der in der SS-Tötungsmaschinerie dem innersten Kreis der von Heinrich Himmler „Auserlesenen" angehörte, welche die pervertierten Visionen des Reichsführer-SS zu realisieren trachteten, avancierte zum servilen Exekutor der „Aktion Reinhardt". Im Rahmen dieser „Aktion" soll er die Auffassung vertreten haben, „die ganze Judenaktion so schnell wie nur irgend möglich durchzuführen, damit man nicht eines Tages mitten drin steckenbliebe, wenn irgendwelche Schwierigkeiten ein Abstoppen der Aktion notwendig machen."[6]

Während mit Franz Kutschera die Saat der Endlösung der Slowenen keimte, verbarg sich hinter der harmlos wirkenden Fassade des Juristen Friedrich Rainer ein verbissener, engstirniger Fanatismus, mit dem er konsequent dem „Anschluß" vorarbeitete und nach 1941 die Germanisierung in Kärnten und Krain betrieb.

Angesichts des aufkeimenden Rechtsextremismus zeichnet sich eine Verschiebung moralisch-politischer Hemmschwellen gegenüber dem Nationalsozialismus in Form einer Negation des Aufklärungswissens ab, außerdem die Rekonstruktion des nationalistischen Denkens und die Re-Nationalisierung des politischen Alltags[7] in der Propagierung nationalistischer Gesellschafts- und revisionistischer Geschichtsmuster.[8] Insofern ist aus der Kärntner Perspektive – trotz des wachsenden zeitlichen Ab-

---

[6] BDC-Personalakte Odilo Globocnik, Brack an Himmler, Berlin, datiert 23. 6. 1942.

[7] JASCHKE, Hans-Gerd (1991): Soziale Basis und soziale Funktion des Nationalsozialismus. Alte Fragen, neu aufgeworfen, in: OTTO, Hans-Uwe/SÜNKER, Heinz (Hg.), Politische Formierung und soziale Erziehung im Nationalsozialismus, Frankfurt/Main, S. 18.

[8] Siehe exemplarisch LASEK, Wilhelm (1992): „Revisionistische" Propaganda in Österreich, in: Amoklauf gegen die Wirklichkeit. NS-Verbrechen und „revisionistische" Geschichtsschreibung, hg. vom Dokumentationsarchiv des österreichischen Widerstandes und dem Bundesministerium für Unterricht und Kunst, Wien, S. 97-106; ders., „Revisionistische" Autoren und deren Publikationen, in: Ebd., S. 127-131.

stands zum „Dritten Reich" – die Beschäftigung mit dem Nationalsozialismus kein „normaler" Gegenstand historischen Fragens. Die Spuren und Betroffenheiten, die der Nationalsozialismus in Österreich und in Kärnten hinterlassen hat, spiegeln sich auch in den neunziger Jahren in der politisch-weltanschaulichen Diskussion wider. Der Nationalsozialismus verursachte manche Politisierung der historischen Erklärung und Deutung im tagespolitischen und im wissenschaftlichen Kontext.

Die nationalsozialistische Vergangenheit scheint also gegenwärtiger als je zuvor. Die strukturell angelegte Aufarbeitung der Biographien seiner sozialen und politischen Protagonisten hat dadurch aktuellen Bezug und fordert zu einer nüchtern-sachlichen Auseinandersetzung heraus. Dazu will der vorliegende Band beitragen.

Alfred Elste

Spittal an der Drau, im Februar 1997

DANKSAGUNG

Einigen Personen und Institutionen schulde ich an dieser Stelle namentlich Dank. Daß die Idee, eine Sammlung biographischer Skizzen Kärntner NS-Protagonisten zu veröffentlichen, verwirklicht wurde, habe ich in erster Linie Herrn Verlagsleiter Dipl. Ing. Franc Kattnig zu verdanken, der es ermöglichte, daß diese Sammlung im Verlag Hermagoras/Mohorjeva založba erscheinen konnte.

Danken möchte ich auch meinem Kollegen Mag. Siegfried Pucher, der sich als profunder Kenner der Lebensgeschichte Odilo Globocniks bereit erklärte, einen Beitrag für diesen Band zu schreiben. Darüber hinaus waren mir seine weiterführenden Anregungen wertvoll.

Mein besonderer Dank gilt Herrn OStR. Prof. Mag. Rolf Sommerer, der die Erstfassung des Manuskripts aufmerksam gelesen hat und diesem an manchen Stellen zu sprachlicher Präzision verhalf. In diesem Kontext danke ich auch den Herren Mag. Hanzi Filipič und Franc Opetnik für verlagstechnisch organisatorische Arbeiten.

Auf besonders unbürokratische Weise fand ich bei meinen Quellenrecherchen Unterstützung im Österreichischen Staatsarchiv. Hier möchte ich den Beamten des Archivs der Republik Frau Andrea Hackl, Herrn Dr. Rudolf Jeřábek und Herrn Heinz Placz aufrichtig danken. In ähnlich unbürokratischer und unvoreingenommener Weise wurden mir die Personaldossiers des Berlin Document Center zugänglich gemacht. Hiefür ist Herrn Dr. David G. Marwell und seinem Mitarbeiterstab zu danken. Für die Einsichtnahme in die Akten des Slowenischen Innenministeriums danke ich den Damen Mag. Irena Mrvič, Mag. Ljuba Dornik-Šubelj, Lučka Maček-Bernik und Jožica Blažič. Im Archiv des Österreichischen Instituts für Zeitgeschichte stand mir Herr Dr. Peter Malina hilfreich zur Seite. Danken möchte ich ferner den MitarbeiterInnen des Dokumentationsarchivs des österreichischen Widerstandes und seinem Leiter Dr. Wolfgang Neugebauer. Den Beamten des Bundesarchivs in Koblenz und des Politischen Archivs des Auswärtigen Amtes in Bonn bin ich ebenso für ihre bereitwillige Unterstützung dankbar.

In zuvorkommender Weise gewährten mir die Herren Dr. Erwin Grimschitz, Leitender Staatsanwalt, Staatsanwalt Dr. Norbert Jenny und der Präsident des Landesgerichts Klagenfurt, Dr. Martinz, Einsicht in die Prozeßakten nach 1945.

Herzlicher Dank gilt auch den Damen und Herren in den angeführten Archiven und Bibliotheken, die hier nicht namentlich genannt sind, die aber ebenso hilfreich das Zustandekommen dieser Arbeit begleiteten.

Vielfältige Unterstützung wurde mir auch aus Freundes- und Kollegenkreis zuteil: So von Frau Bärbel Jungmeier, Frau Astrid Lassnig, Herrn Prof. Mag. Günther Aiglsperger, Herrn Rudolf Dijak, Herrn Mag. Michael Koschat, Herrn Mag. Gernot Ogris, Herrn Prof. Mag. Fritz Rathke, Herrn Prof. Mag. Dietmar Unterassinger.

Die Bereitschaft von Zeitzeugen, sich mit ihren Erinnerungen auseinanderzusetzen, brachte ebenfalls Licht in ein quellenmäßig ungenügend ausgeleuchtetes Terrain. Ihren Ausführungen und ihrer Bereitwilligkeit, Quellenmaterial zur Verfügung zu stellen, bin ich ebenso zu Dank verpflichtet.

Herrn Univ. Prof. Dr. Anton Pelinka möchte ich an dieser Stelle für seine Spontaneität, mit der er sich bereit erklärte, das Vorwort dieses Bandes zu verfassen, danken.

Last but not least möchte ich aufrichtig Frau Prof. Mag. Dita Rathke und meiner Mutter Katharina Elste danken, ohne deren Hilfe, Anteilnahme und Geduld diese Arbeit nicht entstanden wäre.

Alfred Elste

Spittal an der Drau, im Februar 1996

ABKÜRZUNGSVERZEICHNIS

a. D.	außer Dienst
AdR	Archiv der Republik
AMNZ	Arhiv ministrstva za notranje zadeve, Ljubljana
Anm.	Anmerkung
BA-KO	Bundesarchiv Koblenz
BAON	Bataillon
Bd.	Band
BDC	Berlin Document Center
BdM	Bund deutscher Mädchen
BGBl.	Bundesgesetzblatt
BH	Bezirkshauptmannschaft
BKA	Bundeskanzleramt
BMfI	Bundesministerium für Inneres
CdZ	Chef der Zivilverwaltung
DAF	Deutsche Arbeitsfront
DAP	Deutsche Arbeiterpartei
DNSAP	Deutsche Nationalsozialistische Arbeiterpartei
d. R.	der Reserve
Dok.	Dokument
DÖW	Dokumentationsarchiv des österreichischen Widerstandes
Ebd.	ebenda, an diesem Ort
Fasz.	Faszikel
FPÖ	Freiheitliche Partei Österreichs
Fol.	Folio
Gend.	Gendarmerie
Gen.dion.	Generaldirektion
GD	Generaldirektion
Hg.	Herausgeber
hg.	herausgegeben
HJ	Hitlerjugend
HSSPF	Höherer SS- und Polizeiführer
HTBLA	Höhere technische Bundeslehranstalt
IfZ	Institut für Zeitgeschichte, München
IMGH	Internationaler Militärgerichtshof, Nürnberg
KA	Kriegsarchiv
KAB	Kärntner Abwehrkämpferbund
KHB	Kärntner Heimatbund
KHD	Kärntner Heimatdienst
KLA	Kärntner Landesarchiv
Kt.	Karton
Ktn.	Kärnten
k.u.k.	kaiserlich und königlich

KVG	Kriegsverbrechergesetz
LBA	Lehrerbildungsanstalt
LG-Klgf	Landesgericht Klagenfurt
LGBl.	Landesgesetzblatt
NL	Nachlaß
NPA	Neues Politisches Archiv
Nr.	Nummer
NS	Nationalsozialismus
NSDAP	Nationalsozialistische Deutsche Arbeiterpartei
NSKK	Nationalsozialistisches Kraftfahrzeugskorps
NSLB	Nationalsozialistischer Lehrerbund
NSV	Nationalsozialistische Volkswohlfahrt
o. J.	ohne Jahr
o. O.	ohne Ort
o. S.	ohne Seite
ÖStA	Österreichisches Staatsarchiv, Wien
ÖIfZ	Österreichisches Institut für Zeitgeschichte, Wien
ÖVP	Österreichische Volkspartei
PAdAA-BO	Politisches Archiv des Auswärtigen Amtes, Bonn
Pg	Parteigenosse
PO	Politische Organisation (der NSDAP)
RAVAG	Österreichische Radio-Verkehrs-AG
RFSS	Reichsführer-SS
R. u. S.	Rasse- und Siedlungshauptamt
SA	Sturmabteilung
SD	Sicherheitsdienst
Slg	Sammlung
SOWIDOK	Sozialwissenschaftliche Dokumentation der Kammer für Arbeiter und Angestellte für Wien und Niederösterreich
SPÖ	Sozialistische Partei Österreichs
SS	Schutzstaffel
StA-Klgf.	Staatsanwaltschaft Klagenfurt
UK	Unabkömmlich (gestellt)
VDA	Verein (auch Volksbund) für das Deutschtum im Ausland
VdU	Verband der Unabhängigen
VF	Vaterländische Front
VfZ	Vierteljahreshefte für Zeitgeschichte
Vg	Verbotsgesetz
Vgl.	Vergleiche
Vr	Verbrechen
z. b. V.	zur besonderen Verfügung (Verwendung)
Zit. n.	zitiert nach
Zl.	Zahl
ZStL.	Zentrale Stelle Ludwigsburg

ERWIN AICHINGER

„Aus Not, Sorge und unsagbarem Leid erwuchsen Menschen, die, im illegalen Kampf gehärtet, nur ein Ziel kannten, dem deutschen Volke und seinem Führer zu dienen."[1]

Als im September 1942 der renommierte Pflanzensoziologe Aichinger anläßlich der Verleihung des Paracelsuspreises der Stadt Villach an den im „Dritten Reich" vielgelesenen Schriftsteller Erwin Guido Kolbenheyer in seinem Festvortrag vor den Spitzen von Partei und Staat die nationalsozialistische Rassenauffassung relativierte, zählte Aichinger damit zu jenen Wissenschaftern und Parteigängern, die offen ihre Distanz gegenüber dem primitiven wie skrupellosen Rassismus des nationalsozialistischen Deutschland bekundeten. Für Aichinger gab es keine höheren und niederen Rassen. Kurz gesagt: Er lehnte die Bevorzugung einer bestimmten Rasse ab.[2] Dieses Aufbegehren, das Aichinger menschlich vorteilhaft von den NS-Rassefanatikern unterscheidet, sollte nicht das einzige bleiben.

Was seine Verachtung der Staatsdoktrin Rassismus und Antisemitismus verursachte, mag durch den ihm möglichen Blick hinter die Kulissen des Dritten Reiches und seinen Einsatz für rassisch verfolgte Fachkollegen und Mitbürger begründet sein. Couragiert arbeitete er gegen die Entlassung jüdischer Professoren von ihren Lehrkanzeln.[3] Mit Gauleiter Friedrich Rainers

---

[1] Deutsche Forstzeitung, Nr. 7, 3. 4. 1938, S. 237.

[2] Siehe den zusammenfassenden Abdruck des Vortrages „Pflanzen- und Menschengesellschaft, ein biologischer Vergleich" von Univ. Prof. Dr. Erwin Aichinger in der Kärntner Zeitung vom 26./27. 9. 1942, S. 4. Vgl. dazu auch die Gedächtnisniederschrift Aichingers über seine „Ausscheidung aus dem Ahnenerbe der SS am 24. November 1944", S. 1 f. (= Sammlung Alfred Elste, Nachlaß Erwin Aichinger). Für das Überlassen einzelner Schriftstücke aus dem Nachlaß Aichingers ist der Autor Frau Gertrude Albl-Aichinger zu Dank verpflichtet.

[3] Aichinger sagte aus, daß er die Suspendierung der Professoren Ölkers (Universität

Unterstützung gelang es ihm, Kollegen und politisch Gemaßregelte in seinem pflanzensoziologischen Institut in St. Andrä bei Villach unterzubringen.[4] Auch versuchte er die Enthaftung des in Zusammenhang mit dem am 20. Juli 1944 arretierten Sohn des Physikers und Nobelpreisträgers Max Planck, Staatssekretär a. D. Erwin Planck, zu erwirken.[5]

Nicht unbekannt blieb auch Aichingers forsches Eintreten gegen die brutale Germanisierungspolitik Himmlers in seiner engeren Heimat Kärnten. Wenige Tage nach dem Überfall Deutschlands auf Jugoslawien prangerte er in einem Schreiben an den Reichsführer-SS die Gewaltaktionen der SS gegen die Zivilbevölkerung in Südkärnten und Oberkrain an, verurteilte die ersten Aussiedlungen im April 1941 und sprach von einer „Willkürherrschaft" der SS, die „bestes deutsches Blut gegen bestes deutsches Blut" aufputschen würde, da die SS-Führer alle jene aussiedelten, die eine „aufrechte, anständige Haltung" zeigten. Diese „Entgleisungen" empörten ihn im allgemeinen; ganz besonders aber war er über die beabsichtigte Deportation eines ihm bekannten Slowenenführers entsetzt. Aichinger hielt gegenüber Himmler nicht zurück. Er forderte, die SS-Führer zur Verantwortung zu ziehen, bezeichnete die SS-Terrormaßnahmen als „Sabotage am deutschen Volk" und nannte es eine „Kulturschande", wenn die Aussiedlungen weiter fortgesetzt werden

Freiburg) und Staudinger (Universität Wien) verhinderte. LG-Klgf., Vg 17 Vr 1611/47, Vernehmungsniederschrift, Arriach, datiert 19. 12. 1946.
[4] Beredte Beispiele sind in diesem Zusammenhang die Fälle Dr. Kurt Hueck, Universitätsprofessor in Berlin, und Fritz Turnowsky, Lehrer der LBA in Klagenfurt. Durch Aichingers Intervention bei Gauleiter Rainer erreichte dieser für Hueck einen 14tägigen „Arbeitsurlaub" aus dem Konzentrationslager Leuna. Darüber hinaus verwendete sich Rainer für Hueck beim Spittaler Kreisleiter Matthias Zmölnig, der den Auftrag bekam, Hueck und seine Familie vor dem Zugriff der Gestapo zu verbergen. Siehe dazu Forstwissenschaftliches Centralblatt, Sonderdruck, Heft 11/12, 1965, S. 387 f.; Forstarchiv, Sonderdruck, Heft 2, 1966, S. 52 f.; LG-Klgf., Vg 17 Vr 1611/47, Bezirksgericht Villach, Vernehmung des Beschuldigten, datiert 17. 7. 1947; Kurt Hueck, Erklärung zu Gauleiter Friedrich Rainer, Institut für landwirtschaftliche Botanik, Berlin, datiert 27. 7. 1947 (= Sammlung Alfred Elste, Nachlaß Erwin Aichinger).
[5] Aichinger, der mit Max Planck freundschaftlich verbunden war, intervenierte über Vermittlung Anton Reinthallers beim Chef des Reichssicherheitshauptamtes Ernst Kaltenbrunner. Dieser versprach, sich für Planck zu verwenden. Dennoch wurde Erwin Planck zusammen mit seinen Freunden Schwamb, Sperr, Thoma, Bolz, Gross, Haubach und Kaiser als Kopf einer Widerstandsgruppe am 27. 1. 1945 im Gefängnis Plötzensee hingerichtet. (= Sammlung Alfred Elste, Nachlaß Erwin Aichinger, Briefwechsel Max Planck/Erwin Aichinger, datiert 1. 8. 1944, 14. 9. 1944, 18.10.1944, 22. 12. 1944, 15. 2. 1945, 25. 4. 1945).

sollten.[6] Himmler, der Aichinger seit einem Jagdaufenthalt 1926 in der Fideikommißherrschaft des Prinzen von und zu Liechtenstein in Rosenbach persönlich kannte, antwortete ihm, er (Aichinger) könne „sehr beruhigt sein. Von den Slowenen kommen nur die schlechtrassigen zur Aussiedlung, nicht die gutrassigen. Sie werden alle rassisch gemustert."[7]

Die angeführten Beispiele seines Auflehnens wider die nationalsozialistische Rassenpolitik waren auch Grund dafür, daß Aichinger im November 1944 aus dem „Ahnenerbe" der SS ausschied.[8] Zu diesem Zeitpunkt trat Gauleiter Rainer als sein Schirmherr auf, der ihm jene – so soll es Rainer ausgedrückt haben – „Narrenfreiheit" in wissenschaftlicher aber auch politischer Hinsicht gewährte, die sich Aichinger nachweislich seit 1941 herausnahm.[9]

Dem bislang gezeichneten Bild des international anerkannten Pflanzensoziologen und ehemaligen Ordinarius an der Wiener Hochschule für Bodenkultur, welcher sich noch 1939 geschmeichelt fühlte, als ihm Himmler die Leitung der Abteilung „Soziologie" im Reichsbund für Biologie übertrug,[10] stehen jene Hoffnungen und Visionen gegenüber, die Aichinger auf den Nationalsozialismus gesetzt hatte. Ganz offensichtlich war er im wachsenden Maße verbittert über die Realität des Nationalsozialismus als Partei, deren Bahn zu ebnen auch er geholfen hatte.

Der soziale Hintergrund des am 17. September 1894 in Bleiberg ob Villach geborenen Aichinger war großbürgerlich. Seine Mutter Vinzenzia Reisinger trug das Adelsprädikat „von". Sein Vater Josef Aichinger war von Beruf Apotheker. Nach dem Be-

---

[6] Hauptmann d. R. Dr. Ing. Erwin Aichinger an Reichsführer-SS Heinrich Himmler, St. Jakob im Rosental, datiert 18.4.1941 (= Sammlung Alfred Elste, Nachlaß Erwin Aichinger).

[7] Ebd., Nachlaß Erwin Aichinger, Himmler an Aichinger, Berlin, datiert 2. 5. 1941.

[8] Siehe „Gedächtnisniederschrift über meine Ausscheidung aus dem Ahnenerbe der SS am 24. November 1944". (= Sammlung Alfred Elste, Nachlaß Erwin Aichinger).

[9] Ebd., Gedächtnisniederschrift, S. 2.

[10] Damit zählte Aichinger zum Kreis der Protagonisten der von Himmler 1935 geschaffenen SS-Forschungs- und Lehranstalt „Das Ahnenerbe". Vgl. dazu neuerdings DEICHMANN, Ute (1995): Biologen unter Hitler. Porträt einer Wissenschaft im NS-Staat, Frankfurt am Main, S. 224 ff.; siehe ferner „Der Biologe", Monatsschrift des Reichsbundes für Biologie und der Unterabteilung Lebens- und Rassenkunde des NSLB, Heft 1/2, Januar/Februar 1939, Personalübersicht der Leiter der einzelnen Sachgebiete der SS-Forschungs- und Lehrgemeinschaft „Das Ahnenerbe" (= Sammlung Alfred Elste, Nachlaß Erwin Aichinger).

such der Volksschule und von sieben Klassen des Villacher Realgymnasiums kam Aichinger 1914 an die höhere Forstlehr-anstalt in Bruck an der Mur. Ein Jahr später, 1915, rückte er als Hochgebirgsjäger ins Feld ein, wurde zu einer Skiabteilung beordert und erlitt in der letzten Isonzoschlacht als Kom-panieführer im Rang eines Oberleutnants eine schwere Verwun-dung.[11] Zur Genesung wurde Aichinger zunächst nach Prag, da-nach in das Reservelazarett in Bruck an der Mur verlegt. Als Kriegsversehrter absolvierte er dort den dritten Jahrgang der Forstwirtschule, mit deren Leitung er später vorübergehend be-traut wurde. In Bruck erlebte Aichinger auch den Zusammen-bruch der Monarchie. Für ihn zerbrach jetzt nicht eine Welt oder die monarchische Ordnung, sondern vor allem die k. u. k. Ar-mee.[12] Und Aichinger rückte so in jene Reihe junger Frontoffi-ziere, die das Fronterleben in den Nachkriegsalltag hinüberrette-ten. Er ließ die Schüler der Forstwirtschule bewaffnen, um den „roten Aufstand (in Bruck, A. E.[13]) mit Waffengewalt zu unter-drücken".[14]

In seinen biographischen Notizen läßt sich nicht nur Aichin-gers Agieren gegen die revolutionäre Linke belegen, er nahm auch am Kärntner Freiheitskampf teil und verteidigte – was er oft herausstrich – seine Kärntner Heimat mit der Waffe gegen die jugoslawischen Truppen.[15]

Während viele Frontsoldaten, die im zivilen Leben nicht Fuß fassen konnten, in politischen Kampfbünden oder Freikorps eine geradezu abenteuerliche Existenz fortsetzten,[16] trat Aichinger als Forstgeometer in den Betrieb der Bleiberger Bergwerksunion ein. Nach erfolgreich abgelegter Staatsprüfung für Forstwirte 1921 begann Aichingers steile berufliche Karriere. Seit 1922 war er als Forstmeister im Dienste des Fürsten Friedrich von und

---

[11] BDC-Personalakte Erwin Aichinger, Lebenslauf. Siehe dazu auch Aichingers No-tizen „Kurzer Überblick über meinen Lebensweg" (= Sammlung Alfred Elste, Nachlaß Erwin Aichinger). Anzumerken ist ferner, daß während der Erstellung der Arbeit die Personaldossiers des Berlin Document Centers dem Bundesarchiv Berlin (= NS 19, BDC-Akten) übereignet wurden.

[12] Ebd., BDC-Personalakte.

[13] Erläuterungen im Text werden in Klammer gesetzt. Auf die Hinzufügung der An-fangsbuchstaben des Autors wird zukünftig verzichtet.

[14] Ebd.

[15] Ebd.

[16] Vgl. BROSZAT, Martin (1990): Die Machtergreifung. Der Aufstieg der NSDAP und die Zerstörung der Weimarer Republik, München, S. 69.

zu Liechtenstein in Rosenbach tätig, und dieser protegierte seine vegetationskundlichen Studien an den Universitäten Wien, Prag, Montpellier, Zürich und Algier. 1926 ließ Aichinger in Fachkreisen mit der Errichtung einer der „Station Internationale Géobotanique méditerranéenne et alpine" wissenschaftlich angeschlossenen Arbeitsstelle in Rosenbach aufhorchen. Zudem tat sich Aichinger mit forstwirtschaftlichen Veröffentlichungen hervor,[17] die zur Basis seiner im Rahmen der staatlichen Stelle für Naturdenkmalpflege 1932 in Preußen herausgebrachten „Vegetationskunde der Karawanken" wurden. Mit dieser Arbeit promovierte er im selben Jahr an der Universität Wien. Jetzt gab er seine von ihm als „herrlich(e)" beschriebene Stelle als Forstmeister auf und widmete sich, mit Förderung in- und ausländischer Universitätslehrer,[18] ausschließlich seinen pflanzensoziologischen Studien. 1934 habilitierte er sich an den beiden botanischen Lehrkanzeln der Universität Wien und folgte 1936, als ihm die venia legendi in Wien nicht erteilt wurde,[19] einem Ruf als Ordinarius an die Universität Freiburg im Breisgau.[20]

Welche Motive Aichinger in den Schoß der frühen NS-Bewegung Kärntens führten, ist nicht eindeutig zu klären. Schriftliche Zeugnisse verraten zumindest eine erhebliche ideologische Distanz gegenüber Kapitalismus und Liberalismus. So notierte er in einem seiner Lebensläufe: „Ich erkannte gleich, daß sich die Forstwirtschaft vollkommen vom naturgemäßen Weg entfernt hatte und vollkommen in das Schlepptau des Kapitalismus und Liberalismus hineingezogen wurde. Hier griff ich ein und wurde in kurzer Zeit international anerkannter Führer meiner Arbeits-

---

[17] Etwa mit jener, die unter dem Titel „Dauerwaldwirtschaft" im Januar 1924 in der allgemeinen Forst- und Jagdzeitung veröffentlicht wurde. (= Sammlung Alfred Elste, Nachlaß Erwin Aichinger, Mein Weg in der angewandten Pflanzensoziologie). Zum wissenschaftlichen Werdegang Aichingers siehe u. a. die zweibändige Festschrift für Erwin Aichinger zum 60. Geburtstag, hg. von Erwin JANCHEN, Wien 1954.

[18] Aichinger nennt in seinen Aufzeichnungen die Namen Braun-Blanquet, Wettstein, Molisch, Fabrizius, Albert, Dengler und Rubner (siehe ebd., Mein Weg in der angewandten Pflanzensoziologie).

[19] Kärntner Zeitung, 23. 9. 1942; siehe auch unten.

[20] Schon im Jahre 1935 erhielt Aichinger, angeregt durch die Herren Wagner (Universität Freiburg), Gradmann (Universität Tübingen) und Feucht (Stuttgart), einen Ruf an die Universität Freiburg. Er lehnte damals jedoch mit der Begründung, eine Annahme würde den Verlust seiner österreichischen Staatsbürgerschaft nach sich ziehen, ab. Daß Aichinger ein Jahr später dem Ruf dennoch Folge leistete, war weniger auf die Tatsache zurückzuführen, daß ihm die Doppelstaatsbürger-

richtung."[21] Mit eine Rolle gespielt haben mag auch seine enge
Freundschaft mit dem späteren Gauleiter von Kärnten, Hugo
Herzog, der über Aichingers Empfehlung 1922 als Buchhalter in
der Liechtensteinschen Forstverwaltung angestellt wurde. Herzog, welcher als Wortführer des deutschvölkischen Turnvereines
Rosenbach die Gründung einer NS-Ortsgruppe im grenznahen
Ort am Fuße der Karawanken konsequent vorantrieb, sicherte
sich die Unterstützung Aichingers und jene der Fürstin Liechtenstein. 1922 gelang es Herzog, die Ortsgruppe Rosenbach zu
konstituieren.[22] Nach außen hin hielt sich Aichinger aus der politischen Kleinarbeit in der Ortsgruppe heraus, wenngleich er
rückblickend apologetisch festhielt, daß er „hier (in Rosenbach)
gleich in den Kampf der NSDAP eintrat".[23] Auch brachte er zu
Papier, daß unter der Leitung Herzogs die erste Keimzelle des
Nationalsozialismus in Kärnten entstand und hob nicht unei-
gennützig hervor, daß er (Aichinger) Herzog zum Zwecke der
Ortsgruppengründung nach Rosenbach berufen habe.[24]

Der kultivierte Akademiker zählte nicht zu den typischen
„Alten Kämpfern", die machthungrig Parteiamt um Parteiamt
vereinnahmten. Sein politisches Betätigungsfeld war auch nicht
die Straße. Insofern blieb ihm das Prädikat, auch offiziell zur
Garde der „Altparteigenossen" zu gehören, versagt. Aichinger
setzte seine eigenwilligen politischen Schachzüge im Hintergrund und entsprach jenem „modernen Typus des nationalso-

---

schaft zugesichert wurde. Vielmehr spielten neben materiellen, wissenschaftlichen auch politische Motive eine Rolle. (= Sammlung Alfred Elste, Nachlaß Erwin Aichinger, Mein Weg in der angewandten Pflanzensoziologie).

[21] BDC-Personalakte, Lebenslauf.

[22] ÖStA-AdR, BMfI, NS-Gauakte Erwin Aichinger; Sammlung Alfred Elste, Nachlaß Erwin Aichinger, Übernahme meines Schulkameraden Hugo Herzog als
Buchhalter des Forstamtes Rosenbach. 1923 meldete DNSAP-Landespar-
teiobmann Alois Michner den Bestand von 16 Ortsgruppen der Kärntner Landesregierung; darunter befand sich auch jene von Rosenbach. [(Siehe ELSTE, Al-
fred/HÄNISCH, Dirk (1995): Auf dem Weg zur Macht. Beiträge zur NSDAP in
Kärnten von 1918-1938. Forschungsbericht, Bonn/Spittal a .d. Drau, S. 80 f. Die
Drucklegung des Forschungsberichts ist in Vorbereitung.)].

[23] BDC-Personalakte, Lebenslauf.

[24] Ebd. Anzumerken ist, daß Aichinger die Bedeutung der Ortsgruppe Rosenbach
überzeichnet. Sicherlich zählte sie, wie gezeigt, zu den ersten Stützpunkten der
NS-Bewegung in Kärnten. Aufschlußreicher ist jedoch die Tatsache, daß auch die
Rosenbacher Ortsgruppe zu jenen Kristallisationspunkten der frühen NS-Bewegung zählte, die entlang der Eisenbahnlinien lagen. Daher verwundert es auch
nicht, daß der prozentuale Anteil der Eisenbahner in der Partei relativ hoch war.
(Siehe dazu ausführlich ELSTE/HÄNISCH, Weg, S. 79 ff.)

zialistischen Intellektuellen, der nur allzu bereitwillig seine zweifellos brillanten Geistesgaben in den Dienst"[25] der nationalsozialistischen Bewegung stellte. Ihn als „ideenreichen Impulsgeber" der DNSAP und später der NSDAP-Hitlerbewegung zu skizzieren kommt seinem innerparteilichen Stellenwert relativ nahe. Jedenfalls sah er sich als Mentor der politischen Arbeit Herzogs.[26]

Das intellektuelle Moment prädestinierte Aichinger vielmehr für den SD der SS, zumal es der Reichsführung-SS auch in Österreich bei der Auswahl der Führungskräfte primär um die Verflechtung der SS mit der gesellschaftlichen wie geistigen Elite ging.[27]

Formal gesehen erfolgte Aichingers erstmaliger Eintritt in die NS-Bewegung im April 1924.[28] Ab diesem Zeitpunkt bezahlte Aichinger regelmäßig seine Mitgliedsbeiträge.[29] Im Zuge der „Sichtung und Ordnung" des Mitgliederstandes der NSDAP nach 1938[30] wurde Aichinger erst mit 11. Oktober 1940 Parteimitglied und erhielt die Parteimitgliedsnummer 6,262.414 aus dem sogenannten „Österreichischen Block" zugewiesen.[31]

In den Mitte der zwanziger Jahre auch in der Kärntner Parteiorganisation ausbrechenden Flügelkämpfen zwischen jungen „revolutionären" Nationalsozialisten und alten, konservati-

---

[25] WERNER, Sebastian (1993): Werner Best - Der „völkische Ideologe", in: SMELSER, Ronald/SYRING, Enrico/ZITELMANN, Rainer (Hg.), Die braune Elite II. 21 weitere biographische Skizzen, Darmstadt, S. 13.

[26] NS-Gauakte Erwin Aichinger.

[27] ELSTE/HÄNISCH, Weg, S. 330.

[28] Zu diesem Zeitpunkt hieß die Partei in Österreich noch DNSAP und war mit der NSDAP (Hitler-Bewegung) keinesfalls ident.

[29] Die Parteibeitragsleistung scheint regelmäßig bis zur NS-Machtübernahme 1938 erfolgt zu sein. (NS-Gauakte).

[30] Siehe exemplarisch WALZL, August (1992): „Als erster Gau ...". Entwicklungen und Strukturen des Nationalsozialismus in Kärnten, Klagenfurt, S. 112 ff.

[31] Diese Mitgliedsnummer entsprach dem für Österreicher reservierten Nummernblock von 6,100.000 bis 6,600.000. Eine Nummer aus diesem Block markierte nach 1945 einen illegalen NSDAP-Parteigänger. Aichingers Parteieintritt wurde auf den 15. Juni 1938 rückdatiert. Warum er keine alte Mitgliedsnummer (also eine aus der Vorverbotszeit) zugeteilt bekam, kann so erklärt werden: Als er 1924 den Aufnahmeantrag in die Partei ausfertigte, erfolgte aus organisatorischen Gründen keine Parteinummerzuteilung. Auch setzte seine Mitarbeit im SD der SS und im Stab von Gauleiter Hubert Klausner keine Parteimitgliedschaft voraus, was dem im Rampenlicht der Öffentlichkeit stehenden Aichinger entgegenkam. Dies erklärt auch, warum er nicht mit dem Prädikat eines „Alten Kämpfers" ausgezeichnet wurde, obwohl sein „Einsatz" für die Partei in eine andere Richtung

ven Parteigängern – die dem demokratisch-ausgerichteten Weg
der Schulz-Partei folgten –,[32] blieb Aichinger seinem Schulkameraden Herzog gegenüber zunächst loyal. Als mit Theo Habicht als Landesinspekteur in der NSDAP Österreich die „Verpreußungswelle" mit ihren parteiinternen Konkurrenzkämpfen,
Fehden und persönlichen Gönnerschaften Einzug hielt und Herzog vom verlängerten Arm des deutschen Landesinspekteurs in
Kärnten Hans vom Kothen sukzessiv seiner Protagonistenrolle
beraubt wurde, wechselte Aichinger die Fronten.[33] Er stellte sich
Kothen, dem obskuren Handlanger des nationalsozialistischen
Generalangriffs auf Österreich in Kärnten zur Verfügung.[34] Mit
Kothen eskalierte der politische Terror im Land, und Aichinger
leistete diesem Sekundantendienste.

Die NSDAP Kärnten agierte in ihrem Kampf gegen Dollfuß-
Österreich nicht ohne Unterstützung der Münchner Landesleitung, obwohl sich die Kärntner Nationalsozialisten lieber als
selbständige Einheit im Kampf für Hitler verstanden. Aus
Deutschland flossen finanzielle und materielle Mittel. Hingegen
war die personelle Besetzung der Rollkommandos des Terror-
und Sabotagefeldzuges bodenständig. Einerseits fehlten die Ak-
teure der Österreichischen Legion, die in Salzburg und Tirol eingesetzt wurden, andererseits wurde der verbrecherische Aktionismus der NSDAP Kärnten von der Idee getragen, Österreich vom
Süden aus zu erobern. Dadurch erklärt sich auch die Intensität des
latenten Bürgerkrieges, der Kärnten heimsuchte. Dieser sollte
dann auch im Juli 1934 im Vergleich zu den anderen Bundesländern im südlichsten Bundesland Österreichs blutiger verlaufen.[35]

---

wies. (LG-Klgf., Vg 17 Vr 1611/47, Vernehmungsniederschrift, Arriach, datiert
19. 12. 1946; NS-Gauakte).
[32] Zu den personellen wie ideologischen Führungskämpfen vgl. ELSTE/HÄNISCH,
Weg, S. 74 ff.; neuerdings auch BURZ, Ulfried (1995): Vom Kampf für das
Deutschtum zum Kampf für den Führer. Die nationalsozialistische Bewegung in
Kärnten 1918-1933, phil. Diss., Klagenfurt, S. 64 ff.
[33] NS-Gauakte; siehe ferner ELSTE/HÄNISCH, Weg, S. 110; zur sogenannten
„Verpreußungswelle" vgl. JAGSCHITZ, Gerhard (1976): Der Putsch. Die Nationalsozialisten 1934 in Österreich, Graz/Wien/Köln S. 25 ff. u. PAULEY, Bruce F.
(1988): Der Weg in den Nationalsozialismus. Ursprünge und Entwicklung in
Österreich, Wien S. 74 ff.
[34] Ebd., NS-Gauakte u. ELSTE/HÄNISCH, Weg, S. 244.
[35] Vgl. ELSTE/HÄNISCH, Weg, S. 266 ff. Zum politischen Terror in der Zwi-
schenkriegszeit siehe weiterführend und grundlegend BOTZ, Gerhard (1983):
Gewalt in der Politik. Attentate, Zusammenstöße, Putschversuche, Unruhen in
Österreich 1918 bis 1938, München.

Die Führung dieser Terrorkommandos lag in den Händen von Front- und Freikorpskämpfern und entlassenen (Unter-)Offizieren des Bundesheeres. Einer dieser Protagonisten war der aus St. Filippen bei St. Veit stammende Otto Spangaro. Als „Sonderbeauftragter" 1933 und 1934 in Kärnten und Osttirol im Einsatz brachte Spangaro genügend „Erfahrung" mit: Sein „Handwerk" hatte er als Freiwilliger in den Grenzlandkämpfen gelernt; als Kommandant eines SA-Sturmes war Spangaro aufgrund seiner politischen Aktivitäten vorbestraft.[36]

In Spangaros Gruppe figurierte Aichinger unter der Regie Odilo Globocniks als Propagandamaterial- und Waffenkurier. Dazu schrieb Aichinger: „Ich arbeitete mit in der Terrorgruppe Spangaro, beteiligte mich vor und nach Verhängung der Todesstrafe großzügig unter Leitung Odilo Globotschniggs (sic!) am Waffenschmuggel."[37] Sein Stellenwert in der Partei stieg. Der „stille Mitarbeiter und Mitbegründer der ersten Ortsgruppen der NSDAP in Kärnten"[38] mutierte zu einem unersetzlichen SD-Mann. Seine Unentbehrlichkeit befand nicht nur die SD-Führung. Aichinger, der seine berufliche Arbeit für zwei Jahre[39] völlig hintanstellte, avancierte zum Gaubevollmächtigten der NSDAP Kärnten. Als die NSDAP mit Verordnung vom 19. Juni 1933 (BGBl. Nr. 240) das Betätigungsverbot traf, die Nationalsozialisten im Untergrund ihre Agitation fortsetzten, operierte Aichinger als instrumentelles Bindeglied zwischen den einzelnen in Österreich verbliebenen Gauleitern, der Landesleitung in München und den Parteispitzen in Berlin. Sein SD-Einsatz erfolgte unter den Decknamen „Nurmi" und „Lindwurm" unter SS-Sturmbannführer Plaichinger im Stabe Himmlers.[40] Kurzzei-

---

[36] Im Jahr 1928 war Spangaro der NSDAP-Ortsgruppe Klagenfurt beigetreten (Parteimitgliedsnummer 83.746). Mit Wirkung vom 25. Juli 1928 wurde der gelernte Kaufmann zum SA-Scharführer befördert. 1936 flüchtete er nach Deutschland. Dort erhielt er im Juni desselben Jahres für seine „Verdienste" in Österreich das Goldene Parteiabzeichen. In der Folge arbeitete Spangaro im Reichsministerium für Volksaufklärung und Propaganda in Berlin. Im November 1937 wurde er zum SA-Standartenführer befördert. (BDC-Personalakte Otto Spangaro).

[37] NS-Gauakte Erwin Aichinger u. BDC-Personalakte, Kutschera an Schöne, Klagenfurt, datiert 13. 12. 1938.

[38] So bezeichnete ihn SS-Standartenführer Franz Kutschera im Dezember 1938, als Aichingers Aufnahme in die SS zur Diskussion stand und sein politisches Engagement ins Kalkül gezogen wurde. (BDC-Personalakte, Kutschera an Schöne, Klagenfurt, datiert 13. 12. 1938).

[39] Die schriftlichen Zeugnisse Aichingers lassen auf die Jahre 1933/34 schließen.

[40] NS-Gauakte. Aichinger notierte, daß er 20 Mal, offensichtlich in den Jahren 1933

tig sprang Aichinger auch als Gauleiterstellvertreter in die Bre-
sche, als Verhaftungen das Kaderpersonal dezimiert hatten.[41]

Mit dem Parteiverbot geriet die Politische Organisation der
NSDAP Kärnten einigermaßen in Turbulenzen.[42] Als die Gruppe
um Gauleiter Hubert Klausner in der Partei die führende Rolle
übernahm, avancierte Aichinger zu dessen Adjutant. Neben Aichinger holte sich Klausner auch den jungen Notariatsanwärter
Friedrich Rainer als politischen Berater in den persönlichen
Stab. Den unmittelbaren Kreis um Klausner schloß Odilo
Globocnik; er wurde in die Funktion des Gauleiterstellvertreters
berufen.[43] Mit seiner Personalpolitik war Klausner zumindest eines gelungen: Er hatte einen exklusiven Kreis junger, unterein-
ander befreundeter, intellektueller Parteigänger bzw. Partei-
revolutionäre um sich geschart, die ebenso verbissen wie gevift
ihr doppelbödiges politisches Konzept zur Eroberung der Macht
durch Diplomatie einerseits und terroristischem Druck durch die
Parteiorganisation andererseits umzusetzen trachteten.[44]

In diesem Konzept war Aichingers unmittelbarer Beitrag, den
Aufbau des illegalen forstpolitischen Apparates mit dem Zweck,
die weltanschauliche Ausrichtung und die fachliche Umbildung
der österreichischen Forstleute für den Fall der „Machtergreifung" vorzubereiten.[45] „Es galt", resümierte Aichinger, „(die)

---

und 1934, in seiner Eigenschaft als Gaubevollmächtigter in der Landesleitung
München war. (Ebd.) Auch bezeichnete er sich als Mittelsmann zur Reichskanzlei
in Berlin, ja selbst zu Hitler. (BDC-Personalakte, Lebenslauf). Hier handelte es
sich um den Major a. D. Julius Plaichinger (ausgezeichnet mit dem „Ehrendegen
des Reichsführer-SS"), der am 12. September 1937 zum SS-Standartenführer befördert wurde und beim Stab des SS-Oberabschnitts „Süd" Dienst tat. (Dienstal-
tersliste der Schutzstaffel der NSDAP, Stand vom 9. November 1944, hg. vom
SS-Personalhauptamt, Berlin 1944, S. 34).

[41] Bestenfalls kann Aichinger diese Funktion von Ende 1935 bis Anfang 1936 bekleidet haben. Er selbst sieht sich in dieser Stabsstelle von 1933 bis 1936. Nach
Globocniks Verhaftung (Dezember 1934) folgte diesem Aichingers Parteikame-
rad und Freund Hubert Longin bis Dezember 1935 nach. Offensichtlich übertrieb
Aichinger in seinem Personaldossier, oder es traf die Strategie Rainers zu, nämlich Stabsstellen mehrfach zu besetzen, um die Parteiarbeit auch im Falle von
Verhaftungen fortzuführen. (ELSTE/HÄNISCH, Weg, S. 306; BDC-Personalakte; IMGH, Bd. XXXIV, Nürnberg 1949, Dokument 4005-PS, S. 9 f.)

[42] Zu den Personalrochaden und Cliquenbildungen in der NSDAP Kärnten nach
1933 siehe ELSTE/HÄNISCH, Weg, S. 293 ff.

[43] Ebd., ELSTE/HÄNISCH, S. 303 u. S. 422 u. BDC-Personalakte, Lebenslauf.

[44] Daß dabei Klausners Führungskader die Position des Gauleiters sukzessiv unter-
grub, reflektiert einen anderen Aspekt der Lenkungsqualitäten Klausners. (Vgl.
ELSTE/HÄNISCH, Weg, S. 372 u. S. 427).

[45] Deutsche Forstzeitung, Nr. 7, 3. 4. 1938, S. 237.

Mängel des alten Staates, dessen geistige Haltung wir leidenschaftlich ablehnten, zu erkennen und die Grundlagen für den neuen nationalsozialistischen Staat unseres Denkens zu schaffen."[46]

Damals, Mitte der dreißiger Jahre, bestimmte die Politik Aichingers Leben. Seine politische Perspektive brachte er mit folgenden Worten auf den Punkt: „Ich wußte, es geht um Großdeutschland. Es war mir gewiß, daß wir es nie erreichen, wenn wir es jetzt nicht erreichen."[47] Insofern blieb sein Parteiengagement nicht ohne Konsequenzen: Er wurde – so sah es Aichinger – ob seiner Kontakte zu Odilo Globocnik gemaßregelt und aus der Liste der Sachverständigen für das Forstwesen gestrichen. Das bedeutete soziale Deklassierung.[48] Auch führte er unter den politischen Strafen die Nichtbestätigung seiner Habilitationsschrift an.[49]

Beruflich zeichnete sich nach 1935 eine entscheidende Wende ab. War in materieller Hinsicht bereits in diesem Jahr durch die wissenschaftliche Ausbildung von sechs deutschen Forstassessoren, die im Auftrag des Reichsforstmeisters Hermann Göring in die von Aichinger in Villach geleitete „Arbeitsstelle für alpenländische Vegetationskunde und Bodenkultur" kamen, Besserung eingetreten,[50] fand 1936 seine wissenschaftliche Arbeit ihre Anerkennung. Aichinger erhielt an der Albert-Ludwigs-Universität in Freiburg einen ordentlichen Lehrstuhl für Forstschutz, Forstbenutzung und Pflanzensoziologie. Retrospektiv formulierte er über sein berufliches Avancement lapidar: „Ich ging auf Befehl des Gauleiter Klausner ins Altreich und folgte dem persönlichen Ruf des Führers."[51]

An der Universität Freiburg stand nicht allein die wissenschaftliche Arbeit im Zentrum seiner Tätigkeit. Im Kollegium

---

[46] Ebd.
[47] BDC-Personalakte, Lebenslauf.
[48] Zu seiner politisch begründeten Maßregelung konstatierte Aichinger: „Ich wurde wegen Beziehungen zum heutigen Staatssekretär Odilo Globotschnigg (sic!) aus der Liste der Sachverständigen gestrichen und konnte mir dadurch keinen weiteren Erwerb suchen." (NS-Gauakte)
[49] Ebd., NS-Gauakte. Die Kärntner Zeitung vom 23. September 1942 nahm dazu indirekt Stellung, als sie schrieb, daß Aichinger die venia legendi in „diesen politischen Kämpfen" nicht gegeben wurde.
[50] BDC-Personalakte, Lebenslauf.
[51] NS-Gauakte.

galt Aichinger als „ausgesprochener Revolutionär". In dieser
Hinsicht demonstrierte er auf universitären Veranstaltungen seine „freiheitliche Gesinnung", indem er stets in „Jungvolkuni-
form" erschien, was unter den eher konservativen Kollegen Be-
fremden auslöste.[52] Von Freiburg aus dirigierte er weiter den illegalen forstpolitischen Apparat in Österreich und stand dem SD-
Kärnten ebenfalls zur Verfügung.[53] Als 1938 Aichingers Aufnahme in den „Eliteorden" der NSDAP, die SS, vorgeschlagen
und in diesem Zusammenhang seine wissenschaftliche wie politische Reputation einer peniblen Analyse unterzogen wurde, urteilte SS-Führer Franz Kutschera: „Er ist nicht allein in wissenschaftlicher, sondern auch in charakterlicher und politischer
Hinsicht unbedingt hochstehend."[54] Am 1. Juli 1939 erfolgte seine Übernahme in den persönlichen Stab des Reichsführer-SS,
dem er bis Ende 1944 – in dieser Zeit war Aichinger bis zum SS-
Obersturmbannführer aufgerückt – zur Verfügung stand.[55]

Unbestritten war Aichinger in seiner wissenschaftlichen Disziplin, der Pflanzensoziologie, eine Kapazität. Sein Ruf als rich-
tungsweisender Fachmann auf diesem Gebiet kreuzte sich mit
den Intentionen Himmlers, der mit dem Gedanken spielte, aus
dem „Ahnenerbe" eine SS-Akademie der Wissenschaften zu ent-
wickeln.[56] Darin sollte auch die Pflanzensoziologie ihren festen
Platz einnehmen. Den eminenten Nutzen dieser Forschungsrich-
tung für die deutsche Wirtschaft erkannte auch Kutschera, welcher Aichingers herausragende wissenschaftliche Leistung mit
diesen Worten würdigte: „Prof. Aichinger ist eine anerkannt
führende Persönlichkeit auf dem Gebiet der Pflanzensoziologie,
vielleicht jener Mann, der diese Wissenschaft auf einen Stand
gebracht hat, der ihr bereits die Anerkennung der Welt einbrachte. So wie wir im Deutschen Volk von einer Volksgemeinschaft
sprechen, innerhalb welcher dem einzelnen Volksgenossen bestimmte Pflichten obliegen, so hat die Pflanzensoziologie die
Gesetzmäßigkeit des selben Vorganges in der Pflanzenwelt festgestellt. Diese Wissenschaft bildet die neueste und vielleicht die

---

[52] BDC-Personalakte, Kutschera an Schöne, Klagenfurt, datiert 13. 12. 1938. Aichin-
    ger arbeitete beflissen auch als Schulungsreferent des NS-Jungvolkes in Freiburg.
[53] BDC-Personalakte, Lebenslauf.
[54] Ebd., BDC-Personalakte, Kutschera an Schöne, Klagenfurt, 13. 12. 1938.
[55] Ebd., BDC-Personalakte, SS-Dienstlaufbahn. Aichinger erhielt die SS-Nummer
    340.743 zugewiesen.
[56] DEICHMANN, Biologen unter Hitler, S. 224.

wichtigste Grundlage zur Erhaltung, bzw. Neuaufforstung des Deutschen Waldes. Da im Rahmen des Vierjahresplanes das Holz eine wesentliche Rolle spielt, ist die Pflanzensoziologie von unerhörter Bedeutung."[57]

Nach der „Machtübernahme" 1938 konnte sich auch die Wissenschaft nicht dem Zugriff und der Gleichschaltung entziehen. Im Hochschulbereich setzte der Gleichschaltungsprozeß unmittelbar nach dem „Anschluß" ein. „Innerhalb weniger Tage wurden die Hochschulen zu loyalen Institutionen des NS-Staates" umfunktioniert.[58] Die Bildungselite des Landes wurde von einer breit angelegten Säuberungswelle getroffen. Hand in Hand damit rückte die NS-Propaganda die Notwendigkeit einer nationalsozialistischen Hochschulreform in den Vordergrund. Es hieß: „Schaffung eines neuen Studententypus, Schaffung eines neuen Hochschullehrertypus und Gestaltung eines neuen Begriffs der Wissenschaft."[59]

Über Weisung von Landesforstmeister Anton Reinthaller wurde Aichinger beauftragt, die Neuorganisation der Forstabteilung der Hochschule für Bodenkultur in Wien zu erarbeiten. Mit der ihn auszeichnenden Gewissenhaftigkeit entwarf er ein „neues" Organisationskonzept; besonderes Augenmerk legte er dabei auf personelle Umschichtungen. „Wir haben uns […] die Aufgabe gestellt, der Wiener Hochschule für Bodenkultur ein solches Gesicht zu geben, wie es notwendig ist. Wir haben uns hiebei gesagt, es geht nicht an, daß ganz unfähigen Menschen unsere Jugend anvertraut wird, denn nur beste Lehrer können aus unserer Jugend etwas machen. Wir haben aber auch gesagt, es geht nicht an, daß z. B. Leute, die seinerzeit dem Sozialdemokraten Bauer bei der Verfassung des Agrarprogrammes behilflich waren, auch jetzt wieder Forstpolitik lesen; […] es geht (aber auch) nicht an, daß Schweine weiterhin Jugenderzieher werden können."[60] Aichingers „Neuordnungskonzept" fand entsprechende

[57] BDC-Personalakte, Kutschera an Schöne, Klagenfurt, 13. 12. 1938.
[58] LICHTENBERGER-FENZ, Brigitte (1985): Österreichs Universitäten unter dem nationalsozialistischen Regime, in: Grenzfeste Deutscher Wissenschaft. Über Faschismus und Vergangenheitsbewältigung an der Universität Graz (= Steirische Gesellschaft für Kulturpolitik, Hg.), Wien/Graz, S. 5.
[59] Zit. n. BRACHER, Karl Dietrich (1960): Stufen der Machtergreifung (= Bracher/Schulz/Sauer, Die nationalsozialistische Machtergreifung. Studien zur Errichtung des totalitären Herrschaftssystems in Deutschland 1933/34), Köln/Opladen, S. 431.
[60] NS-Gauakte, Aichinger an Globocnik, Freiburg i. Breisgau, datiert 30. 10. 1938.

Zustimmung. So berichtete Gaudozentenführer Marchet beflissen an Gauleiter Globocnik, daß den Vorschlägen Aichingers „in jeder Hinsicht Rechnung getragen wird". Außerdem hielt er fest, daß die „Überbleibsel aus der Systemzeit, die sich an der Hochschule für Bodenkultur hie und da noch finden, nichts, aber schon gar nichts zu reden haben, […] und die ausgesprochenen Vertreter des Systems sind ja schon in den Tagen des Umbruchs von uns entfernt worden."[61]

Mit dem Befehl, „am Wiederaufbau der Ostmark mitzutun",[62] war auch Aichingers weiterer Weg vorgezeichnet: Nach einem Antrag Reinthallers,[63] Interventionen Globocniks, einigen bürokratischen Hürden und persönlichen Animositäten[64] wechselte Aichinger an die Hochschule für Bodenkultur. Mit dem Revirement griff Aichinger auch wieder einen alten Plan auf: Die Errichtung eines „Institutes für angewandte Pflanzensoziologie" in Villach, das einer Universität angeschlossen sein sollte. Mit welchem Enthusiasmus er daran ging, läßt allein ein Schreiben an Globocnik erkennen: „Bitte lege Dich ins Zeug, denn es geht um ein ganz bedeutendes Kulturzentrum in unserer gemeinsamen Heimat Kärnten. […] Ich gebe alles her, mein ganzes Wissen und Rüstzeug, meine ganze Arbeitskraft und Erfahrung, obwohl ich als ordentlicher Universitätsprofessor ein nettes, beschauliches Leben führen könnte. Ich kann Euch unendlich viel geben und Euch helfen, daß Milliardenwerte nicht umsonst verausgabt werden."[65] Der Krieg verzögerte die Realisierung seines Planes. Im April 1942 erfolgte schließlich die Etatisierung des

---

[61] Ebd., NS-Gauakte, Marchet an Globocnik, Wien, datiert 7. 10. 1938.

[62] Ebd., NS-Gauakte, Aichinger an Globocnik, Freiburg i. Breisgau, datiert 30. 10. 1938.

[63] In diesem Kontext schrieb Reinthaller an den Reichsforstmeister: „Mit Rücksicht auf die Wichtigkeit der Pflanzensoziologie für die Verschiedenartigkeit der ostmärkischen Verhältnisse erscheint es erstrebenswert, diesen Teile des Waldbaues an der Hochschule für Bodenkultur durch den Vorkämpfer dieser Lehre lesen zu lassen. Ich stelle daher den Antrag, Dr. Aichinger, Freiburg, an die genannte Hochschule zu berufen." (= Sammlung Alfred Elste, Nachlaß Erwin Aichinger, Reinthaller an Reichsforstmeister, Wien, datiert 21. 6. 1938).

[64] So wollte Aichinger seine Berufung an die Hochschule für Bodenkultur nicht als „Bittsteller" durchsetzen. Dazu bemerkte er: „Nein, nein, […] das macht ein Kärntner nicht, noch dazu, wo ich im Auftrage Reinthallers die Hochschule für Bodenkultur mit dem Beauftragten des Reichsforstmeisters und des Reichserziehungsministers Rust inspizierte und Vorschläge machte." (Ebd., Nachlaß Erwin Aichinger).

[65] NS-Gauakte, Aichinger an Globocnik, Ebnet bei Freiburg i. Breisgau, datiert 23. 6. 1938.

Instituts, das – nach längerem Tauziehen[66] – seinen Sitz in St. Andrä bei Villach bekam.[67] Damit war ein ganz persönliches Anliegen Aichingers in Erfüllung gegangen: Die Fortführung seiner „Arbeitsstelle für alpenländische Vegetationskunde und Bodenkultur" als universitäres Institut.

Trotz seiner Einberufung[68] an die Front fand Aichinger Zeit für seine wissenschaftliche Arbeit. Er verbiß sich in die Aufgabe, ein neues Bild der Pflanzensoziologie im Dienste der Kriegswirtschaft zu entwerfen. Seine Prämisse hatte er bereits 1938 klar definiert: Um die deutsche Selbstversorgung zu garantieren, verlange es einer fundierten wissenschaftlichen Vorarbeit.[69] Und diese sollte in seinem pflanzensoziologischen Institut praktiziert werden.

Der Krieg änderte aber offensichtlich seine Einstellung zum nationalsozialistischen Deutschland: Wir können Aichinger als innerlich schwankend, zwischen Aufopferungsbereitschaft, Pflichtbewußtsein und der Vernunft der Stunde hin- und herpendelnd beschreiben. Wie bereits gezeigt, opponierte er gegen die NS-Rassenprinzipien. Er nahm sich auch kein Blatt vor den Mund, als es darum ging, die Wälder Kärntens vor der NS-Kriegsmaschinerie zu retten.[70] Der verläßliche Wegbereiter des Nationalsozialismus, dem in einer politischen Beurteilung attestiert wurde, „besonders in der Verbotszeit ganz hervorragend für die NSDAP gearbeitet zu haben",[71] war zum Kritiker des nationalsozialistischen Regiments geworden, ohne jedoch An-

---

[66] Als Sitz des Instituts war auch die Stadt Salzburg im Gespräch gewesen. Friedrich Rainer, zu diesem Zeipunkt Gauleiter von Salzburg, hatte diesen Plan favorisiert. (Völkischer Beobachter, 14. 1. 1939).

[67] Sammlung Alfred Elste, Nachlaß Erwin Aichinger, Etatisierung des Instituts für angewandte Pflanzensoziologie, Abschrift.

[68] Im September 1939 war Aichinger zum Gebirgsjägerregiment 139 eingerückt. Bis Mai 1944 lassen sich Fronteinsätze nachzeichnen. Zu seiner wissenschaftlichen Arbeit bekam er Kurzurlaube. (Sammlung Alfred Elste, Nachlaß Erwin Aichinger, „Mein soldatischer Einsatz im 2. Weltkrieg".)

[69] NS-Gauakte, Aichinger an Landesforstmeister, Wien, datiert 24. 6. 1938.

[70] Mit seiner 1941 in Villach durchgeführten Tagung „Leistungssteigerung in Wald und Weide" gelang es Aichinger, die kriegswirtschaftliche Abholzung des Kärntner Waldes zu verhindern. (= Sammlung Alfred Elste, Nachlaß Erwin Aichinger, Gauhauptmann Meinrad Natmeßnig an Aichinger, Triest, datiert 20. 11. 1943 und: „Das geschah vor 30 Jahren: Ich war mit Gauleiter Dr. Friedrich Rainer befreundet").

[71] NS-Gauakte, Politische Beurteilung Aichingers durch Moritz Czeitschner, Villach, datiert 4. 8. 1938.

schluß an eine Widerstandsbewegung zu finden. Aichingers Verhalten gab Anlaß zu sicherheitspolizeilichen Bedenken; insofern wurde seine politische Verläßlichkeit hinterfragt.[72] Wenngleich Aichinger seine Mißbilligung ungeschminkt vorbrachte und seine Frontstellung eine Form von Widerstand gegen das NS-System gewesen sein mag, wurde er nicht auf die Liste der „verstoßenen" Parteigänger gesetzt. Im Gegenteil: 1943 erhielt Aichinger eine der höchsten Auszeichnungen der NSDAP: das „Goldene Parteiabzeichen".[73]

In den Jahren 1945/46 verantwortete sich Aichinger vor dem Volksgericht Graz, Senat Klagenfurt. Der „entfernte Verdacht" nach § 11 des Verbotsgesetzes[74] – die Tatbestände „Illegalität", Rang eines SS-Sturmbannführers und Verleihung des „Goldenen Parteiabzeichens" wurden genannt – führte zu Vorerhebungen und anschließendem Verfahren.[75] Aichingers Verteidigung baute darauf auf, daß er sich in den Vernehmungen als „nicht schuldig" bekannte und anführte, daß er „niemals illegal war, [...] in keiner Weise aus politischen Gründen das Goldene Partei-

---

[72] Im Juni 1942 ersuchte der SD-Wien das Gaupersonalamt Wien um Mitteilung, was über Aichinger „in politischer und charakterlicher Hinsicht bekannt ist". (Ebd., NS-Gauakte, SD-Leitabschnitt Wien an NSDAP Gauleitung Wien, Gaupersonalamt, Wien, datiert 26. 6. 1942).

[73] Sammlung Alfred Elste, Nachlaß Erwin Aichinger, Natmeßnig an Aichinger, Triest, datiert 20. 11. 1943 u. LG-Klgf., Vg 17 Vr 1611/47. Das „Ehrenzeichen der NSDAP" (auch „Goldenes Parteiabzeichen") war 1933 für Parteigenossen mit Mitgliedsnummern unter 100.000 (wie angeführt, besaß Aichinger keine Nummer unter 100.000) eingeführt worden. Zudem mußten diese ohne Unterbrechung der Partei angehört haben. Für die Verleihung des „Ehrenzeichens" an Aichinger traf offenbar der Passus - „für besondere Verdienste als Ehrung vom Führer verliehen" - zu. (Zu den Parteiabzeichen siehe: Der Neue Brockhaus. Allbuch in vier Bänden und einem Atlas, Leipzig 1941, Bd. 1, S. 643). In den Vorerhebungen zur Strafsache gegen Aichinger stellte dieser fest, daß ihm daß „Goldene Parteiabzeichen" nicht aufgrund von Verdiensten für die NSDAP, sondern für seine hervorragenden Leistungen auf wissenschaftlichem Gebiet, und zwar in bezug auf die Ernährungswirtschaft, verliehen wurde. (LG-Klgf., Vg 17 Vr 1611/47, Vernehmungsniederschrift, Arriach, datiert 19. 12. 1946, Nachtragsvernehmung).

[74] Nach KOHLWEG, Patrick (1981): Die Volksgerichtsbarkeit in Kärnten und Osttirol nach dem Zweiten Weltkrieg. Analyse des Aktenmaterials über die im Jahre 1946 eingeleiteten Verfahren des Volksgerichtes Graz, Senat Klagenfurt, phil. Dipl.arb., Klagenfurt, S. 31 bildete den wesentlichen Inhalt dieses Tatbestandes die Zugehörigkeit zur NSDAP, die Funktion, die in der Verbotszeit und während der NS-Gewaltherrschaft bekleidet wurde wie auch die Betätigung für die NS-Bewegung in der Verbotszeit. Das Wesen des Verbrechens nach §§ 10, 11 Verbotsgesetz war der Hochverrat (LG-Klgf., Vg 18 Vr 2145/47, Urteil, datiert 31. 10. 1947). Siehe ferner PRAUNEGGER, Egon/HEIN, Christian Friedrich (1947): Das Nationalsozialistengesetz mit Verbotsgesetz, Graz, S. 60 ff.

[75] LG-Klgf., Vg 17 Vr 1611/47.

abzeichen oder den Dienstrang eines SS-Sturmbannführers" erhalten und „keine wie immer geartete Funktion" in der NSDAP bekleidet habe.[76] Auch wurde eine Reihe von Entlastungszeugen vernommen,[77] u. a. Landeshauptmann Hans Piesch, der angab, daß „der Beschuldigte gesinnungsgemäß nie dem Nationalsozialismus verfallen ist und sich nie im parteipolitischen Sinne betätigt hat."[78]

Pointiert formuliert: Aichinger rückte sich in die Reihe jener NS-Parteigänger, die wie die „Salzburger Nachrichten" schrieben, „ihren Mitmenschen halfen, unliebsame Härten, Verhaftungen und Verschickungen zu verhindern trachteten und dadurch in Opposition zur offiziellen Politik der NSDAP standen".[79] Dieser mediale Befund trifft auf Aichinger zu. Das war die eine Seite seiner Persönlichkeit. Die andere ist in Relation zu seiner Aussage zu stellen, in der er sich rühmte, er habe sich als „angesehene Persönlichkeit" in der Zeit von 1933 bis 1936 in Villach aufgehalten. In einer Zeit also, in der Aichinger nicht nur als Spiritus rector, sondern auch als Agens dem politischen Terror der NSDAP sekundierte.

Mit der Weisung, Arriach – seinen damaligen Wohnort und Sitz des pflanzensoziologischen Institutes – nicht zu verlassen, wurde Aichinger 1947 auf freien Fuß gesetzt; das Verfahren gegen ihn eingestellt.[80]

---

[76] Ebd., LG-Klgf., Bezirksgericht Villach, Vernehmung des Beschuldigten, datiert 17. 7. 1947.

[77] Ebd..

[78] Ebd., Zeugenvernehmung Hans Piesch, Klagenfurt, datiert 26. 9. 1947.

[79] Salzburger Nachrichten, 2. 8. 1948, zit. n. HANISCH, Ernst (1986): Braune Flecken im Goldenen Westen. Die Entnazifizierung in Salzburg, in: MEISSL, Sebastian/MULLEY, Klaus-Dieter/RATHKOLB, Oliver (Hg.), Verdrängte Schuld, verfehlte Sühne. Entnazifizierung in Österreich 1945-1955, München, S. 329.

[80] LG-Klgf., Vg 17 Vr 1611/47 u. PELLAR, Renate Elfriede (1981): Volksgerichtsbarkeit in Kärnten und Osttirol nach dem Zweiten Weltkrieg. Analyse des Aktenmaterials des Volksgerichtes Graz, Senat Klagenfurt über die eingeleiteten Verfahren aus dem Jahre 1947, phil. Dipl. arb., Klagenfurt, S. 102.

MORITZ CZEITSCHNER

„Ich bin Nationalso-zialist und ich werde es bleiben, so lange ich lebe."[81]

Zum Korps der „alten Garde" muß auch der 1880 in Neutit-schein in Mähren geborene Mo-ritz Czeitschner gezählt wer-den.[82] Zweifelsohne sticht in seinem Lebenslauf sein Geburts-ort ins Auge. Somit reiht sich Czeitschner in die Liste der Grenz- und Auslandsdeutschen ein, die der nationalsozialisti-schen Volkstumsideologie in Kärnten ihre besondere Intensität verliehen.[83] Obwohl er wenige Jahre nach der Geburt in die obersteirische Heimat seiner Mutter übersiedelte, sollte der völkische Kampf der Deutschen Arbeiter-partei in den Kronländern der Monarchie, besonders in Böhmen und Mähren, Czeitschners politische Sozialisation mitprägen.[84]

Als Mitbegründer der Deutschen Arbeiterpartei in Österreich spiegelt sein politischer Werdegang alle Facetten des nationalso-zialistischen Prototyps: In den Jahren von 1906 bis 1912 agitier-te er unter der Arbeiterschaft in Wien-Floridsdorf. Seine Aufga-be, die Propaganda als Waffe des politischen Kampfes einzuset-zen, meisterte der seit 1897 im Dienste der österreichischen Staatsbahnwerkstätte in Knittelfeld stehende, gelernte Kessel-schmied anscheinend zur Zufriedenheit der Parteiführung. Nun sollte er auch als Zugpferd im Wahlkampf reüssieren: Im Auf-trag der Reichsleitung kandidierte er 1911 bei den Reichsrats-wahlen und trat – wie er in seinen biographischen Notizen her-ausstrich – unter anderem gegen den nachmaligen Bürgermeister von Wien Karl Seitz an.[85] Ein Jahr später, 1912, wurde er als Pro-

---

[81] BDC-Personalakte Moritz Czeitschner, Lebenslauf.
[82] Sein genaues Geburtsdatum ist mit 31. 5. 1880 anzugeben. (BDC-Personalakte, Lebenslauf).
[83] Vgl. ELSTE/HÄNISCH, Weg, S. 67 ff.
[84] LG-Klgf., Vg 17 Vr 1204/46, Tatsachenbericht.
[85] BDC-Personalakte, Lebenslauf.

pagandamotor zur politischen und gewerkschaftlichen Formierung des Nationalsozialismus nach Tetschen (Böhmen) an der Elbe dirigiert.[86]

Aus beruflichen Gründen kam Czeitschner 1918 nach Villach, in jene Stadt, die zum pulsierenden Kern des frühen Nationalsozialismus in Kärnten gehörte. Die Prädispositionen waren hier besonders günstig: Das Zusammenprallen verschiedener Kulturkreise (slawisch, romanisch, deutsch) befruchtete den völkischen Irrationalismus.[87] Schon in der Monarchie war Villach erklärtes Zentrum völkischer Verbände gewesen. Vor allem in der Draustadt konnte der Nationalsozialismus von Anfang an auf ein starkes soziales und verbandspolitisches Potential, beispielsweise deutsche Gehilfen- und Arbeitervereine, zurückgreifen.[88] Villach war aber auch Eisenbahnverwaltungszentrum für die Tauern- und Karawankenbahn. Die Eisenbahner waren es auch, die im Juli 1918 den zwölfköpfigen Vertrauensmännerausschuß der Ortsgruppe Villach des „Deutschen nationalsozialistischen Vereines für Österreich" dominierten und den sozialen Kern der völkischen Arbeiterbewegung in Kärnten stellten.[89]

In dieser organisatorisch unauffälligen, verbal jedoch aggressiven, mit Problemen wie dem Einwanderungsdruck der Slawen und deren Arbeitskonkurrenz, der sozialen Unsicherheit und dem militanten Patriotismus beschäftigten Splitterpartei profilierte sich Czeitschner als Organisationsreferent. So galt er als

---

[86] Ebd.

[87] Unter Irrationalismus werden hier im engeren Sinne die artikulierten Formen des „völkischen Kulturpessimismus" verstanden. So vereinigten sich in diesem antiurbane, agrarromantisch-antizivilisatorische Vorstellungen, aber auch spezifisch getönte antikapitalistische Ressentiments mit massiven antidemokratischen, antisozialistischen wie antisemitischen Ideologemen. Die Appelle an das National- und Heimatbewußtsein, die Überbetonung des Deutschtums gehörten ebenfalls in das Propagandaarsenal völkischer Kulturpessimisten. [(Siehe weiterführend MOSSE, George L. (1991): Die völkische Revolution. Über die geistigen Wurzeln des Nationalsozialismus, Frankfurt am Main; SONTHEIMER, Kurt (1992): Antidemokratisches Denken in der Weimarer Republik. Die politischen Ideen des deutschen Nationalismus zwischen 1918 und 1933, München)].

[88] Zum Vereins- und Parteiwesen in Kärnten siehe DOLINER, Dorothea (1953): Die politischen Organisationen, Verbände und Vereine in Kärnten von 1860-1914, phil. Diss., Innsbruck; DROBESCH, Werner (1991): Vereine und Verbände in Kärnten (1848-1938). Vom Gemeinnützig-Geselligen zur Ideologisierung der Massen (= Das Kärntner Landesarchiv 18), Klagenfurt; vgl. ferner ELSTE/ HÄNISCH, Weg, S. 68 ff.

[89] Ebd., ELSTE/HÄNISCH, S. 69.

Gründungsmitglied der Villacher Ortsgruppe.[90] 1920 avancierte
Czeitschner zum Landesobmann der Kärntner DNSAP.[91] Zwischen 1920 und 1927 wurde er mehrmals zum Ortsgruppenobmann von Villach gewählt – ein Indiz für die (noch) demokrati-
sche Ausrichtung der Partei in dieser Periode. Sein offensichtlich nie ermüdender organisatorischer Eifer trug ihm Lob
ein: Eine politische Beurteilung bezeichnet Czeitschner als jenen
führenden wie gleichsam erfolgreichen Parteikämpen, dem es zu
einem großen Teil zu verdanken ist, daß die Idee des Nationalsozialismus in Kärnten so früh bekannt wurde.[92] Czeitschner, der
aus dem Handarbeiterstand kam[93] und sich beruflich konsequent
nach oben arbeitete,[94] soll auch als Parteiredner eine „solide Figur" gemacht haben. Vor allem nach dem Hitler-Putsch in München war es Czeitschner, der intensiv für die Bewegung warb,
als Agitator von sich reden machte und dazu beitrug, daß der
Partei in Kärnten ähnliche Probleme wie in Bayern erspart blieben.[95]

Im Juni 1927 trat Czeitschner der NSDAP Hitler-Bewegung
bei, die, wie er es nannte, mehr Dynamik ausstrahlte. Rückblickend war für ihn dieser Akt eine logische Konsequenz, zumal er der Demagogie und Suggestivität Hitlers schon früh erlegen war. Czeitschner sah in Hitler eine „überragende Persönlichkeit" und sprach mit ihm mehrmals auf den zwischenstaatlichen
Parteitagen in Salzburg.[96] Auch rückte er in diesem Jahr in den
Kreis jener Aktivisten, die in der Partei Hitlers Schritt halten
wollten und nahm auf eigene Kosten am Parteitag in Nürnberg
teil. Mit seinem kalkulierenden Engagement hatte Czeitschner

---

[90] Diese von Czeitschner kolportierte Behauptung ist quellenmäßig nicht einwandfrei zu klären, da Czeitschner erst im November 1918 nach Villach kam, und die
dortige Ortsgruppengründung schon im Juli desselben Jahres erfolgte.
[91] Vgl. ELSTE/HANISCH, Weg, S. 72, Anm. 156.
[92] BDC-Personalakte, Politischer Werdegang.
[93] Ebd.
[94] Nach Beendigung der Volksschule sind zunächst Lehrjahre Czeitschners als
Schmied belegbar. Siebzehnjährig hatte er seine Ausbildung in der Staatsbahnwerkstätte in Knittelfeld begonnen. Seine Versetzung als Kesselschmied zur
österreichischen Nordwestbahn in Wien gab ihm die Gelegenheit zum Besuch der
Staatsgewerbeschule, die er „mit vorzüglichem Erfolg" absolvierte. (LG-Klgf.,
Vg 17 Vr 1204/46, Tatsachenbericht; BDC-Personalakte, Lebenslauf, Personal-
Fragebogen, Politischer Werdegang).
[95] Ebd., BDC-Personalakte, Politischer Werdegang.
[96] So retrospektiv zitiert im Kärntner Grenzruf, 27. 4. 1939, S. 3; siehe auch BDC-
Personalakte, Politischer Werdegang u. Lebenslauf.

bald Erfolg. Im Dezember 1929 avancierte er zum Bezirksleiter der NSDAP Hitler-Bewegung von Villach-Stadt. Als 1932 die Parteibezirke Villach-Stadt und Villach-Land (mit 23 Ortsgruppen) zusammengelegt wurden, oblag Czeitschner ihre organisatorische und politische Führung, die er bis zum Parteiverbot im Juni 1933 ausübte.[97]

Durch seinen frühen Eintritt in die noch kleine Hitler-Partei[98] und durch stete, schließlich hauptamtliche Parteiarbeit erwarb er den Nimbus eines selbstlosen „Idealisten". Das erlaubte ihm eine ständige funktionsbedingte Nähe zu Gauleiter Hugo Herzog, der Czeitschner Sonderaufgaben übertrug: Im Einvernehmen mit Herzog verließ er zwischen Dezember 1927 und Oktober 1929 höchst „offiziell" die Hitler-Bewegung. Dieses Revirement diente dem taktischen Manöver, sich zum einen den heftigen öffentlichen Attacken der Schulz-Parteigänger[99] in der „Deutschen Arbeiter-Presse" zu entziehen, und zum anderen, daß er seine „besondere Mission" instrumentalisieren konnte: Politisch war er seit Jahren ein werbewirksames Aushängeschild der DNSAP. Diese Tatsache und die Reputation, die er als hochdekorierter Abwehrkämpfer in der Männerwelt der Frontgeneration genoß, stilisierten ihn zur Integrationsfigur des heterogenen deutschnationalen Lagers, das aufzuweichen die NSDAP ansetzte. Darüber hinaus sollte er penible organisatorische Vorarbeit zur Mitgliederrevision im Jahr 1929 leisten.[100]

Was Czeitschner auch unter Idealismus subsumierte, war das Faktum, daß er 1929 als Referent für Wohnungsangelegenheiten in der Staatsbahndirektion in Villach in Pension ging und sich

---

[97] Ebd., BDC-Personalakte, Lebenslauf. In den dreißiger Jahren hatte sich der Begriff Kreisleitung synonym für Bezirksleitung noch nicht eingebürgert. Auch trat der Bezirksleiter zugleich als Ortsgruppen- bzw. Stadtparteileiter in Erscheinung. (Vgl. ELSTE/HÄNISCH, Weg, S. 122).

[98] Im Jahr 1926 sind sechs Ortsgruppen der NSDAP Hitler-Bewegung zuzurechnen. (Vgl. ELSTE/HÄNISCH, Weg, S. 80).

[99] Dabei handelte es um die Parteigänger des NS-Flügels unter der Führung von Karl Schulz, der 1923 den Wiener Rechtsanwalt Walter Riehl als Landesparteiobmann der österreichischen Nationalsozialisten abgelöst hatte. Schulz wurde von den älteren und konservativen Parteigängern respektiert, aber nicht von den jungen Radikalen, die sich Hitler zuwandten. (Vgl. PAULEY, Der Weg in den Nationalsozialismus, S. 45 ff.).

[100] BDC-Personalakte, Lebenslauf; Herzog an Gauschatzmeister für Kärnten, Klagenfurt, datiert 27. 3. 1942; LG-Klgf., Vg 17 Vr 1204/46, Tatsachenbericht. Ausgezeichnet wurde Czeitschner mit dem Kärntner Kreuz für Verdienste wie für Tapferkeit. (Siehe BDC-Personalakte, Personal-Fragebogen).

völlig der Parteiarbeit verschrieb.[101] Die Partei honorierte dies
1930: Zwar entsprach der zu diesem Zeitpunkt 51jährige
Czeitschner nicht mehr dem „dynamisch" jungen Typus der
NSDAP, dennoch zog er als zweiter Mandatsträger der Nationalsozialisten in das Kärntner Landesparlament.[102]

Im Landtag übte Czeitschner als Dauerredner den Stil der
wortgewaltigen Opposition. Seine Kritik richtete sich hauptsäch-
lich gegen die hohen Gehälter der Kärntner Landespolitiker und
die der höheren Verwaltungsbeamten. Durch zahlreiche Anträge
im Plenum befriedigte er das Bestreben der NSDAP, unter-
schiedlichen Zielgruppen nach dem Munde zu reden. So forderte
er unter anderem außerordentliche Beiträge für ausgesteuerte
Arbeitslose und auch für Arbeitnehmer, die für mehr als zwei
Kinder zu sorgen hatten.[103] In prononcierter Art verurteilte der
NS-Abgeordnete die Werbung eines russischen Regierungsbe-
auftragten um Kärntner Facharbeiter für die Sowjetunion. Er betonte, daß Österreich selbst seine Arbeitskräfte benötige, damit
sich das Land aus der ökonomischen Misere befreien könne:
„Wir brauchen diese Qualitätsarbeiter, [...] wir brauchen Fach-
leute, [...] wir brauchen jenes Menschenmaterial, das das beste
ist, das als Elite unseres Volkes bezeichnet werden kann, und das
uns heute in verbrecherischer Weise aus jüdischem Geist verschleppt wird, damit die Katastrophenpolitik, die Sie (gemünzt
auf die anwesenden Abgeordneten) betreiben, ehestens ihre
Früchte zeitigt und auch bei uns, auf unserem heimischen Boden
die jüdischen Rahmschöpfer, die jüdischen Unternehmer, die jüdischen Schmarotzer an allen Völkern den letzten Wertgegen-
stand verschleppen können."[104]

Czeitschners krampfhaftes Bemühen als Dauerredner gipfelte
in einem langen Plädoyer für die Kärntner Lehrerschaft, der im
Landesbudget für das Jahr 1933 eine neuerliche Gehaltskürzung
bevorstand.[105] Er sah in der Lehrerschaft eine Berufsgruppe, die
der Partei propagandistisch von Nutzen sein konnte und die
zweifelsohne zu den Opfern unpopulärer Sparmaßnahmen im
Zuge von Inflation und Weltwirtschaftskrise geworden war. In

---

[101] Ebd., BDC-Personalakte, Lebenslauf.
[102] Vgl. ELSTE/HÄNISCH, Weg, S. 113.
[103] Kärntner Landtag, 15. Gesetzgebungsperiode, 6. Sitzung am 28. Februar 1931, S.
81.
[104] Ebd., 15. Sitzung am 24. Februar 1932, S. 871.
[105] Ebd., 20. Sitzung am 23. Dezember 1932, S. 1223.

diesem Kontext erkannte Czeitschner die Chance, die Lehrerschaft in die Arme des Nationalsozialismus zu treiben.[106] Außerdem stilisierte der Weltanschauungsprokurist des Kärntner Nationalsozialismus die Besoldungsdiskussion zur substantiellen Kulturfrage hoch, indem er darauf verwies, daß das Kapitel Schulwesen, Kunst und Wissenschaft von „keinem Volke zum Gegenstand einer Verschlechterung durch Kürzung des Aufwandes gemacht" werden dürfe, „wenn dieses Volk nicht schon von vornherein sich damit abgefunden hat, auch in kultureller Beziehung immer tiefer zu sinken."[107] Es bestehe kein Zweifel, argumentierte er, daß das „Schulwesen auf jeden Fall (auf) die Erhaltung eines Volkes (abzielt) und für die Heranbildung der kommenden Generation etwas Unerläßliches ist und daß die kommende Generation den Kampf mit anderen Völkern nur dann siegreich bestehen wird können, wenn sie eine Schulbildung genossen hat, die sie in die Lage versetzt, jenen Menschen geistig gleichgestellt oder überlegen zu sein, die eben bisher die Wirtschaft für ihre Zwecke ausgenützt haben."[108]

Offensichtlich gelang es Czeitschner virtuos, sein politisches Konzept rhetorisch in einprägsame Leitsätze und Schlagworte zu fassen, sodaß er 1930 und 1932 im Wahlkampf zum deutschen Reichstag in Thüringen bzw. Unterfranken als Propagandaredner herangezogen wurde.[109]

Unmittelbar nach dem Parteiverbot im Juni 1933 übernahm er als ältester Kreisleiter die Geschäftsführung des Gaues Kärnten. Die Ausweisung von Gauinspekteur Kothen aus Österreich, der vom Hotel Schnablegger in Tarvis aus versuchte, die Fäden innerhalb der Kärntner Parteiorganisation weiter zu ziehen, führte zu einem Erstarken der durch Kothen beiseite gedrängten Anhänger der evolutionären Linie der Eroberung zur Macht, welcher auch Czeitschner angehörte.[110]

---

[106] Vgl. zum Verhältnis der Kärntner Lehrerschaft zum Nationalsozialismus BURZ, Ulfried (1992): „Der Wille der Lehrerschaft ist der Wille des Volkes". Bildungspolitische Zielsetzungen und Aktivitäten der nationalsozialistischen Bewegung in Kärnten, in: LECHNER, Elmar u. a. (Hg.), Zur Geschichte des österreichischen Bildungswesens. Probleme und Perspektiven der Forschung, Wien S. 491-514 u. ELSTE/HÄNISCH, Weg, S. 392 ff.

[107] Kärntner Landtag, 15. Gesetzgebungsperiode, 20. Sitzung am 23. Dezember 1932, S. 1223.

[108] Ebd.

[109] BDC-Personalakte, Lebenslauf.

[110] Vgl. ELSTE/HÄNISCH, Weg, S. 114.

Sein Evolutionskonzept interpretierte Czeitschner auf diese Weise: Nach dem Parteiverbot erachtete er den Neuaufbau der Partei unter ausdrücklicher Ablehnung der deutschen Führung für grundlegend und liebäugelte mit der Bildung einer „Nationalen Volksfront",[111] die alle deutschnationalen Parteien umfassen sollte. Er kontaktierte die Parteiführer der Großdeutschen, der Landbündler und der Heimatschützer, fuhr nach Wien und verhandelte mit Vizekanzler Franz Winkler und mit seinem Landsmann Vinzenz Schumy. Wie gereift Czeitschners Plan einer „Nationalen Volksfront" gewesen sein muß, ist dadurch zu belegen, daß der Klagenfurter Rechtsanwalt Dr. Paul Messiner bereits in Czeitschners Auftrag mit der Ausarbeitung eines Parteiprogrammes begonnen hatte. Und in Wien waren die Unterredungen soweit gediehen, daß Überlegungen zur Ressortverteilung einer Regierung der „Nationalen Volksfront" ventiliert wurden.[112] Mit seinen Erneuerungsabsichten drang Czeitschner auch auf Ortsgruppenebene durch. Bei einer Zusammenkunft hatte er seine Vorstellungen gegenüber Ortsgruppenleitern artikuliert, die seinen Intentionen – mit außerhalb der Partei stehenden Persönlichkeiten wie Arthur Lemisch oder Hans Steinacher in Verhandlungen zu treten, um einen nationalen Zweckverband aufzuzäunen – nicht ablehnend gegenüberstanden.[113]

Czeitschners Marschroute lief darauf hinaus, der verbotenen Partei eine legale Möglichkeit zum Kampf gegen das „System" zu verschaffen.[114] Diese Taktik lag nicht auf der Linie jener de-

---

[111] Er verwendete dafür auch den Begriff „deutsch-österreichische Volksfront" oder „österreichische Volkspartei". (Ebd., S. 114; LG-Klgf., Vg 17 Vr 1204/46, Bundespolizeikommissariat Villach an Oberstaatsanwaltschaft Graz, Villach, datiert 5. 9. 1947).

[112] PAdAA-BO, Politik 29, Nr. 10c, Konsulatsberichte Klagenfurt, Bd. 1, Konsul Hahn an Auswärtiges Amt in Berlin, Klagenfurt, datiert 10. 7. 1933 u. 9. 11. 1933; ÖStA-AdR, BKA-Inneres, 22/Ktn., Kt. 5052, Zl. 189.056/33; vgl. auch ELSTE/HÄNISCH, Weg, S. 114 u. S. 298.

[113] In Kärntner NS-Kreisen wurde die Möglichkeit in Betracht gezogen, daß Dr. Hans Steinacher überhaupt die Führung der NSDAP in Österreich übernehmen sollte. (BA-KO, NL 184, Hans Steinacher, Nr. 43, Bucher an Fritz, datiert 22. 7. 1933 u. Gedächtnisprotokoll der Ortsgruppenleiterbesprechung, datiert 2. 7. 1933).

[114] Es muß festgehalten werden, daß Kärntner NS-Protagonisten wie Czeitschner, Globocnik oder Klausner lediglich oberflächlich betrachtet einen evolutionären Kurs vertraten. Im Endeffekt unterschieden sich die Evolutionären in nichts von den Revolutionären. Verschieden waren die Taktik und der involvierte Personenkreis, „der sich den nationalen Lorbeer für die Verdienste um die Befreiung

struktiven revolutionären Konzeption, die Kothen auf seine Fahne geschrieben hatte. Wenn auch Kothens Einfluß in seiner Funktion als Gauinspekteur auf die Kärntner NS-Bewegung nach seiner Ausweisung nach Italien rapid sank, holte er doch im Dezember 1933 zum Schlag gegen seinen nicht linientreuen Platzhalter aus. Kothen bezichtigte Czeitschner des parteischädigenden Verhaltens, eliminierte ihn mit Habichts Einverständnis aus der Partei und plante, den „Volksverräter" nach nationalsozialistischen Freund-Feind-Maßstäben zu beseitigen. Kothen beauftragte einen Parteigenossen zum Fememord an Czeitschner; dieser entging knapp dem Anschlag.[115]

Bis Ende 1934 – so lange ist Kothens Handschrift in der NSDAP Kärnten nachweisbar[116] – galt Czeitschner innerparteilich als verfemt. Zwar fand sich im engeren Kreis um Klausner keine Funktion für Czeitschner, dennoch arbeitete er „unerschüttert" weiter für die NS-Bewegung. „Ich habe so manchen verzagten und hoffnungslosen Parteigenossen wieder aufgerichtet und ihm neuen Mut und Kampfeswillen beigebracht. Ich habe auch in der ganzen Verbotszeit, so weit es mir dies bei meinen bescheidenen Verhältnissen möglich war, notleidende Parteigenossen mit Geld und Waren unterstützt."[117] Daß er in der Tat weiter politisch aktiv war, belegt eine sechswöchige Haftstrafe aufgrund illegaler NS-Betätigung.[118]

Czeitschner, der nach seinem Parteiausschluß wieder in seinen früheren Beruf zurückgekehrt sein muß, arrangierte sich durch seinen Eintritt in die Vaterländische Front mit dem austrofaschistischen System, ohne allerdings dem Verlangen von VF-Exponenten, eine Funktion zu übernehmen, nachzugeben. Diese Avancen will er mit den Worten – „Ich bin Nationalsozialist […] und ich werde es bleiben, so lange ich lebe" – abgelehnt haben.[119]

Österreichs erhoffte". [(SCHUSCHNIGG, Kurt (1988): Im Kampf gegen Hitler. Die Überwindung der Anschlußidee, Wien/München, Neuauflage, S. 232)].

[115] LG-Klgf., Vg 17 Vr 1204/46, Bundespolizeikommissariat Villach an Oberstaatsanwaltschaft Graz, Villach, datiert 5. 9. 1947; BDC-Personalakte, Lebenslauf u. Personal-Fragebogen; ELSTE/HÄNISCH, Weg, S. 114.

[116] Vgl. ebd., ELSTE/HÄNISCH, S. 300.

[117] BDC-Personalakte, Lebenslauf.

[118] Ebd., BDC-Personalakte, Personal-Fragebogen.

[119] Ebd.. Da Czeitschner angibt, daß er als Bundesbahnbeamter gezwungen war, der Vaterländischen Front anzugehören, ist seine Wiederaufnahme in den Staatsdienst im Jahr 1933 durchaus realistisch. (Ebd.).

Nach dem „Anschluß" wollte Czeitschner den Makel – als „Parteischädling" zu gelten – aus seiner Parteigeschichte ausradieren. Er stellte den Antrag zur Einleitung eines „Selbstreinigungsverfahrens". Das Gaugericht unter dem Vorsitz von Hugo Herzog lehnte jedoch dieses Anliegen mit der Begründung ab, daß die Anschuldigung, Parteiverrat begangen zu haben, nicht gegeben sei.[120] Voll rehabilitiert avancierte Czeitschner nach Vorschlag Klausners zum Bürgermeister und Ortsgruppenleiter von Velden. Zugleich wurde er mit der Mitgliedsnummer 116.288 in die Partei wiedereingeschrieben und als „Alter Kämpfer" anerkannt. Im April 1942 strengte er sogar die Zuerkennung seiner früheren Mitgliedsnummer aus dem Jahr 1927 an. Gauleiter Rainer befürwortete sein Ansuchen. Ein Jahr später wurden dann auch seine Bemühungen um die alte Mitgliedsnummer honoriert: Mit 62 Jahren erhielt er das „Goldene Parteiabzeichen".[121]

Sein neues politisches Amt im Nobelkurort am Wörther See übte Czeitschner pflichtbewußt aus. Er wurde als „überzeugter, fanatischer" Nationalsozialist charakterisiert, der als „kleiner Diktator" seine Machtbefugnisse als Ortsgruppenleiter und Bürgermeister ausnützte.[122] Im April 1941 beteiligte er sich als Helfershelfer nationalsozialistischer Rassenpolitik, als er Anordnungen, die im organisatorischen Zusammenhang mit der geplanten Deportation slowenischer Familien in Köstenberg standen, traf. Obwohl im Nachkriegsprozeß gegen Czeitschner seine Mitschuld an diesem unrühmlichen Akt der Kärntner Geschichte nicht verifiziert werden konnte, steht fest, daß er in einem Schreiben vom 12. April 1941 den Bürgermeister von Köstenberg, Josef Teppan, anwies: „Die gegenwärtigen Verhältnisse erfordern, daß zwischen Deutschen und Slowenen reiner Tisch gemacht wird. Es ist jetzt die Zeit, wo den überzeugten Slowenen Gelegenheit gegeben werden soll, mit ihrem Volk vereint zu werden. Ich ersuche daher um postwendende Nachricht, wer in

---

[120] Ebd., BDC-Personalakte, Gaugericht Kärnten der NSDAP, Beschluß, Klagenfurt, datiert 12. 11. 1938.

[121] LG-Klgf., Vg 17 Vr 1204/46, Bundespolizeikommissariat Villach an Oberstaatsanwaltschaft Graz, Villach, datiert, 5. 9. 1947; BDC-Personalakte, Herzog an Gauschatzmeister für Kärnten, Klagenfurt, datiert 27. 3. 1942; Gauleitung Kärnten an Reichsschatzmeister, Klagenfurt, datiert 27. 4. 1942; Rainer an Czeitschner, Klagenfurt, datiert 16. 4. 1942.

[122] Ebd., LG-Klgf., Gendarmeriepostenkommando Velden, datiert 6. 5. 1946.

Ihrem Gemeindegebiet als Slowene bekannt ist, sich als solcher betätigt und sich auch bei der Volkszählung im Mai 1939 zur slowenischen Volkszugehörigkeit bekannte. Vor allem sind mir jene Namen bekanntzugeben, die sich heute noch im slowenischen Kulturverein befinden und dort selbst aktiv mitarbeiten. Ich bitte, diese Angaben sehr gewissenhaft zu machen. [...] Die Antwort selbst ist sehr dringend und sie soll womöglich noch heute in meinen Besitz kommen."[123]

Im Jahr 1947 wurde Czeitschner kurzfristig arretiert. 1948 erfolgte die Anklage wegen § 7 Kriegsverbrechergesetz (Mitschuld an der Aussiedlung slowenischer Familien und Denunziation) sowie wegen § 11 Verbotsgesetz.[124] Das Verfahren wurde eingestellt.

---

[123] Ebd., LG-Klgf., Czeitschner an Teppan, Velden, datiert 12. 4. 1941, Abschrift. Im einzelnen handelte es sich um die Familien Dragaschnig, Kokot und Lessjak aus Köstenberg, deren Aussiedlung u. a. Gegenstand bei seinem Nachkriegsprozeß war.

[124] LG-Klgf., Vg 17 Vr 1204/46, Staatsanwaltschaft Klagenfurt an Untersuchungsrichter, Klagenfurt, datiert 18. 3. 1948; Haftbefehl, Klagenfurt, datiert 16. 6. 1947.

OTTOKAR DRUMBL

*„Die Menschen un-
seres Gaues waren
immer jene gewesen, die in
der Kampf- und Verbotszeit
[…] ihre Liebe zu Deutschland am heißesten gelebt und
am treuesten bewahrt ha-
ben."*[125]

In der zweiten Hälfte der zwanziger Jahre entstanden jene grundlegenden Voraussetzungen, die die NSDAP Kärnten befähigten, die politischen Chancen wahrzunehmen, die sich mit dem offenen Ausbruch der tiefgreifenden politischen, wirtschaftlichen und gesellschaftlichen Krise der Ersten Republik für sie ergaben. Anfang der dreißiger Jahre festigte sich die Organisation der Partei, und sie hatte unter widrigen Bedingungen gelernt, ihre Kampfmethoden – Daueragitation, Massenregie, offene Drohung und Anwendung von Gewalt – wirksam zu entfalten. Bevor sich jedoch die „Demonstrationspropaganda" und die „Propaganda der Tat" als Elemente nationalsozialistischer Reklame zementierten, wurde die NS-Bewegung vom gesprochenen und geschriebenen Wort getragen.[126] Einer jener Propagandaaktivisten, die zunächst Werbesignale in dieser Form setzten, war Ottokar Drumbl.

Für eine NS-Zeitung galt er als einer der „getreuesten Söhne" und „vorbildlichsten nationalsozialistischen Kämpfer" Kärntens.[127] Am Zenit seiner politischen Karriere war Drumbl zum Gaupropagandaleiter aufgerückt. Zudem trug er den pompösen Titel „Leiter des Reichspropagandaamtes Kärnten", den ihm Goebbels zugesprochen hatte; nebenbei war noch seine Ernen-

---

[125] DRUMBL, Ottokar (o. J.): Der Umbruch in Kärnten, in: Kärnten des Reiches Südwacht, hg. von der Gaudienststelle Kärnten der NS-Gemeinschaft „Kraft durch Freude", Klagenfurt, S. 2.
[126] Zur NS-Propaganda und den Propagandamethoden der NSDAP in Kärnten siehe ausführlich ELSTE/HÄNISCH, Weg, S. 60 ff. u. S. 348 ff.; vgl. auch BURZ, Vom Kampf für das Deutschtum, S. 154 ff..
[127] Kärntner Zeitung, 12./13. 2. 1944 S. 1; 14. 2. 1944, S. 3.

nung zum Landeskulturwalter erfolgt.[128] Propaganda war auch sein originärer Beitrag zu den Bedingungen des national-sozialistischen Aufstiegs in Kärnten. Relativ früh übte er sich als Propagandist des „Deutschen Turnerbundes 1919" und des Schulvereines „Südmark". So ist es auch seiner Agitation zuzu-schreiben, daß sich völkische Ideen in der sich formierenden Massenpartei weiter festigten. Drumbl erkannte ihren psycholo-gischen Nutzeffekt gerade für die NS-Bewegung in Kärnten. Die völkischen Ideologeme, die er der NS-Reklame zuführte, sind auf eine einfache Formel gebracht: Freiheit, Deutschtum, Hel-denkampf. „Die Menschen (Kärntens) und ihre Geschichte [...] tragen den Stempel eines heldischen Charakters. Beredten Aus-druck hat diese Eigenschaft im Weltkrieg, im Freiheitskampf der Kärntner und in den harten Jahren des Verbotes der NSDAP er-fahren. Bei uns wurde die Fahne der Deutschen niemals einge-rollt – nach allen Stürmen erhob sie sich immer wieder fle-ckenlos. Keiner zerbrach je unseren Willen zur Freiheit und un-sere Liebe zu Deutschland. Wir wollen alles daran setzen, uns so zu erhalten."[129]

Der Sohn eines Gerichtsbeamten wurde 1907 in Bad St. Leonhard bei Wolfsberg geboren. Sein Vater ermöglichte ihm den Besuch des Gymnasiums. Dort wurde Drumbl Mitglied der betont völkisch-freiheitlichen schlagenden Burschenschaft „Nor-mannia", und zwar nicht etwa nur als Mitläufer.[130] 1926 erwarb er die Lehrbefähigung für Volks- und Berufsschulen. Noch im selben Jahr verschrieb er sich als Konsequenz seiner extrem völ-kischen und militanten Gesinnung[131] der NSDAP, trat dem SA-Sturm Nr. 8 in Bad St. Leonhard bei und wurde Mitglied des NS-Lehrerbundes.[132] Es gab wohl kein Gebiet der Parteiorganisation, auf dem Drumbl nicht gearbeitet hätte: in der Ortsgruppe, in der Bezirks- bzw. Kreisleitung, in der SA, in den nationalsozialisti-schen Fachorganisationen, in der HJ. Er diente Hitler sozusagen

---

[128] Seine Tätigkeit als Leiter des Reichspropagandaamtes Kärnten begann am 1. 6. 1938. (BDC-Personalakte Ottokar Drumbl, SA-Personalfragebogen; Kärntner Jahrbuch 1941, S. 67).

[129] DRUMBL, Ottokar (o. J.): Willkommen in Kärnten, in: Schönes heldisches Kärnten, hg. vom NS-Gauverlag, Klagenfurt, S. 1.

[130] BDC-Personalakte, SA-Personalfragebogen.

[131] So ist seine Mitgliedschaft in der „Freischar Kärnten 1919" nachweisbar. (Ebd. BDC-Personalakte).

[132] NSDAP-Mitgliedsnummer 50.679, NSLB-Mitgliedsnummer 119.079 (BDC-Per-sonalakte, SA-Personalfragebogen).

„von der Pike auf". Dementsprechend wurde Drumbl mit Partei-
auszeichnungen überschüttet: Goldenes Ehrenzeichen, Goldene
Dienstauszeichnung, Goldene Tapferkeitsmedaille, Goldenes
Abzeichen der HJ, Presseehrenbrief.[133]

Der fanatische, unermüdliche Einsatz des Volksschullehrers
lohnte sich schon nach wenigen Jahren. 1932 wurde er als Be-
zirks(Kreis-)geschäftsführer und Propagandaleiter der NSDAP
in den Parteibezirk Spittal an der Drau berufen. Dort trat er nicht
nur in das Rampenlicht der Bewegung, sondern geriet auch in
das Fadenkreuz der staatlichen Sicherheitsorgane. Unter seiner
Lenkung eskalierte der Propagandaterror in der Bezirksstadt, die
zu einer „Hochburg" des Nationalsozialismus wurde. Waren zuvor das Hissen von Hakenkreuzfahnen an exponierten Stellen,
das Aufmalen von Hakenkreuzen auf Plakate, Wände und Fel-
sen, das Abbrennen von Feuern in Hakenkreuzform auf Berggip-
feln, das Verteilen tausender gestanzter Abzeichen, das demon-
strative Grüßen mit erhobenem Arm und das Singen nationalsozialistischer Lieder noch relativ harmlose Propaganda-
demonstrationen, mit denen die NSDAP ihre Stärke und ihren
Widerstandswillen gegen die Regierung ausdrückte, begnügten
sich die Nationalsozialisten von jetzt an nicht mehr mit dieser
Art von Agitation.[134] Unter Drumbls Anleitung führten NS-Ter-
rorgruppen erste Sprengstoffanschläge durch. Zunächst handelte
es sich um einfache Papierböller und Feuerwerkskörper, die lediglich akustische Wirkung zeigten. In der Folge gingen die nationalsozialistischen Rollkommandos aber dazu über, Tele-
fonleitungen und Stromkabel zu durchschneiden und Sprengstoffanschläge auf Straßen und Brücken zu verüben; auch
Menschenleben wurden dabei aufs Spiel gesetzt.[135]

Als Kopf des Propagandaterrors wurde Drumbl verhaftet, saß
7 Wochen im Arrest und zog sich – wie es im NS-Jargon hieß –
„den Haß des Systems" zu. Er wurde aus dem Schuldienst entlassen und flüchtete im Herbst 1933 nach Deutschland.[136]

In Deutschland fand Drumbl im Flüchtlingshilfswerk der

---

[133] Ebd., BDC-Personalakte; Kärntner Zeitung, 14. 2. 1944, S. 3.
[134] Vgl. ELSTE/HÄNISCH, Weg, S. 247 f..
[135] Ebd., S. 249; ÖStA-AdR, BKA-Inneres, 22/Ktn., Kt. 5052, Zl. 173.851/33 u. Zl.
     181.983/33.
[136] BDC-Personalakte, SA-Personalfragebogen; Kärntner Zeitung, 12./13. 2. 1944,
     S. 1.

NSDAP Unterschlupf, in dem er erste Adresse nicht nur für aus Kärnten stammende politische Flüchtlinge wurde. Auch seinen Beruf konnte er 1935 wieder ausüben; so unterrichtete er in der Bezirksbauernschule in Diessen am Ammersee.[137] Dieser Eindruck der Verbürgerlichung Drumbls täuscht. Im Flüchtlingshilfswerk konnte der erfahrene Agitator über jene Mittel verfügen, an denen es ihm in Kärnten gemangelt hatte. Es fehlte nicht an Propagandamaterialien; ebenso stand Geld für den Propagandaterror zur Verfügung.[138]

Drumbl saß in der Clearingstelle des nach dem Verbot der Partei um Österreich aufgezogenen Netzes von Nachschubbasen und Einsatzstellen, das ob seiner Relevanz für die illegale NSDAP mit wenigen Strichen skizziert werden soll: Als Koordinator dieses Terrornetzes fungierte Drumbls Landsmann Globocnik. Von Triest gelangten NS-Hilfsgelder aus Deutschland im Gegenzug für Nachrichtenmaterialien über politische Organisationen in Österreich nach Kärnten. Italienische Außenhandelsfirmen und Spediteure aus Mailand und Padua brachten im Auftrag Globocniks Propagandamaterialien, Sprengmittel, Bomben und Waffen in die Hafenstadt, die durch österreichische und deutsche Mittelsmänner vornehmlich über die jugoslawische Grenze nach Kärnten eingeschleust wurden. Für den Transport der Kampfmittel setzte Globocnik eigene „Sonderkuriere" ein.[139] Nachdem auf Druck der italienischen Regierung die Stützpunkte in Tarvis und Triest ihre Bedeutung verloren hatten, wich Globocnik auf Propaganda„arbeits"stellen in Assling, Prävali, Unterdrauburg, Windischgraz, Laibach und Marburg aus. Ausgangspunkte des speziell für Kärnten bestimmten Propagandamaterials waren für den Unterkärntner Raum Prävali (Slowenien), für Oberkärnten Assling (Slowenien).[140]

---

[137] Ebd., BDC-Personalakte, SA-Personalfragebogen; ebd., Kärntner Zeitung; siehe auch BDC-Personalakte Hans vom Kothen, Aussage Ottokar Drumbls vor dem Gaugericht München-Oberbayern der NSDAP, München, datiert 24. 5. 1935.

[138] Zur Finanzierung der illegalen NSDAP siehe ELSTE/HÄNISCH, Weg, S. 358 ff.

[139] ÖStA-AdR, BKA-Inneres, 22/gen., Sammelakte Zl. 317.537/36, hier: Zl. 314.087-St.B./35; vgl. ferner BLACK, Peter (1993): Odilo Globocnik - Himmlers Vorposten im Osten, in: SMELSER, Ronald/SYRING, Enrico/ZITELMANN, Rainer (Hg.), Die braune Elite II. 21 weitere biographische Skizzen, Darmstadt, S. 104 u. ELSTE/HÄNISCH, Weg, S. 422.

[140] Ebd., ELSTE/HÄNISCH, S. 352.

Diesen generalstabsmäßig geplanten „Propagandaangriff"
auf Österreich, der die Alpenrepublik „sturmreif schießen" sollte, betrachtete Drumbl als Möglichkeit, die „verlorene Heimat zu
befreien".[141] Wie tief er im Propaganda- und Terrorkrieg ver-
strickt war, läßt sich anhand eines von ihm gefertigten Rechen-
schaftsberichts an Kothen aufzeigen: Schon in den ersten Zeilen
strich er übergroß heraus, daß die letzte Bölleraktion in Spittal an
der Drau „einfach fabelhaft gewirkt" habe. Auch die „Spießer"[142]
seien davon beeindruckt gewesen. Sodann führte er an, daß zwar
einzelne Aktivisten „geschnappt" worden wären, doch hätte die
„erste Garnitur" der Partei[143] untertauchen können. An anderer
Stelle betonte er, daß das „meiste Gewicht" auf die Terrorgrup-
pen gelegt werden müsse. Zudem habe er die Weisung zu einem
Sprengstoffanschlag auf Gleisanlagen gegeben. Mit Genugtuung
befand er, daß es in Kärnten „noch nie so viele Nationalsozialisten als gerade jetzt" (1934) gebe und daß die Stimmung unter
ihnen hervorragend sei. Mit Blick auf diejenigen, die dem Nationalsozialismus noch fern stünden, argumentierte er, diese
„Mischpoke" könnte mit einem Geldbetrag gewonnen werden.[144]

Zweifellos gehörte Drumbl zu den Drahtziehern der illegalen
NSDAP, denn bei vielen wichtigen politischen Schachzügen
hatte er seine Hand im Spiel.[145] 1938 kehrte er über Wien nach
Kärnten zurück und übernahm das Gaupropagandaamt. In dieser
Funktion leistete er „ersprießliche Arbeit" im Dienste eines pervertierten geistigen Fortschritts. „Unermüdlich ging er daran,
nicht nur die Ideen des Führers in Kärnten zu verbreiten, sondern
vor allem den Namen des Gaues Kärnten im ganzen Reich be-
kanntzumachen."[146]

---

[141] Kärntner Zeitung, 14. 2. 1944, S. 3.
[142] Gemeint war u.a. der Spittaler Bezirkshauptmann Dr. Oswald Gunkel.
[143] Namentlich führte er die örtlichen NS-„Größen" Matthias Zmölnig, Kurt Minkowitsch und Dr. Franz Albertini an. Zmölnigs politische Karriere wird weiter unten beleuchtet. Kurt Minkowitsch, einer der Protagonisten des frühen Nationalsozialismus in der Oberkärntner Bezirksstadt - 1922 war er der NS-Bewegung beigetreten - war seit 1930 Ortsgruppenleiter der NSDAP in Spittal. Indes saß der
Arzt und Begründer des Spittaler Privatkrankenhauses, Franz Albertini, als einer
von 8 Gemeinderäten der NSDAP im hiesigen Stadtparlament. (BDC-Personalakte Kurt Minkowitsch; Stadtarchiv Spittal an der Drau, Präsenzliste der
Gemeinderatssitzung vom 17. 5. 1933).
[144] BA-KO, NS 26/143, Drumbl an Kothen, München, datiert, 30. 1. 1934.
[145] Seine Rolle ist beispielsweise im Parteigerichtsverfahren gegen Hans vom
Kothen nachzuvollziehen. (Siehe BDC-Personalakte Hans vom Kothen).
[146] Kärntner Zeitung, 12./13. 2. 1944, S. 1 u. 14. 2. 1944, S. 3.

Da ihm krankheitsbedingt der Eintritt in die Wehrmacht versagt blieb, meldete sich Drumbl freiwillig zum Einsatz in den besetzten Ostgebieten. 1942 erfolgte seine Zuteilung als Leiter der Abteilung Propaganda beim Reichskommissar der Ukraine. 1944 starb Drumbl an den Folgen einer Krankheit, „zu der er sich den Keim in der Kampfzeit […] durch seine schon damals nimmermüde Arbeit für die Bewegung Adolf Hitlers" geholt hatte.[147]

---

[147] BDC-Personalakte Ottokar Drumbl, SA-Personalfragebogen; Kärntner Zeitung, 14. 2. 1944, S. 3.

KARL FRITZ

„Ein Kämpfer, der täglich und stündlich sein Leben einsetzend für die große deutsche Sache an der Spitze stand."[148]

In der Anklageschrift der Staatsanwaltschaft Klagenfurt des Entnazifizierungsverfahrens gegen Karl Fritz hieß es: „Der Beschuldigte ist laut seinen eigenen Angaben bei der Registrierung der Nationalsozialisten im Anhaltelager Wolfsberg im Jahre 1932 der NSDAP beigetreten und hat dieser ununterbrochen bis zum Zusammenbruch […] angehört. Nach der Annexion trat er dem NSKK[149] bei und gehörte diesem Wehrverband zuletzt im Range eines Obertruppführers bis 1940 an. Er wurde dann in die allgemeine SS, welcher er seit 1937 mit Unterbrechungen in der Verbotszeit angehört hatte, wieder aufgenommen und als Sturmbannführer eingestuft. Im Jahre 1942 wurde der Beschuldigte in das Gauamt für Volkstumsfragen berufen, wurde zum Gauhauptstellenleiter ernannt und als solcher bis zum Abschnittsleiter der NSDAP befördert.

Der Beschuldigte gibt an, daß er nach dem Parteiverbot jegliche Betätigung für die nationalsozialistische Bewegung eingestellt, die Terrorakte der Nationalsozialisten abgelehnt und auch versucht habe, auf die Aktivisten der Bewegung beruhigend zu wirken. Da dieser Versuch scheiterte, sei er dann der Vaterländischen Front beigetreten und habe jegliche Verbindung zur nationalsozialistischen Bewegung abgebrochen. Die alte Mitgliedsnummer sei ihm nach der Annexion nur auf Grund seiner Verdienste in den Kärntner Abwehrkämpfen wieder zuerkannt worden. Aus demselben Grunde sei er gleich im

---

[148] Friedrich RAINER, Dem Schöpfer und Träger der Kärntner Wehrturnbewegung: Karl Fritz, in: Der Vormarsch, 25. 9. 1932, S. 11.
[149] Nationalsozialistisches Kraftfahrzeugskorps.

Wehrverbande der SS als Sturmbannführer aufgenommen worden."[150]

Das Volksgericht Graz, Senat Klagenfurt, sprach im September 1948 Fritz von der Anklage, „in der Zeit zwischen dem 1. 7. 1933 und dem 13. 3. 1938 der NSDAP und SS angehört, sich in dieser Zeit und später für die nationalsozialistische Bewegung betätigt zu haben, als Alter Kämpfer anerkannt worden, SS-Sturmbannführer und Gauhauptstellenleiter gewesen zu sein und hiedurch das Verbrechen des Hochverrates nach §§ 10,11 Verbotsgesetz", frei.[151]

Dieser Urteilsspruch fiel in jene Phase der Entnazifizierung in Österreich, die als Zeit der Amnestie gilt.[152] Fritz profitierte von den sich ändernden gesetzlichen Rahmenbedingungen. Besonders den Kriterien der Illegalität[153] wurde nun nicht mehr jene Bedeutung als Tatbestand beigemessen wie vor der Amnestiewelle von 1948.

Bei konsequenter Auslegung des Tatbestandes der Illegalität hätte im gegebenen Fall der Urteilsspruch anders lauten müssen.

Der 1898 in Winkl, Bezirk Villach, geborene Fritz besuchte in Mallnitz und Villach die Volksschule. Danach wechselte er in das Villacher Realgymnasium. Nach dem Weltkrieg maturierte er in Graz; dort will er auch zwei Semester an der Hochschule studiert haben.[154] Seine berufliche Karriere begann 1920 als einfacher Arbeiter bei der Holzhandelsfirma „Drauland" in Villach, in der er sich bis zum Betriebsführer emporarbeitete.[155]

Sehr früh fand Fritz in völkischen Zirkeln seine politische Heimat. Neben seiner Zugehörigkeit zum pennalen Korps „Arminia" Villach,[156] zum Kärntner Heimatbund und zum extrem

---

[150] LG-Klgf., Vg 18 Vr 1773/47, Anklageschrift, Staatsanwaltschaft Klagenfurt, datiert 19. 7. 1948.

[151] Ebd., LG-Klgf., Urteilsspruch, Klagenfurt, datiert 28. 9. 1948. In den Bestimmungen gegen „Illegale", schwerer belastete Nationalsozialisten und Förderer der NS-Bewegung war nach § 10 ein Strafausmaß von 5 bis 10 Jahren, verbunden mit schwerem Kerker, vorgesehen. Im § 11 wurde dasselbe Strafausmaß angeführt, das noch um den Verfall des gesamten Vermögens erweitert wurde. (Siehe ferner PRAUNEGGER/HEIN, Das Nationalsozialistengesetz, S. 60 ff.).

[152] STIEFEL, Dieter (1986): Entnazifizierung in Österreich, Wien/München/Zürich, S. 33.

[153] Vgl. PRAUNEGGER/HEIN, Das Nationalsozialistengesetz, S. 17 f. u. 60 ff.

[154] BDC-Personalakte Karl Fritz, Lebenslauf; SS-Personalangaben.

[155] Ebd., Lebenslauf.

[156] Mitgliederverzeichnis „Die Villacher Arminen 1905-1960", o. O., o. J., S. 7. Dar-

rechten paramilitärischen Kärntner Heimatschutz[157] zählte er vor allem im Deutschen Turnerbund (1919) zu den herausragenden Exponenten, die das Turnen nicht als Selbstzweck auffaßten, sondern als Mittel zur „Wehrhaftmachung des deutschen Volkes".[158] Für Friedrich Rainer war mit Fritz ein Vertreter jener Frontsoldaten in die Kärntner Turnbewegung eingetreten, welche die „führenden Aktivisten" in der „Kärntner Frage" gestellt hatte.[159]

Fritz verkörperte den kämpfenden und politisierenden Soldaten: Er nahm als 16jähriger freiwillig am Weltkrieg teil, kehrte als Leutnant der Reserve heim, war einer der legendären Unterführer in den Kärntner Grenzlandkämpfen und bei den „geheim" agierenden Aktivisten im Propagandakampf vor der Volksabstimmung,[160] er betätigte sich als Abstimmungskommissär 1922 im Burgenland (Ödenburg) und stellte seine „Erfahrungen" als Freikorps- und Frontkämpfer der deutschen Regierung in den Kämpfen gegen die Franzosen anläßlich der Rhein- und Ruhrbesetzung zur Verfügung.[161]

---

in ist die Mitgliedschaft von Fritz seit 1920 ausgewiesen. Zudem wird er als „Ehrensenior" der Verbindung geführt.

[157] Vgl. KOSCHAT, Michael (1996): Die Metamorphose eines Denkmals oder wie aus Deutschland wieder Kärnten wurde, masch.schriftl. Typoskript, Maria Elend, S. 2. (Erscheint 1997 in der „Zeitgeschichte".) Für die weiterführenden Hinweise bin ich meinem Kollegen Herrn Mag. Michael Koschat zu besonderem Dank verpflichtet.

[158] Der Vormarsch, 25. 9. 1932, S. 11.

[159] AMNZ, proces dr. Friedrich Rainer, fol. 1207.

[160] WUTTE, Martin (1943): Kärntens Freiheitskampf (= Kärntner Forschungen I), Weimar, S. 198-202, 228, 234, 269 ff., 333 u. S. 370 beschreibt ausführlich seine Kampfeinsätze in Rosenbach, zugleich aber auch seine Tätigkeit als Aktivist der Landesagitationsleitung (später Kärntner Heimatdienst) für das Obere Rosental. [(Siehe dazu auch FRITZ, Karl (o. J.): Begebenheit, S. 178-181 u. Nächtlicher Besuch, S. 230-233, in: Kampf um Kärnten. Im Auftrage des Kärntner Heimatbundes gesammelt, bearbeitet und herausgegeben von Josef Friedrich PERKONIG, Klagenfurt)]. Fritz war als Abschnittsleiter (mit Sitz in Villach) dem eigentlichen Organisator der Landes-Agitationsleitung, Hans Steinacher, unterstellt, der um sich einen Kreis „von trefflichen Mitarbeitern, meist jüngeren Offizieren, die sich voll und ganz in den Dienst der Sache stellten", sammelte. (WUTTE, Freiheitskampf, S. 331). Aus dieser Zeit stammt die enge Verbindung zu Steinacher.

[161] BDC-Personalakte, Lebenslauf; LG-Klgf., Vg 18 Vr 1773/47, Hauptverhandlung, Klagenfurt, 28.9.1948. Im Jahr 1932 erhielt Fritz ob seiner militärischen Verdienste im Rheinland vom Präsidenten der Rheinprovinz, Dr. h.c. Fuchs, ein Buch mit dem Titel „Das Deutsche Rheinland" mit eigenhändiger Widmung und folgendem Handschreiben überreicht: „Sehr geehrter Herr Fritz! Mir ist kürzlich von den großen Verdiensten berichtet worden, die Sie sich in Zusammenarbeit

Zu seinem politischen Tatendrang bis Anfang der dreißiger Jahre befand er resümierend: „Ich war immer in politischen Bewegungen tätig."[162] Auch in den Jahren danach sollte sich wenig an seinen politischen Machenschaften im völkischen Vereinswesen ändern. In einem Punkt jedoch bekannte er 1932 Farbe: Er ließ sich am 1. Juli in die NSDAP einschreiben und erhielt die Mitgliedsnummer 1,206.476.[163] Damit war zumindest der ideologische Hintergrund seines Aktionismus abgesteckt, den er konsequent in eine Richtung lenkte und rückblickend so beschrieb: „Abwehr der nationalslowenischen Einflüsse im gemischtsprachigen Gebiet Kärntens".[164] Daß er dafür als „Alter Kämpfer" anerkannt wurde, läßt sich nicht belegen, wenn auch die Anklage im Entnazifizierungsverfahren davon sprach, daß Fritz dem „erlesenen" Kreis der Altparteigenossen zuzurechnen wäre.[165]

Im Jahr 1933 war Fritz einer der Wortführer der NSDAP bei den Unterredungen mit den Protagonisten des Deutschösterreichischen Heimatschutzes. Sein Verhandlungsgeschick in den Gesprächen mit Hans Ebner, Walter Lakomy, Hanns Rauter und Konstantin Kammerhofer[166] trug dazu bei, daß das Kampfbündnis zwischen dem militanten, extrem rechtsstehenden Heimatschutz und der NSDAP zustande kam. Diesbezüglich schrieb er einigermaßen befriedigt an seinen Frontkameraden Steinacher: „Die Sache mit dem Steirischen Heimatschutz ist gelöffelt."[167]

---

mit Herrn H. Steinacher im Jahre 1923 in der Organisation der Abwehr gegen den Separatismus in der Rheinprovinz erworben haben." (Der Vormarsch, 23. 1. 1932, S. 6).

[162] Ebd., BDC-Personalakte, Lebenslauf.

[163] Ebd., BDC-Personalakte, SS-Stammdatenblatt.

[164] Ebd., BDC-Personalakte, Lebenslauf.

[165] LG-Klgf., Vg 17 Vr 1773/47, Anklageschrift, Klagenfurt, datiert 19. 7. 1948.

[166] Die beiden Erstgenannten waren die Exponenten der Kärntner Formationen des auch unter Steirischer Heimatschutz bekannten rechtsgerichteten Wehrverbandes. (Siehe dazu PAULEY, Der Weg in den Nationalsozialismus, S. 84 ff.) Hans Ebner war 1930 als Mandatar des Heimatblocks in den Nationalrat eingezogen. Gemeinsam mit dem Handelskammerbeamten, Landtagsabgeordneten Dr. Walter Lakomy, wurden die Kärntner Ortsgruppen des Heimatschutzes in die NSDAP übergeführt. Bei voller Wahrung der organisatorischen Selbständigkeit bekannten sich die beiden zu „Adolf Hitler als dem Führer der Deutschen Nation". [(ELSTE, Alfred (1991): Die Parteien und ihre politische Einflußnahme auf Markt und Stadt (1918-1955), in: 800 Jahre Spittal 1191-1991, hg. von der Stadtgemeinde Spittal an der Drau, Spittal, S. 183)]. Globocnik holte Lakomy 1935 als Wirtschaftsreferenten in die illegale NSDAP, als dessen Suspendierung in der Handelskammer erfolgt war. (ÖStA-AdR, BMfI, NS-Gauakte Dr. Walter Lakomy).

[167] BA-KO, NL 184 Hans Steinacher, Nr. 43, Fritz an Steinacher, datiert 24. 4. 1933.

Mit der Turnerschaft verfolgte Fritz in seiner Funktion als Gauwehrführer hochgesteckte Ziele: Sie sollte sich als Miliztruppe für die Ambitionen seines Freundes Steinacher bereithalten, dessen Pläne Anfang 1933 für den Fall einer italienisch-ungarischen Invasion in Jugoslawien dahin gingen, der deutschen Expansion in Südosteuropa Vorschub zu leisten. Steinacher wollte bei einer „Verteilung der Beute nicht zu spät kommen"[168] und legte Fritz seine Annexionsvorstellungen dar: „Wir müssen m. E. trachten, die Untersteiermark mit dem Bachern und dem Petauer (sic!) Feld zu bekommen, sodaß wir eine direkte Verbindung mit Kroatien bekämen. Ferner brauchen wir das Miestal (sic!). Des weitern sollten wir m. E. trachten, Wochein in die Hand zu bekommen. Entwickelt sich die Situation für uns günstig, dann sollte man vor allem auch noch die restliche Steiermark fordern, also mit Anschluß von Zilli (sic!). Ebenso sollte man auch die Gemeinde Seeland fordern und in den Steiner-Alpen nach günstigen Grenzen streben."[169] Für den Fall einer „Intervention Miesstal" hielt Fritz „eine gut ausgerüstete Kerntruppe von 500 Mann" für „notwendig"; insgesamt dachte er an eine Aufstellung von 10.000 Mann freiwilliger Milizionäre. Seine konzeptionellen Überlegungen gingen in diesem Zusammenhang aber noch weiter. Fritz forderte in einem Ultimatum die Bundes- und Landesregierung auf, für den „Ernstfall die entsprechenden Gesetze" zu schaffen. Gleichzeitig trat er für die Umwandlung des Turnunterrichtes in den höheren Klassen der Mittelschulen und der Lehrerbildungsanstalt in eine „Wehrturnausbildung" ein. Dementsprechend plante er auch für seine Einsatztruppe einen eigenen Ausbildungsstandort – das Turnerlager am Sablattnigsee; von dort wären die Einheiten in der Lage, sofort vorzustoßen.[170]

Außerdem versuchte Fritz 1933 im Einvernehmen mit Steinacher und der Bundesleitung des Turnerbundes in Kärnten, ein Arbeitsdienstlager für arbeitslose „völkische Kämpfer" einzurichten. Sein Adjutant und „Turnbruder" Friedrich Rainer war

---

[168] STUHLPFARRER, Karl (1981): Deutsche Volkstumspolitik in Kärnten nach der Volksabstimmung, in: RUMPLER, Helmut (Hg.), Kärntens Volksabstimmung 1920. Wissenschaftliche Kontroversen und historisch-politische Diskussionen anläßlich des internationalen Symposions Klagenfurt 1980, Klagenfurt, S. 344.

[169] BA-KO, NL 184 Hans Steinacher, Nr. 43, Steinacher an Fritz, datiert 23. 2. 1933; ebenfalls zitiert in ebd., STUHLPFARRER, S. 335.

[170] Ebd., BA-KO, Fritz an Steinacher, datiert 25. 5. 1933.

dabei als Instrukteur auserkoren und sollte diesbezüglich die beim deutschen „Stahlhelm" und der NSDAP in Deutschland bestehenden Arbeitsdienstlager inspizieren.[171] Im Laufe desselben Jahres kam es tatsächlich zur Errichtung eines als „privat" titulierten „Freiwilligen Arbeitsdienstes" und zweier Arbeitsdienstlager; eines davon wurde in der Nähe der Hollenburg unweit von Klagenfurt errichtet. Finanzielle Mittel flossen vom VDA und vom Turnerbund. Als Leiter wurde Fritz eingesetzt. Steinacher lobte ihn mehrmals gegenüber Schumy und befand: „Fritz entspricht ganz und gar jenem Typ der Leiter des Freiwilligen Arbeitsdienstes, die hier wirkliche Erfolge aufzuweisen haben. Er schafft Autorität, hat ein festes, aber biegsames militärisches Auftreten, […] ist geistig hochstehend, außerordentlich praktisch und versteht es, die Menschen zu behandeln."[172]

Nach dem Verbot der NSDAP kam die wahre Funktion des Freiwilligen Arbeitsdienstes ans Tageslicht. In den vom Turnerbund geführten Arbeitsdienstlagern wurde gezielt nationalsozialistische Propaganda betrieben; die Leute wurden bewußt gegen Dollfuß-Österreich aufgestachelt. NS-Aktivisten des Hollenburger Lagers stürmten im Januar 1934 das Verlagsgebäude des „Kärntner Tagblattes" in Klagenfurt und brachten im Hof des Verlagshauses „Carinthia" einen Sprengkörper zur Explosion. Schutzkorpsleute, die das Gebäude bewachten, wurden überrannt und mißhandelt. In Notwehr eröffneten Angehörige der vaterländischen Verbände das Feuer; zwei Nationalsozialisten wurden getötet, einer schwer verletzt.[173] Ob Fritz den Befehl zu diesem Terrorakt gab, ist nicht mehr zu eruieren; fest steht aber, daß er zu diesem Zeitpunkt noch die Leitung des „Arbeitsdienstes" innehatte.

In der Folge machte Fritz weniger in der Partei als in der SS Karriere. Er zählte zu jenen Exponenten der gesellschaftlichen Elite des Landes, die, gemäß der Taktik der Reichsführung-SS, sukzessiv für den „Eliteorden" Himmlers vereinnahmt werden sollten. Sofern kein „deutlich rassischer oder politischer Defekt" vorlag, erfolgte die Aufnahme unverzüglich.[174] Die Ernennung

---

[171] Ebd., Fritz an Steinacher, datiert 1. 2. 1933. Vgl. BURZ, Vom Kampf für das Deutschtum, S. 195 ff.. Burz erläutert ausführlich die Verflechtungen zwischen NSDAP und dem Turnerbund unter der Führung von Karl Fritz.

[172] Ebd., BA-KO, Steinacher an Schumy, datiert 1. 4. 1933.

[173] DÖW-Nr. 8356; Der Lavanttaler, 20. 1. 1934, S. 3.

[174] PETTER, Wolfgang (1992): SA und SS als Instrumente nationalsozialistischer

von Fritz zum SS-Führer im Januar 1934 entsprach dieser Strategie. Er genoß als „lebende Legende" des Abwehrkampfes Reputation, verkehrte in den Führungskreisen des deutschnationalen
Lagers, war mehr oder minder der verlängerte Arm Steinachers
in Kärnten, stand in engem Kontakt zu Friedrich Rainer und
Alois Maier-Kaibitsch. Darüber hinaus war Fritz als Gauwehrführer der völkischen Turnbewegung für die SS von instrumen-
talem Nutzen. Gerade in den Wehrturnerzügen fanden die SA-
Formationen in der Verbotszeit ein getarntes Sammelbecken; sie
sollten offensichtlich durch Fritz unter SS-Kontrolle gebracht
werden. Fritz rückte in kürzester Zeit zum SS-Sturmbannführer
auf. Unter seiner Lenkung kam es zur Kooperation von SA und
SS bei Terroraktionen. Wenn Fritz im Entnazifizierungsverfahren angab, daß er sich besonders 1934 von den Aktionen der
„NS-Desperados" distanziert, ja selbst die Aufnahme in die SS
negiert hätte und erst nach dem Juli-Putsch 1934 mit Franz
Kutschera, Friedrich Rainer und dem SA-Führer Julian Kollnitz
in Kontakt gekommen wäre, dann entspricht das nicht der Realität.[175] Die Gewaltaktionen der SS nahmen bis zum Juli-Putsch
zu, und diese hatte ihr Führer zu verantworten.[176]

Ende Mai 1934 beurlaubte Reichsführer-SS Himmler nach
„politischen Quertreibereien" Kothens Fritz von seinem Posten
als SS-Führer.[177]

Als der Stern seines Intimus Steinacher, den er nach dem Parteiverbot als möglichen Führer der NSDAP in Österreich favori-
sierte, im VDA zu verblassen begann, der Turnerbund in Kärnten nicht mehr mit der materiellen Unterstützung des VDA-Exponenten rechnen konnte, wechselte Fritz – zumindest nach
außen hin – die politischen Fronten. Er wurde Mitglied der Vaterländischen Front und des VF-Gemeindetages von Hermagor.

Herrschaft, in: BRACHER, Karl Dietrich/FUNKE, Manfred/JACOBSEN, Hans-
Adolf (Hg.), Deutschland 1933-1945. Neue Studien zur nationalsozialistischen
Herrschaft (= Bonner Schriften zur Politik und Zeitgeschichte, Bd. 23), Düssel-
dorf, S. 85 f. u. ELSTE/HÄNISCH, Weg, S. 330.

[175] LG-Klgf., Vg 18 Vr 1773/47, Hauptverhandlung, Klagenfurt, datiert 28. 9. 1948;
ebd. ELSTE/HÄNISCH, Weg, S. 330 u. S. 419.

[176] MOSCHNER, Richard (1940): Kärnten. Grenzland im Süden (= Die deutschen
Gaue seit der Machtergreifung, hg. von Paul MEIER-BENNECKENSTEIN),
Berlin, S. 32; ebd., ELSTE/HÄNISCH, S. 419; BA-KO, NS 45/244, Österreichi-
scher Pressedienst, datiert 5. 5. 1934.

[177] BDC-Personalakte Karl Fritz, Stellungnahme zur SS-Aufnahme des Karl Fritz
aus Hermagor, Salzburg, datiert 10. 5. 1940.

Auf Betreiben Josef Friedrich Perkonigs stellte er sich auch dem Volkspolitischen Referat zur Verfügung.[178]

Entgegen allen seinen im Entnazifizierungsverfahren ins Spiel gebrachten Argumenten und Zeugen, die den von ihm als „ostentativ" bezeichneten Bruch mit dem Nationalsozialismus bestätigen sollten,[179] stand Fritz „als Mann des Ständestaates" der illegalen NSDAP weiter zur Disposition.[180] Nach der „Machtergreifung" bedeutete sein Zwischenspiel in der Vaterländischen Front keineswegs den Rückschritt in das zweite Glied der NSDAP. Jetzt bekleidete er auch in der Partei bedeutende Funktionen: Fritz, der in den dreißiger Jahren stolz darauf war, lediglich einfaches Parteimitglied gewesen zu sein, rückte bis zum „Abschnittsleiter" der NSDAP auf, saß als Ratsherr im Hermagorer NS-Stadtparlament und betätigte sich als Gau- und Kreisredner.[181] Als Gauhauptstellenleiter „für aktive Grenzlandarbeit" im Amt für Volkstumsfragen konzentrierte er seine Kräfte auf die „völkische Schutzarbeit". Das hieß u. a. „Pflege und Förderung des Deutschtums; Ausarbeitung der notwendigen Vorschläge zur endgültigen Sicherung und Eindeutschung des Grenzlandes, mit der biologischen und wirtschaftlichen Durchdringung des kulturellen Aufbaues."[182]

---

[178] LG-Klgf., Vg 18 Vr 1773/47, Hauptverhandlung, Klagenfurt, datiert 28. 9. 1948; Anklageschrift, Klagenfurt, datiert 19.7.1948; BA-KO, NL 184 Hans Steinacher, Nr. 43, Bucher an Fritz, datiert 22. 7. 1933; ELSTE/HÄNISCH, Weg, S. 420. Mit der Gründung der Volkspolitischen Referate im Juni 1937 sollte im Rahmen der Vaterländischen Front eine organisatorische Plattform geschaffen werden, von der aus nach dem Willen Kurt Schuschniggs die nationalen Bevölkerungskreise zur Mitarbeit im Staat herangezogen werden sollten. Dadurch sollte aber auch ihre politische Befriedung betrieben werden. Realiter wurde jedoch unter dem Deckmantel der Referate nationalsozialistische Politik praktiziert. (ELSTE/HÄNISCH, Weg, S. 376).

[179] Ebd., LG-Klgf., Hauptverhandlung und Zeugenaussagen.

[180] Exemplarisch genannt sei sein Auftreten anläßlich der „Enthüllungsfeier des Abwehrkämpfer-Ehrenmals" in St. Jakob im Rosental am 5. 9. 1937. (Siehe dazu Kladivo, Nr. 8/1987). Diese Feier war eine der unzähligen Propagandamanifestationen der illegalen NSDAP.

[181] LG-Klgf., Vg 18 Vr 1773/48, Sicherheitsdirektion an Landesgericht, datiert, 9. 7. 1947; Hauptverhandlung, datiert 28. 9. 1948; BDC-Personalakte Karl Fritz, Lebenslauf; SS-Personalangaben.

[182] FERENC, Tone (1980): Quellen zur nationalsozialistischen Entnationalisierungspolitik in Slowenien 1941-1945, Maribor, Dok. Nr. 235, S. 460; KRALL, Leander (1985): Die Aussiedlung der Kärntner Slowenen. Zur nationalsozialistischen Außen- und Volkstumspolitik, phil. Diss., Klagenfurt, S. 29. Siehe auch die Schrift von Karl FRITZ in seiner Funktion als Abschnittsleiter der NSDAP mit dem Titel: Von Apis bis Tito. Tschetniks, Partisanen und Banditen, Klagenfurt (o. J.), hg. vom Gauamt für Volkstumsfragen.

Im Entnazifizierungsverfahren entlastete ihn die überwiegen-
de Mehrheit der Zeugen von der Beteiligung an den Um- und
Aussiedlungen in Kärnten während der NS-Ära. Auch dadurch
wurde der Freispruch des „rechten Arms" von Alois Maier-Kaibitsch möglich. Ein Freispruch, der primär eine Folge der Amnestiewelle von 1948 war, denn die Beweise, die etwa Dr. Martin
Zwitter in der Hauptverhandlung gegen Fritz vorlegte und die
seine Beteiligung an der antislowenischen Politik des NS-Regimes ins Licht rücken, zeigen in eine andere Richtung.[183]

---

[183] LG-Klgf., Vg 17 Vr 1774/48, Hauptverhandlungsprotokoll.

JOHANN HAUSER

„Ich bin kein Redner, auch kein Scharfmacher gewesen. Es gehörte nicht zu meiner Wesensart, unmenschliche Reden zu schwingen."[184]

Der Führer des SS-Oberabschnittes „Alpenland", Alfred Rodenbücher, beurteilte Hausers persönliche Haltung als „soldatisch und ohne Tadel". Benehmen und Auftreten sind „korrekt" und „einwandfrei". „Idealistisch" und „unnachsichtlich, auch gegen sich selbst", waren andere Wesensmerkmale.[185] Nicht nur, daß das rassische Erscheinungsbild Hausers die Rassekommission im Zuge des Ausleseverfahrens in den „Eliteorden" Himmlers überzeugte – er entsprach auch dem „arischen" Typ, das hieß groß, schlank, blond und blaue Augen. Darüber hinaus galt Hauser als „kompromißlose", „unnachgiebige" Kämpfernatur.[186] Diese Charaktereigenschaften befähigten Hauser auch für höhere Parteiaufgaben, besonders in jenen Tagen, als der Idealismus der Parteigenossen für die Weltanschauung Hitlers zu schwinden begann. So führte er als Kreisleiter von Wolfsberg (ab September 1944) bis zur „letzten Minute" der NS-Herrschaft ein „strenges" Regiment, als er allein die Parteimitglieder dazu anhielt, ihre Parteiabzeichen demonstrativ zur Schau zu tragen.[187]

Der Sohn eines Verwaltungsbeamten kam 1903 in Klagenfurt zur Welt. Nach der Matura trat Hauser als Praktikant in den Rechnungsdienst der Kärntner Landesregierung und wurde 1924 definitiv gestellt.[188] Bis 1934 verblieb er im Landesdienst. In diesem Jahr wurde er wegen nationalsozialistischer Umtriebe (Ver-

---

[184] LG-Klgf., Vg 18 Vr 2145/47, Hauptverhandlung, Klagenfurt, datiert 31. 10. 1947.
[185] BDC-Personalakte Johann Hauser, SS-Personal-Bericht.
[186] Ebd.
[187] LG-Klgf., Vg 18 Vr 2145/47, Erhebungsabteilung des Landesgendarmeriekommandos für Kärnten, Klagenfurt, datiert 17. 10. 1947.
[188] BDC-Personalakte, Lebenslauf.

breitung von SS-Dienstvorschriften) verhaftet, zu 4 Monaten Arrest verurteilt und vom Dienst suspendiert. Somit zählte Hauser
zu jenen Parteigängern, die aufgrund ihrer politischen Betätigung sozial deklassiert wurden. Nach seiner Enthaftung versuchte er sich als Hilfs-, Holz- und Steinbrucharbeiter in Dellach
im Drautal, konnte jedoch im zivilen Leben nicht mehr so recht
Fuß fassen.[189]

Zweifellos war sein politischer Werdegang vom Militarismus
geprägt. Um es kurz zu sagen: Hauser verkörperte den ausgesprochenen „Landsknecht"-Typ. Bereits als junger Student
des pennalen Korps „Alpina" Klagenfurt hatte er sich an den
Grenzlandkämpfen beteiligt. Mit „Stolz" berief er sich später auf
seine „Feuertaufe" mit 16 Jahren in einer Studentenkompanie
und verwies in seinen biographischen Notizen auch auf die Verleihung des Kärntner Kreuzes für Tapferkeit.[190] Außerdem arbeitete er im Kärntner Heimatdienst mit und half – wie er es nannte
– mit, daß die Volksabstimmung am 10. Oktober 1920 „siegreich" verlief.[191] In den zwanziger Jahren läßt sich sein Engagement in diversen politisch rechtsgerichteten Wehrverbänden
(Heimatschutz, Freischar, Sturmabteilung) verfolgen. Ins Auge
sticht dabei seine Aktivität in der vom Abwehrkämpfer Viktor
Arneitz ins Leben gerufenen „Freischar Kärnten", die in ihrem
Symbol bereits das Hakenkreuz verwendete. Freischar und
Nationalsozialisten marschierten Anfang der zwanziger Jahre in
einer Front und bildeten die Ordnertruppe bei Parteiversamm-
lungen.[192]

Im Juli 1930 stieß der Landesregierungsbeamte zur SA; er
wurde jedoch nur in die SA-Reserve übernommen. Wenige Monate später, im November, landete Hauser in der Partei und erhielt die NSDAP-Mitgliedsnummer 360.761. Als Zellen- und
Sprengelleiter blieb er bis 1933 eine Randfigur in der Parteielite
der Klagenfurter Ortsgruppe. Sein Aufstieg begann, als er in die
SS eintrat. Methodisch und geduldig spielte er sich nach vorn
und sicherte sich zunächst als Adjutant Otto Schatzmayrs die
zweite Führungsposition in der Schutzstaffel. Als Schatzmayr
verhaftet wurde, avancierte Hauser im November 1933 zum

---

[189] Ebd. Seine Frau verdiente zeitweilig ihren gemeinsamen Unterhalt.
[190] Ebd.
[191] Ebd.
[192] Vgl. ELSTE/HÄNISCH, Weg, S. 313.

Führer des Kärntner SS-Sturmbanns I/38. In dieser Funktion wurde er im Januar 1934 von Karl Fritz abgelöst.[193]

Hausers Arbeit bestand im Anwerben von mittleren und unteren Landesbeamten für die SS und deren Organisation. Neben der Rekrutierung von Vertrauensleuten und Konfidenten in den zentralen Verwaltungsstellen oblag ihm auch ihre propagandistische Betreuung.[194] Aufgrund seiner politischen Aktivitäten wurde Hauser im Mai 1934 verhaftet und zu 4 Monaten Polizeiarrest verurteilt. Er kam gerade zu einem Zeitpunkt aus dem Gefängnis, als nach dem Juli-Putsch 1934 auch innerhalb der SS ein akuter Führermangel herrschte. Bis Ende 1935 fungierte er auf Weisung des damaligen SS-Unterabschnittführers „West", Ernst Kaltenbrunner, als Reorganisator der Kärntner SS und als Initiator des Sicherheitsdienstes der SS. Jetzt erfolgte auch rangmäßig sein weiterer Aufstieg: Mitte März 1935 erfolgte seine Beförderung zum SS-Untersturmführer durch Kaltenbrunner; im April 1935 beförderte ihn SS-Oberführer Karl Tauss zum SS-Obersturmführer.[195] Offensichtlich hatte Hauser gute Organisationsarbeit geleistet. Jedenfalls legte er den personellen Grundstock für den Sicherheitsdienst der SS, wobei die SD-Zelle auf Befehl Reinhardt Heydrichs 1934 Konturen annahm. Sie war aber auch ein Produkt des „Sonderdienstes der Gauleitung" unter der Führung zweier junger, fanatischer Parteileute: Odilo Globocnik und Albert Gayl.[196]

Im Mai 1935 wurde Hauser im Zuge einer österreichweiten Verhaftungswelle neuerlich arretiert, und ein Verfahren wegen Hochverrats wurde eingeleitet. Hauser wurde zu zehn Monaten Arrest verurteilt. Davon saß er 8 Monate ab; die restliche Strafe wurde ihm nach dem deutsch-österreichischen Abkommen vom Juli 1936 mit einer Bewährungsfrist bis 1941 erlassen.[197] In dieser Phase übernahmen SS-Leute wie Kutschera, Globocnik und Gayl das Kommando in der Kärntner SS. Auch im SD gab es neue Gesichter; Ernst Lerch hatte sich als zentrale Figur in den Vordergrund geschoben.

Durch seine Haftstrafe nicht nur parteiintern, sondern auch gesundheitlich angeschlagen, wurde Hauser von den SS-Aufstei-

---

[193] BDC-Personalakte, Lebenslauf.
[194] ÖStA-AdR, BKA-Inneres, 22/Ktn., Kt. 5054, Zl. 177.817-St.B./34.
[195] BDC-Personalakte, Lebenslauf.
[196] Vgl. ELSTE/HÄNISCH, Weg, S. 331.
[197] BDC-Personalakte, Lebenslauf.

gern (Kutschera, Lerch) beiseite gedrängt. In ihrem Konzept fand er als „Waffenkurier" Berücksichtigung.[198] Anfang 1938 wurde Hauser als Leiter des „NS-Hilfswerkes Langoth" für Kärnten und Osttirol wiederum in einen neuen „Wirkungsbereich" dirigiert.[199] Seine Stellung in dieser „Wohlfahrtseinrichtung" untertrieb er im Nachkriegsverfahren: Er gab an, rein zufällig mit dem Hilfswerk in Kontakt gekommen zu sein und lediglich 300 Schilling an „Hilfsbedürftige" verteilt zu haben.[200]

Im „Sozialwesen" der Partei sollte seine politische Karriere auch nach 1938 ihre Fortsetzung finden. Hauser wurde zum Gausachwalter der NSV bestellt und mit Wirkung vom 1. Mai 1938 zum Gauamtsleiter des Amtes für Volkswohlfahrt berufen. Schließlich avancierte er zum Gauhauptamtsleiter mit dem Dienstrang eines Oberbereichsleiters. In der SS sollte er den Rang eines Sturmbannführers (zur besonderen Verwendung) erreichen.[201] Obwohl die Kumulation von Parteiauszeichnungen ein anderes Bild vermittelt – 1941 wurde Hauser von Kutschera der „Blutorden"[202] verliehen, dann war seine Anerkennung als „Alter Kämpfer" erfolgt und die „Bronzene Dienstauszeichnung" zuerkannt worden – reflektiert seine Position in der Parteielite nicht unbedingt seine „Verdienste" um die NSDAP. Im Intrigennetz der Nationalsozialisten war Hauser auf ein Abstellgleis geschoben worden.[203]

---

[198] Ebd.

[199] Das 1936 legalisierte „Langoth-Hilfswerk", benannt nach dem ehemals großdeutsch orientierten oberösterreichischen Landespolitiker Franz Langoth (seit 1933 Mitglied der NSDAP), verbarg sich hinter einer sozialen Fassade. In Kärnten unterstützte das Hilfswerk vornehmlich amnestierte minderbemittelte Juliputschisten. Auch in rechtlicher Hinsicht wurde Hilfestellung gewährt. An den Adressaten des Hilfswerkes ist auch abzulesen, daß der soziale Deckmantel letztlich realpolitische Taktik war. Mit Mitteln aus dem Hilfswerk bezahlte die illegale NSDAP Funktionäre, leistete Mietzuschüsse; Unterstützungsgelder dienten ferner dazu, den Aufbau der Wehrformationen zu beschleunigen. (ELSTE/ HÄNISCH, Weg, S. 366).

[200] LG-Klgf., Vg 18 Vr 2145/47, Hauptverhandlung, Klagenfurt, datiert 31. 10. 1947.

[201] Ebd., Gnadentabelle.

[202] Diese ordensähnliche Auszeichnung, auch als Ehrenzeichen bekannt, ist eine von Hitler 1933 gestiftete silberne Gedenkmünze für die Teilnehmer des „Marsches zur Feldherrnhalle" 1923 in München. Die Verleihung ist am 30. Mai 1938 auf Parteigenossen erweitert worden, die als „Kämpfer" der nationalsozialistischen Bewegung zum Tode verurteilt waren, Freiheitsstrafen von mindestens einem Jahr verbüßt haben oder schwer verletzt worden waren. (Der Neue Brockhaus. Allbuch in vier Bänden und einem Atlas, Leipzig 1941, Bd. 1, S. 643).

[203] BDC-Personalakte, Hauser an Reichsführer-SS, Klagenfurt, datiert 12. 11. 1941; ebd., LG-Klgf., Gnadentabelle.

Im Fall Hauser gab es 1947 einen rigorosen Richterspruch: Das Volksgericht verurteilte ihn zu 10 Jahren schweren Kerkers, verschärft durch ein hartes Lager vierteljährlich, und zum Verfall seines gesamten Vermögens wie zum Ersatz der Kosten des Strafverfahrens. 1949 erfolgte seine bedingte Entlassung und schließlich wurde ihm mit Wirkung vom 24. Juni 1949 seine Strafe endgültig nachgesehen.[204]

---

[204] LG-Klgf., Vg 18 Vr 2145/47, Urteilsspruch, Klagenfurt, datiert 31. 10. 1947; Strafregisterauskunft, Wien, datiert 13. 4. 1955.

„Der Kampf, als Vater aller Dinge."[205]

HUGO HERZOG

Die erste Führungsrolle der NSDAP-Hitler-Bewegung in Kärnten übernahm Hugo Herzog. Seine Bewährung in den Richtungsstreitigkeiten der NS-Bewegung Österreichs mochte Hitler dazu bewogen haben, Herzog mit Wirkung vom 1. September 1927 zum Gauleiter von Kärnten zu ernennen. Herzog löste damit den steirischen Gauleiter Heinrich Schmidt ab, der mit den Agenden eines Gauleiters von Kärnten beauftragt gewesen war. Im Ernennungsschreiben an Herzog ließ Hitler wissen: „Ich begrüße Sie gerne auf diesem verantwortungsvollen Posten, auf dem Sie sich als stellvertretender Gauleiter bereits bewährt haben."[206] In NS-Kreisen war der in Rosenbach ansässige Forstbuchhalter des Liechtensteinschen Fideikommisses kein unbeschriebenes Blatt mehr: Im Jahr 1922 wurde auf seine Initiative hin die Ortsgruppe Rosenbach der DNSAP gegründet, und nach den Gemeinderatswahlen von 1924 zog Herzog in den Gemeindeausschuß von St. Jakob im Rosental ein.[207]

Geboren wurde Herzog am 26. Januar 1896 in der agrarisch dominierten, mehrheitlich protestantischen Gemeinde Weißbriach in Oberkärnten. Nach dem Besuch der Unterstufe des Gymnasiums und der Handelsakademie, die er nicht abschloß, begann er 16jährig als Kanzleipraktikant zu arbeiten und wurde noch vor dem Beginn des Weltkrieges Kanzleibeamter in Klagenfurt. Drei Jahre diente er als Frontsoldat. Nach dem Krieg ließ er sich berufsbedingt in Rosenbach nieder, einem Ort, welcher durch

---

[205] Der österreichische Nationalsozialist, 3. 2. 1928, S. 4 f.
[206] BA-KO, NS 26/143.
[207] ÖStA-AdR, BMfI, NS-Gauakte Erwin Aichinger; LAPAN, Irmgard (1982): Der Kärntner Landtag von 1918-1938 und die Tätigkeit der Abgeordneten, phil. Diss., Graz, S. 211; KLA, Gedenkbuch der politischen Führer des Landes Kärnten.

seine völkische Tradition für den Nationalsozialismus ein günsti-
ger Nährboden war.[208] Im Oktober 1926 stieß Herzog zur NSDAP
Hitlers.[209] Bei den Landtagswahlen von 1927 kandidierte er an
zweiter Stelle der Wahlwerberliste des „Völkisch-sozialen
Blocks". Als Nachfolger von Severin Janschütz kam Herzog im
Oktober 1929 in den Kärntner Landtag. 1930 wurde er wiederge-
wählt und blieb bis zum Erlöschen der nationalsozialistischen
Mandate im Juni 1933 Abgeordneter und gleichzeitig Obmann
des Landtagsklubs der NSDAP.[210] Im November 1932 ersuchte
Herzog um Beurlaubung in seiner Funktion als Gauleiter. Als Mo-
tiv führte er die Doppelbelastung – Forstbuchhalter und Parteifunktionär – an. In Wirklichkeit fiel Herzog der „Verpreußungswelle" zum Opfer und wurde durch Hans Kothen ersetzt, der die
kommissarische Leitung des Gaues mit besonderen Vollmachten
übernahm. Seine Ernennung zum „Gauinspekteur" bedeutete die
Radikalisierung des Kärntner Nationalsozialismus.[211]

Die Frage, was Herzog im einzelnen zur NSDAP geführt haben mag, mündet mangels autobiographischer Quellen notge-
drungen in Spekulationen. Es muß dahingestellt bleiben, inwieweit Mentalität, soziale Faktoren in Verbindung mit psychologi-
schen Implikationen – etwa die Herkunft aus dem bäuerlichen
Milieu, die Generationszugehörigkeit, die in Schule und Beruf
gewonnene Halbbildung, das Kriegserlebnis, die Partizipation
im völkischen Turnermilieu – als Determinanten politischen
Verhaltens eine Rolle spielten. Gesichert ist, daß Herzog schon
während seiner Aktivität für die DNSAP völkisch-antisemitische
Ansichten vertrat. Als er zum Gauleiter avancierte, verfügte er
offenkundig über ein fertiges Weltbild, das aus wenigen simp-
len, aber fanatischen Leitlinien bestand: rassisch gefärbter Nationalismus, Antislawismus, Ablehnung der Demokratie und
Kampf gegen die Sozialdemokratie.[212]

---

[208] Vgl. ELSTE/HÄNISCH, Weg, S. 110.
[209] BDC-Personalakte Hugo Herzog, NSDAP-Parteikarte. (NSDAP-Mitgliedsnummer 50.711).
[210] Vgl. LAPAN, Kärntner Landtag, S. 211; KLA, Gedenkbuch der politischen Führer des Landes Kärnten; Klagenfurter Zeitung, 20. 4. 1927, S. 423.
[211] Mitteilungsblatt der Landesleitung Österreich der NSDAP, Linz, datiert 22. 11.
1932, Folge 16; vgl. JAGSCHITZ, Gerhard (1988): Von der Bewegung zum Apparat. Zur Phänomenologie der NSDAP 1938 bis 1945, in: TALOS, Emme-
rich/HANISCH, Ernst/NEUGEBAUER, Wolfgang (Hg.), NS-Herrschaft in
Österreich 1938-1945, Wien, S. 488.
[212] Vgl. ELSTE/HÄNISCH, Weg, S. 110.

Am zweiten Kärntner Gautag der NSDAP im Januar 1928 deklarierte Herzog die Prinzipien seiner Politik. Im Mittelpunkt stand die Bekämpfung des „verräterischen Kulturautonomiegesetzantrages" für die Kärntner Slowenen. Er bezeichnete die Gesetzesvorlage als „Schandwerk" des Parlamentarismus und unterstellte der Regierung, daß sie die „gehätschelte jugoslawische Irredenta" im ehemaligen Abstimmungsgebiet staatlich „sanktionieren" wolle.[213] Herzog gab zu verstehen, daß die Nationalsozialisten solche „verräterischen Anschläge" auf die schwer erkämpfte Freiheit und Einheit des Landes jederzeit mit „schärfstem Kampf" beantworten würden. Dementsprechend gab er die Richtlinien vor und hob den „Kampf als Vater aller Dinge" zur Maxime des Kärntner Nationalsozialismus. Darüber hinaus war für Herzog klar, daß trotz „marxistischem Terror" und bürgerlicher „Verleumdungskunst" die Partei das „Evangelium des Nationalsozialismus" im Land verkünden werde.[214]

Im Landtag opponierte Herzog gegen die Änderung der Landesverfassung und forderte statt des demokratisch-parlamentarischen Staates das System des Führerprinzips auf Basis einer Ständeverfassung.[215] Als der Landesvoranschlag für das Jahr 1930 zur Diskussion stand, hatte Herzog die Sündenböcke für den Abgang von zwei Millionen Schilling parat: Das „internationale Finanzkapital"; gemeint waren damit die Juden. Und Herzog nannte das Rezept zur „Brechung der jüdischen Zinsknechtschaft": Er wollte eine Front aus arbeitenden Menschen der „Faust wie der Stirn" bilden, die aus Handarbeitern, Gewerbetreibenden, Industriellen und Bauern bestehen sollte. Zynisch bekannte er: „Wenn alle jene in der Heimat aus dem Erwerb ausgeschieden werden, die hier auf unserem Grund und Boden infolge ihrer anderen Rassenzugehörigkeit nichts zu tun haben, so wäre es bestimmt möglich, bessere Zustände zu schaffen und auch den Handels- und Gewerbetreibenden die Möglichkeit zu

---

[213] Der österreichische Nationalsozialist, 3. 2. 1928, S. 4 f.; vgl. allgemein zur Kulturautonomie EINSPIELER, Valentin (1980): Verhandlungen über die der slowenischen Minderheit angebotene Kulturautonomie 1925-1930. Beitrag zur Geschichte der Kärntner Slowenen, Klagenfurt 1980 u. HAAS, Hanns/ STUHLPFARRER, Karl (1977): Österreich und seine Slowenen, Wien, S. 53 ff.

[214] Ebd., Der österreichische Nationalsozialist.

[215] Kärntner Landtag, 14. Gesetzgebungsperiode, 24. Sitzung am 28. November 1929, S. 1666.

geben, mehr Einnahmen zu erzielen, weil sie dann nicht der Konkurrenz der jüdischen Ramschware ausgesetzt wären."[216]

Anfang der dreißiger Jahre befanden sich die Kärntner Nationalsozialisten unter Herzogs Regie auf breiter Front im Aufwind. Durch die Wirtschaftskrise erhielt die NSDAP die Chance, sich als radikale Protestpartei der Rechten nach vorne zu spielen. Mit einer extrem aggressiven Propaganda setzte sich die Partei, nicht nur vor Wahlen, in Szene. In einer der zahllosen Propagandakundgebungen in Klagenfurt äußerte Herzog: „Unser Kampf geht nicht um Mandate, unser Kampf gilt dem Sieg des Nationalsozialismus und damit der Rettung Deutschlands."[217] Propaganda wurde auch für Herzog ein probates Mittel zur Eroberung der Macht. So wurde in dieser Entwicklungsphase der Partei der „Vormarsch" als Wahlzeitung, besser gesagt als „Trommlerpresse"[218] der NSDAP-Ortsgruppe Klagenfurt, von Herzog ins Leben gerufen.[219]

Über seine politischen Aktivitäten in der Zeit von 1933 bis 1938 fehlen schriftliche Zeugnisse. Bekannt ist lediglich die Aussage, daß er der Partei die „Treue gewahrt" hätte und als politische „Geisel" vom Juni bis zum September 1934 im Anhaltelager Wöllersdorf in Haft war.[220]

Nach dem „Anschluß" kam Herzog in die exponierte Position eines Gaurichters der NSDAP, die er bis zum Kriegsende bekleiden sollte. Ehrenhalber erfolgte seine Übernahme in die SA und 1941 seine Beförderung zum SA-Sturmbannführer. Allenthalben als hochdekorierter Parteigenosse („Goldenes Parteiabzeichen", „Goldene Dienstauszeichnung") auftretend, markierte seine Ernennung zum Gaurichter bloß die formale Anerkennung seiner „aufopfernden Tätigkeit als Alter Kämpfer", denn im politischen Machtkampf der nationalsozialistischen Führungsgruppen war Herzog in die zweite Linie gerückt.[221]

Als Funktionär des NS-Regimes entsprach Herzog nicht den

---

[216] Ebd., 26. Sitzung am 20. Dezember 1929, S. 1781.
[217] Der Vormarsch, 6. 6. 1931, S. 7.
[218] Vgl. STEIN, Peter (1987): Die NS-Gaupresse 1925-1933. Forschungsbericht-Quellenkritik-neue Bestandsaufnahme (= Dortmunder Beiträge zur Zeitungsforschung, Bd. 42), München/New York/London/Oxford/Paris, S. 17ff.
[219] Siehe ELSTE/HÄNISCH, Weg, S. 64 ff.
[220] LG-Klgf., Vg 18 Vr 87/47, Urteilsspruch, Klagenfurt, datiert 11. 12. 1947; Abschrift, Bundesministerium für Inneres, Abteilung 2, Register Nr. 766.
[221] Ebd., Gnadentabelle.

nationalsozialistischen Vorstellungen. Es fehle ihm an der ge-
wünschten „nationalsozialistischen Durchschlagskraft". Auch
scheint es, daß er seiner Funktion als Kreisleiter von Villach (ab
1943) nicht gewachsen war. Das brachte ihm in Parteikreisen das
Etikett eines „Schwächlings" ein.[222]

Nach fast zweijähriger Haft im Internierungslager Wolfsberg
wurde Herzog 1947 der Prozeß gemacht. Er wurde als „Alter
Kämpfer", SA-Obersturmbannführer, Gauhauptamtsleiter, Träger des „Goldenen Ehrenzeichens", der „Bronzenen" und „Silbernen Dienstauszeichnung" der NSDAP zu zwei Jahren schweren Kerkers, einem harten Lager vierteljährlich und zum Verfall
seines gesamten Vermögens an die Republik Österreich verurteilt. Nach Einreichung eines Gnadengesuchs wurde ihm unter
Berücksichtigung seiner Haft in Wolfsberg der Strafrest unter
„Erteilung einer Probezeit von 5 Jahren" erlassen. Begründet
wurde dies damit, daß Herzog ein Geständnis abgelegt hatte,
„ansonsten als unbescholten" anzusehen war, sich im Dienste
der NSDAP der „Bevölkerung gegenüber stets einwandfrei" verhalten hätte und als „friedliebender und hilfsbereiter Mensch"
gegolten hätte.[223]

---

[222] Ebd., Urteilsspruch, Klagenfurt, datiert 11. 12. 1947; Bundespolizeikommissariat
     Villach an Bundespolizeidirektion Klagenfurt, Villach, datiert 29. 1. 1948.
[223] Ebd., Urteilsspruch u. Gnadentabelle.

„Wegbereiter zu Großdeutschland." [224]

HUBERT KLAUSNER

Als Hubert Klausner am 12. Februar 1939 starb, war über Weisung Gauleiter Bürckels sein Tod „groß aufzumachen". [225] Klausner sollte zum „Heros" der nationalsozialistischen Bewegung hochstilisiert werden. Bürckel ordnete auch an, welches Bild die Gaupresseamtsleiter zu zeichnen hätten: Klausner müsse als „eine in jeder Beziehung klar gerichtete und stets zielbewußte nationalsozialistische Persönlichkeit", als symbolische Verkörperung des „immer marschbereite(n) und einsatzfähige(n) Ostmärker(s)" dargestellt werden. [226] Theatralische Worte finden sich auch in den zahlreichen Nachrufen. So schrieb unter anderen Hans Scheriau, ein Kärntner Parteigefährte: „Das Bewußtsein, daß Klausner nicht mehr unter uns weilt, beherrscht die Stunde und erfüllt uns mit tiefster Trauer. Für immer aber wird uns das lichte Erinnern an ihn bleiben und der Name Klausner wird klingen, so lange noch Menschen leben, die seine Hand gedrückt und ihm auch Auge im Auge gegenüber gestanden haben. Gauleiter Parteigenosse Klausner wird in der deutschen nationalsozialistischen Geschichte weiterleben." [227] Friedrich Rainer, einer seiner engsten Mitarbeiter, sprach vom „Kameraden" Klausner und bezeichnete ihn als jenen Mann, dem er die „Kampfzeit" hindurch als sei-

---

[224] ÖStA-AdR, BMfI, NS-Gauakte Hubert Klausner, Gauleiter Hubert Klausner. Der Lebensweg eines Vorkämpfers, S. 3.

[225] Ebd., NS-Gauakte, Rundruf, datiert 12. 2. 1939. So teilte das Presseamt von Gauleiter Reichskommissar Josef Bürckel in einem Rundruf an die Gaupresseamtsleiter mit: „Selbstverständlich ist die Nachricht von dem Hinscheiden des Gauleiters Minister Klausner in allen Zeitungen groß aufzumachen. Die biographischen Unterlagen sind nicht wörtlich, aber inhaltlich dem [...] vom Presseamt des Gauleiters ausgegebenen ausführlichen Lebenslauf zu entnehmen." (Ebd.)

[226] Ebd.

[227] Ebd., Gauleiter Hubert Klausner - „Das Vorbild des Ostmark-Kämpfers". Hans Scheriau war zu diesem Zeitpunkt Gauinspektor von Niederösterreich.

nem Gauleiter und Landesleiter „treue Gefolgschaft geleistet" habe.[228]

Die Liste der schriftlichen Zeugnisse, die Klausner zum personifizierten Mythos der Kärntner und österreichischen NSDAP, „zum unermüdlichen Kämpfer […] für die Idee des Führers und für das Großdeutsche Reich"[229] stempeln, ließe sich verlängern. Dementsprechend gestaltete sich seine Beisetzung zu einem pompös inszenierten Staatsakt, dem Hitler und nahezu die gesamte Parteielite beiwohnten.[230]

Hinter den Würdigungen seiner politischen Laufbahn, der Zelebrität des Begräbnisses steht die These, daß Klausner nicht eines natürlichen Todes gestorben wäre.[231] Aus dieser Perspektive erscheint die offizielle Todesnachricht in einem anderen Licht. Sie fiel trotz Klausners herausragender Position in der Partei nüchtern aus. So ließ das Presseamt Bürckels am 12. Februar verlauten: „Gauleiter Minister Klausner ist heute Vormittag in seiner Wiener Wohnung einem Gehirnschlag erlegen."[232] Ebenso wortarm liest sich die Todesanzeige seiner Gattin Helli: „Mein Mann ist heute früh gestorben. Helli Klausner im Namen aller Anverwandten."[233]

Die Indizien, die sein ehemaliger Adjutant Erwin Aichinger zu Papier brachte, untermauern ebenfalls die Behauptung eines unnatürlichen Todes. Im einzelnen führt(e) Aichinger an, daß Klausner Opfer eines Giftanschlages der SS geworden sei. Als Drahtzieher nannte er den rheinpfälzischen Gauleiter Josef Bürckel, der 1938 den Auftrag erhalten hatte, „die traditionellen Parteistrukturen in Österreich zu liquidieren und die zum Sepa-

---

[228] Kärntner Grenzruf, 16. 2. 1939, S. 1.

[229] Siehe das Beileidtelegramm Goebbels an die Witwe Klausners, in: Kärntner Grenzruf, 16. 2. 1939, S. 2.

[230] Der Staatsakt fand am 18. Februar 1939 im Wappensaal des Landhauses in Klagenfurt statt. Beigesetzt wurde Klausner in Villach. (Vgl. NS-Gauakte, Trauerfeier für Gauleiter Klausner).

[231] Als Gewährsmänner dieser Behauptung sind u. a. Ernst Lerch (siehe unten) und Dr. Heribert Huber (ehedem Kreisleiter von St. Veit und Gauinspekteur der NSDAP in Kärnten) zu nennen. Vgl. die Befragungsprotokolle Lerch und Huber. (= Sammlung Alfred Elste). Auch Historiker sprechen von einem ungeklärten Tod. Neuerdings WALZL, August (1995): Alltag und Terror im südlichsten Gau, in: BERLEKAMP, Brigitte/RÖHR, Werner (Hg.), Terror, Herrschaft und Alltag im Nationalsozialismus. Probleme einer Sozialgeschichte des deutschen Faschismus, Münster, S. 168.

[232] NS-Gauakte, Presseamt Bürckel, Todesnachricht, datiert 12. 2. 1939.

[233] BDC-Personalakte Hubert Klausner, Partezettel.

ratismus neigende Partei streng reichseinheitlich auszurichten".[234] Aichinger berief sich in seinen Aufzeichnungen auf die Aussagen der Frau Klausners, die ihm gegenüber zu Protokoll gab, von Himmler telefonisch nach München zitiert worden zu sein, wo sie sich verpflichten mußte, im Interesse Deutschlands Stillschweigen über die Begleitumstände des Ablebens ihres Gatten zu bewahren.[235]

Vor diesem Hintergrund spiegelte sich nach dem „Anschluß" ein die neuen politischen Strukturen in Österreich stark belastender Machtkampf um die politischen Führungspositionen wider.[236] Vor allem das Gerangel um die Gauleiterposten machte deutlich, daß es den Liquidatoren darum ging, nicht nur die Politische Organisation zu vereinnahmen, sondern überhaupt die österreichische Identität auszulöschen, die historisch gewachsenen Ländergrenzen aufzulösen und nur vier Gaue zu schaffen.[237] Im Besetzungskarussell Bormanns und Bürckels war Klausner Integrationsfigur des österreichischen Nationalsozialismus, doch warf Christian Opdenhoff, der vom Stab des Stellvertreters des Führers in die Abteilung für Personalfragen der Dienststelle Bürckels kam und Postenbesetzungsvarianten wie neue Gaubzw. Ländereinteilungen erarbeitete, ein, daß mit Klausner der Staat ein gewaltiges Plus gegenüber der Partei hätte.[238] In den Personalrochaden war Klausner zunächst als Gauleiter von Wien ausersehen. Opdenhoff sprach über Klausner in den höchsten

---

[234] JAGSCHITZ, Gerhard (1990), Die österreichischen Nationalsozialisten, in: STOURZH, Gerald/ZAAR, Birgitta (Hg.), Österreich, Deutschland und die Mächte. Internationale und österreichische Aspekte des „Anschlusses" vom März 1938 (= Veröffentlichungen der Kommission für die Geschichte Österreichs, Bd. 16), Wien, S. 261.

[235] Siehe dazu „Ich war mit Gauleiter Hubert Klausner von Jugend an befreundet" (= Sammlung Alfred Elste, Nachlaß Erwin Aichinger). Die Aufzeichnungen Aichingers erhalten durch den Historiker Erwin Steinböck an Gewicht, der in einem Schreiben vom 2. 3. 1990 an den Autor mitteilte, daß Klausner durch die Gestapo vergiftet worden sei. Steinböck berief sich auf zwei Kärntner SD-Leute, die ihm in diesem Zusammenhang zwei Schriftstücke zukommen ließen. Da Steinböck unerwartet verstarb, war die Übergabe jener Beweisstücke an den Autor nicht mehr möglich.

[236] JAGSCHITZ, Von der „Bewegung" zum Apparat, S. 258 ff.; ferner ders., Die österreichischen Nationalsozialisten, S. 261 ff.; BOTZ, Gerhard (1976): Die Eingliederung Österreichs in das Deutsche Reich. Planung und Verwirklichung des politisch-administrativen Anschlusses (1938-1940), Linz/Wien, S. 49 ff.

[237] JAGSCHITZ, Von der „Bewegung" zum Apparat, S. 499; BOTZ, Die Eingliederung Österreichs, S. 73 ff.

[238] BA-KO, Slg. Schumacher 304, Opdenhoff an Bürckel, datiert 26. 3. 1938.

Tönen: „Seine charakterlichen Qualitäten können in dem sonst
so zerrissenen Wien bestens ausgleichend und glättend wirken."[239] Dann wiederum bezeichnete Opdenhoff Klausner als seinen „starken Mann" für den „Südgau" – Kärnten mit Osttirol
und die Steiermark mit dem Südburgenland[240] –, um ihn im nächsten Moment in seinem Planspiel nach Wien zu schieben, wohl
um die überzogenen Ambitionen Globocniks zu bremsen. Klausner war mit der Wiener Lösung nicht einverstanden und betonte
gegenüber Bürckel, wie unglücklich er wäre, wenn er nach Wien
müßte.[241]

Am 23. Mai wurde in Berlin die Entscheidung getroffen.
Hitler ernannte die Gauleiter. Klausner machte in Kärnten das
Rennen. Solange Klausner als Stellvertreter Bürckels in Wien
war, führte die Geschäfte Franz Kutschera in seiner Eigenschaft
als stellvertretender Gauleiter.[242] Noch vor der Ernennung zum
Gauleiter von Kärnten hatte Opdenhoff notiert: „In Kärnten ist
Klausner zu Hause, dort ist er schon aus diesem Grunde stärker,
dort ist die Aufgabenstellung nicht so groß, und außerdem hat er
in […] Kutschera einen Vertreter, der ihn seit Jahren kennt und
achtet."[243]

Bei der Verteilung der Macht, der Pfründe und Parteiposten
blieb Klausner unberücksichtigt. Zunächst war ihm der Rhein-
pfälzer Bürckel, an sich eine Erfindung der Kärntner Gruppe
(Globocnik, Rainer, Klausner) und Seyss-Inquarts,[244] als kom-
missarischer Leiter der NSDAP in Österreich vor die Nase gesetzt worden. Klausner mußte sich Bürckel unterstellen. Auch
spiegelte sich im Amt eines Ministers für politische Willensbil-
dung wenig von den Verdiensten, die sich Klausner „um den Anschluß erworben hatte".[245] Der Kreis jener, die sich vom „An-

---

[239] Ebd. Opdenhoff an Friedrichs, datiert 10. 5. 1938.
[240] Vgl. Botz, Die Eingliederung Österreichs, S. 74.
[241] BA-KO, Slg. Schumacher 304, Opdenhoff an Friedrichs, datiert 10. 5. 1938.
[242] Vgl. Botz, Die Eingliederung Österreichs, S. 98.
[243] BA-KO, Slg. Schumacher 304, Opdenhoff an Friedrichs, datiert 10. 5. 1938.
[244] Seit 1936 standen Globocnik, Seyss-Inquart und Klausner mit dem Gauleiter der
     Saarpfalz in Verbindung. Bereits damals entschieden sich die drei im Falle einer
     „Machtübernahme" für Bürckel als Reichskommissar, der sich als Gegenleistung
     dazu verpflichten mußte, Globocnik, Seyss-Inquart und Klausner im Falle einer
     „Machtübernahme" als Gauleiter bei Hitler durchzubringen. (BDC-Personalakte
     Josef Fitzthum, Gedächtnisprotokoll).
[245] Der Großdeutsche Reichstag 1938, hg. von E. KIENAST, Berlin 1938, S. 278;
     NS-Gauakte, Gauleiter Klausner „Das Vorbild des Ostmark-Kämpfers".

schluß" mehr erwartet hatten, war noch größer geworden. Pauley schreibt hiezu: „Von allen Österreichern war niemand vom Anschluß mehr enttäuscht als einige der führenden Nationalsozialisten selbst."[246] Schon wenige Tage nach der Annexion war Klausner gemeinsam mit Globocnik und Rainer nach Berlin zu Hitler geflogen, um ihn davon zu überzeugen, daß sie, die Kärntner Gruppe, bei der „Machtübernahme" die zentrale Rolle gespielt hätten.[247]

Besonders aber soll Klausners „Glaube an die Partei" durch die Abberufung Globocniks als Gauleiter von Wien erschüttert worden sein.[248] Seinen Organisationsleiter der illegalen NSDAP wollte er nicht fallenlassen: Klausner hätte auf die Führung in Kärnten verzichtet, wenn er sicher gewesen wäre, daß Globocnik den Gau hätte übernehmen können.[249] Für Globocniks Suspendierung machte Klausner ausschließlich Bürckel verantwortlich. In einer Replik auf Klausners Desillusionierung in der Sache Globocnik notierte SS-Oberführer Josef Fitzthum: „Die Mitteilungen […] Klausners zeigten mir die Wurzel der letzten Entwicklung der Dinge in der Ostmark auf, die wahrhaftig tragisch zu nennen ist. Denn der in fünf Jahre langer illegaler Kampfzeit wunderbar gestärkte nationalsozialistische Geist und das Ansehen unserer Bewegung in der Bevölkerung der Ostmark wurde durch die unglückselige Personalpolitik nach der Machtergreifung, die […] nur Parteifremde, andererseits […] Saarpfälzer auf die wichtigsten Posten setzt und alle bewährten alten Parteigenossen rücksichtslos ausschaltete, so gut wie vernichtet und, wie die Gegenwart zeigt, ins Gegenteil verkehrt."[250]

Klausner war nicht nur ein Opfer der zweiten „Ver-

---

[246] Vgl. PAULEY, Der Weg in den Nationalsozialismus, S. 210.
[247] Ebd.
[248] SS-Oberführer Josef Fitzthum sprach davon, daß Globocniks Abberufung Klausner „sehr ans Herz" gegangen sei. Er (Klausner) mochte diese Entscheidung nicht verstehen, da „doch Globocnik ein durch und durch Nationalsozialist" war. (BDC-Personalakte Josef Fitzthum, Gedächtnisprotokoll).
[249] BA-KO, Slg. Schumacher 304, Aktenvermerk des Stabsleiters vom 20. 2. 1939 für den Stellvertreter des Führers. Aufgrund finanzieller Manipulationen und „Unbotmäßigkeiten" gegenüber der Reichsleitung war Globocnik „in Ungnade" gefallen und mußte seine Funktion als Gauleiter von Wien niederlegen. Siehe dazu BOTZ, Gerhard (1978): Wien vom „Anschluß" zum Krieg. Nationalsozialistische Machtübernahme und politisch-soziale Umgestaltung am Beispiel der Stadt Wien 1938/39, S. 202.
[250] Ebd., BDC-Personalakte Fitzthum.

preußungswelle" der NSDAP in Österreich geworden.[251] Als er
durch Hitler im Februar zum Landesleiter der NSDAP ernannt
wurde, hatte Klausner auch parteiintern „nicht (mehr) viel zu sagen".[252] Die Bestellung Klausners war zwar eine Bekräftigung
der Evolutionspolitik Hitlers, realiter sollte Klausner seine
Günstlinge Rainer und Globocnik im Zaum halten, um Arthur
Seyss-Inquart seine Aufgabe der schrittweisen „Machtübernahme" zu ermöglichen.[253] Andererseits war die Politische Organisation der NSDAP Anfang 1938 zu einem Territorium der SS
geworden. Auf der Kommandobrücke standen SS-Leute wie
Wilhelm Keppler und Edmund Veesenmayer bzw. Rainer und
Globocnik, die über den Kopf Klausners hinweg die Parteiorganisation bewußt radikalisierten.[254] Letztlich beugte sich
Klausner dem Druck der SS, wie er gegenüber Aichinger bemerkte. Am 12. März 1938 trat er der Schutzstaffel bei und
avancierte binnen weniger Monate zum SS-Brigadeführer.[255]

Hubert Klausner kam am 1. November 1892 unweit von Tarvis in Raibl Nr. 72 – seit 1918 liegt das Dorf in Italien und wird
Cave del Predil genannt – als Sohn des k.u.k. Finanzwachober-
aufsehers Ignatz Klausner und dessen Frau Anna, geborene Joachim, zur Welt.[256] Die Volksschule und das Gymnasium besuchte er in Villach. Dort begann für Klausner durch seinen Beitritt in
die pennale Corporation „Arminia" Villach die „klassische"
Karriere des Kärntner Rechtsradikalen.[257] Im Oktober 1912 meldete er sich als „Einjährig-Freiwilliger" in das k.u.k. Feldjäger-
Bataillon Nr. 8. Als Beruf führte er „Student" an.[258] Zunächst

[251] JAGSCHITZ, Die österreichischen Nationalsozialisten, S. 261.
[252] SCHUSCHNIGG, Im Kampf gegen Hitler, S. 282. NS-Gauakte Hubert Klausner,
Personenstandsangaben.
[253] PAULEY, Der Weg in den Nationalsozialismus, S. 194 f. Zu Seyss-Inquart und
seiner Rolle in der NSDAP siehe ROSAR, Wolfgang (1971): Deutsche Gemeinschaft. Seyss-Inquart und der Anschluß, Wien/Frankfurt/Zürich.
[254] Ebd., PAULEY; auch SCHUSCHNIGG, Im Kampf gegen Hitler, S. 282.
[255] „Ich war mit Gauleiter Hubert Klausner von Jugend an befreundet" (= Sammlung
Alfred Elste, Nachlaß Erwin Aichinger). Laut BDC-Personalakte (SS-Dienstlaufbahn) war Klausner am 12. März 1938 der SS beigetreten und noch am selben
Tag zum SS-Oberführer ernannt worden. Am 11. September 1938 avancierte er
zum SS-Brigadeführer.
[256] ÖStA-KA, Abschrift des Geburts- und Taufscheins, Zl. 39.082.
[257] Im Mitgliederverzeichnis der Villacher „Arminia" ist Klausners Eintritt im Jahr
1909 belegt. (= Die Villacher Arminen 1905-1960, o. O., o. J., S. 27).
[258] Zur Militärlaufbahn Klausners siehe ausführlich PRERADOVICH, Nikolaus von
(1987): Österreichs höhere SS-Führer, Berg am See, S. 163.

hatte er auch die Absicht zu studieren. Dieses Vorhaben zerschlug sich nach Absolvierung der Reserveoffiziersschule im Jahr 1913. Im März 1914 erfolgte seine Ernennung zum k.u.k. Fähnrich. Zwei Monate später wurde Klausner „aktiviert";[259] 1914 avancierte er zum Leutnant, 1915 zum Oberleutnant. Er diente zunächst in Galizien, wurde dort schwer verwundet und kam 1915 an die italienische Front.[260] Aufgrund seiner Verwundung – seine rechte Hand blieb gelähmt – wurde Klausner vom aktiven Dienst abgezogen. 1916/17 versah er als Unter-Abteilungs-Kommandant der Rekonvaleszenten-Sammelstelle in Klagenfurt seinen Dienst. Danach leitete er bis zum Zusammenbruch der Monarchie das Rekonvaleszentenhaus der k.u.k. Armee in Trient.[261]

Nach Kriegsende stand er in den Grenzlandkämpfen zunächst als Kompanieführer der Feldjäger Nr. 8 in der Nähe von Völkermarkt im Einsatz; sodann ist sein militärisches Engagement als Kommandant des Volkswehrbataillons der Achterjäger belegt.[262] In dem den jeweiligen Anteil der Abwehrkämpfer glorifizierenden Buch des Kärntner Heimatbundes fehlt ein Beitrag Klausners.[263] Dieses Manko kompensierte die NS-Propaganda. So schrieb 1938 das unter nationalsozialistische Kuratel gestellte ehemalige christlichsoziale Sprachrohr „Kärntner Tagblatt": „Er war einer der ersten, der wieder seine Kameraden sammelte und die Kärntner Heimat [...] tapfer verteidigte."[264] Klausner paßte in den Führerkult der NS-Reklame, die ihn zum „Andreas Hofer" Kärntens stilisierte.[265]

Seine berufliche Laufbahn fand 1920 im Bundesheer ihre Fortsetzung. Im Januar 1921 wurde Klausner zum Hauptmann befördert; 1930 avancierte er zum Major. Einer seiner befehlshabenden Offiziere schrieb, er sei ein „geistig regsam(er), initiativ(er), vielfach interessiert(er), pflichttreu(er), ambitioniert(er), beliebt(er) Kamerad".[266]

---

[259] Das heißt, daß er in den Stand der aktiven Offiziere übernommen wurde.
[260] Vgl. PRERADOVICH, SS-Führer, S. 164.
[261] Ebd.
[262] WUTTE, Freiheitskampf, S. 217 u. S. 261.
[263] Siehe „Kampf um Kärnten".
[264] Kärntner Tagblatt, 26. 5. 1938, S. 1.
[265] BDC-Personalakte, Lebenslauf.
[266] Zit. n. PRERADOVICH, S. 165. Am 1. 7. 1938 wurde Klausner zum Oberstleutnant (der Reserve) befördert. (NS-Gauakte, Personenstandsangaben).

Der weltanschauliche Hintergrund seiner politischen Tätigkeit wurde zweifelsfrei durch seine Mitgliedschaft im pennalen Korps „Arminia", die k.u.k. Offiziersausbildung, die Frontkameradschaft und durch den Abwehrkampf geformt. Es waren jene Grundpositionen wie „Treue", „Kameradschaft", „Liebe zum deutschen Vaterland", die sein politisches Handeln begleiten sollten.[267] Als logische Konsequenz dieser Werthaltungen fand Klausner seine erste parteipolitische Heimat als einfaches Mitglied in der Großdeutschen Volkspartei.[268] Verschiedene Quellen charakterisieren ihn als Offizier mit großdeutscher Gesinnung, der in zäher Kleinarbeit im Heer den Anschlußgedanken verfochten haben soll.[269] Wie Klausner mit der NS-Bewegung in Berührung kam, ist nicht zu eruieren. Als Eintrittsdatum notierte er 1922.[270] Dazu erschöpfte sich ein NS-Organ in der pathetischen Feststellung: „Als einer der Hervorragendsten im Weltkrieg und im Kärntner Freiheitskampf [...] beschritt er als einer der ersten Vorkämpfer des goldenen Zeitalters der deutschen Geschichte in unserem Gau den neuen Weg der Freiheit und des Sieges und trat [...] in die Bewegung Adolf Hitlers ein."[271]

Seine Begeisterung für die Ziele der NS-Bewegung hielt sich zunächst offenbar in Grenzen. Angesichts der Spaltung der österreichischen Gruppen der NSDAP trat er 1927 aus der Partei aus.[272] Entscheidendes Merkmal von Klausners politischem Wirken blieb weiter sein deutschnationales Engagement im Offizierkorps als Vorgesetzter und Obmann des Heeresoffiziersverbandes.[273]

Als sich die NSDAP-Hitlerbewegung in Kärnten anschickte, aus der Talsohle relativer Bedeutungslosigkeit herauszutreten, faßte Klausner 1931 in der Partei neuerlich Fuß.[274] Politisch war

---

[267] BDC-Personalakte, Lebenslauf. Als Klausner 1920 das Formular zur Aufnahme in das österreichische Bundesheer ausfüllte, notierte er zu „Nationalität und Muttersprache" kurz „deutsch". (ÖStA-KA, Anmeldeblatt zur Aufnahme in das österreichische Bundesheer, Nr. 4.899, Klagenfurt, datiert 3. 4. 1920; siehe auch PRERADOVICH SS-Führer, S. 164).

[268] NS-Gauakte, Personenstandsangaben. Ein Aufnahmedatum ist nicht eruierbar.

[269] Beispielsweise der Völkische Beobachter, Berliner Ausgabe, 13. 2. 1939.

[270] NS-Gauakte, Personenstandsangaben.

[271] Der Erzieher in der Südmark, hg. von den Gauwaltungen des NS-Lehrerbundes Gau Steiermark und Gau Kärnten, Folge 5, Graz 1939, S. 2. (= Beiheft zu „Der Deutsche Erzieher", Reichszeitung des NSLB, Heft 5, 1. 3. 1939).

[272] So argumentierte Klausner wörtlich. Siehe NS-Gauakte, Personenstandsangaben.

[273] Kärntner Tagblatt, 26. 5. 1938, S. 1; Der Vormarsch, 23. 5. 1931, S. 3.

[274] Am 14. Februar 1931 erfolgte sein Parteieintritt bei der Klagenfurter Ortsgruppe.

sein Beitritt für die NSDAP Kärnten von Nutzen. Als einer der ersten Offiziere des österreichischen Bundesheeres in der NSDAP[275] machte Klausner zunächst als Propagandist in Heereskreisen von sich reden, was die Soldatensektion des Luegerbundes zu einer publizistischen Attacke auf ihn veranlaßte: Er (Klausner) diene lediglich dazu, die Heeresangehörigen für die Gemeinderatswahl 1931 (in Klagenfurt) zu „ködern". Politisches Programm habe er keines; Klausner profitiere von den Sympathien, die er unter den Soldaten genieße.[276] Indes wollte der nationalsozialistische „Vormarsch" seine inhaltlichen wie rhetorischen Fähigkeiten erkannt haben: Klausner wurde als temperamentvoller Redner anläßlich einer Wählerversammlung 1932 in Villach hingestellt, bei der er die Wiedereinführung eines Volksheeres und die allgemeine Wehrpflicht propagierte. Er sprach davon, so der „Vormarsch", daß es ohne Kampf keine Kultur, kein Recht gebe, schon deshalb müsse man sich zur Wehrhaftigkeit bekennen.[277]

Auf der Wahlwerberliste der NSDAP für die Gemeinderatswahlen Anfang 1931 in Klagenfurt schien Klausner vorerst nicht auf.[278] Erst bei den neuerlichen Wahlen im Mai desselben Jahres war Klausner an zehnter Stelle plaziert und zog, nachdem der Listenführer aufgrund „mangelnder Parteidisziplin" von seiner Kandidatur Abstand nehmen mußte, in das Stadtparlament von Klagenfurt ein.[279] Im Gemeinderat blieb Klausner zunächst „bescheiden im Hintergrund".[280] Wenngleich das „Kärntner Tagblatt" zu berichten wußte, daß er im Gemeinderat „so manche Fehde mit den Schwarzen und Roten [...] auszufechten" hatte, sich besonders um das Los der Arbeiter kümmerte,[281] war es weniger Klausner als seinen Fraktionskollegen Vizebürgermeister Sepp König und Stadtrat Hans Löscher zuzuschreiben, daß der Nationalsozialismus in der Landeshauptstadt „salonfähig" wurde.[282] Zu-

---

Er erhielt die Mitgliedsnummer 440.737 zuerkannt. Siehe BDC-Personalakte, NSDAP-Mitgliedskarte.
[275] Kärntner Tagblatt, 26. 5. 1938, S. 1.
[276] Der Vormarsch, 23. 5. 1931, S. 3.
[277] Der Vormarsch, 9. 4. 1932, S. 8.
[278] Der Vormarsch, 17. 1. 1931, S. 2.
[279] Der Vormarsch, 16. 5. 1931, S. 3; 4. 7. 1931, S. 1 f.; Der Vormarsch, Sonderausgabe, 31. 5. 1931, S. 1.
[280] NS-Gauakte, Gauleiter Klausner - „Das Vorbild des Ostmark-Kämpfers".
[281] Kärntner Tagblatt, 26. 5. 1938, S. 1.
[282] Der Kaufmann Hans Löscher saß seit 1926 im Klagenfurter Gemeinderat. Sepp

dem war er nicht der Motor der NS-Gemeinderatsfraktion, für den ihn die Parteigeschichte hielt.[283]

Sein politisches Avancement begann mit seiner Ernennung zum Gauleiterstellvertreter im Januar 1933. In den folgenden Monaten überschlug sich sein Aktivismus als Funktionär: Zunächst Kommunalreferent der Gauleitung, dann auch Bezirksleiter von Klagenfurt-Stadt und -Land (März 1933). Im Mai 1933 übernahm er die Gauleitung. Nach dem Parteiverbot trat jedoch Moritz Czeitschner als Gauleiter auf, dem zu dieser Zeit seine Abgeordnetenimmunität von Vorteil war.[284]

Im Juni 1933, als der politische Terror der Nationalsozialisten einen ersten Höhepunkt erreichte, wurde nahezu die gesamte Parteielite arretiert. Die Verhaftungswelle löste im Land bürgerkriegsähnliche Zustände aus. Spontan kam es für die inhaftierten Protagonisten zu Massendemonstrationen durch Nationalsozialisten und Parteisympathisanten.[285] Klausner wurde in das Landesgericht Klagenfurt eingeliefert und auf Verdacht des Hochverrats angeklagt.[286] Als politisch Gemaßregelten bestrafte ihn das Bundesheer mit „Wartegebühr". Das hieß: Klausner wurde mit gekürztem Wartegeld beurlaubt und war für diese Zeit von jeder Beförderung ausgeschlossen.[287] Auch in den folgenden Jahren sollte Klausner mehrmals ob seiner politischen Betätigung verhaftet werden; so im Januar 1935, im Februar 1936 und im Jahr 1937.[288]

Vor allem seine Verhaftung im Jahr 1935 wirft ein vielsagendes Schlaglicht auf die ständestaatliche Justiz, bzw. auf die poli-

---

König (siehe unten) fand über die Großdeutsche Volkspartei zur NSDAP. (Kärntner Tagespost, 10. 2. 1926, S. 5; Klagenfurter Zeitung, 2. 4. 1927, S. 353; Kärntner Tagblatt, 2. 7. 1931, S. 3 f; Der Vormarsch, 17. 1. 1931, S. 2).

[283] NS-Gauakte, Gauleiter Klausner - „Das Vorbild des Ostmark-Kämpfers". Jedenfalls ist bis Juni 1933 der Lehrer Ernst Prießnitz als NS-Fraktionsführer im Klagenfurter Gemeinderat genannt. (Der Vormarsch, 16 .6. 1933, S. 1).

[284] Ebd., NS-Gauakte, Personenstandsangaben; PAdAA-BO, Politik 29, Nr. 10c, Konsulatsberichte Klagenfurt, Bd. 1, Hahn an Auswärtiges Amt, Klagenfurt, datiert 3. 7. 1933.

[285] KLA, Präsidial, Fasz. 904, Berichte über die Verhaftungen nationalsozialistischer Führer. Insgesamt wurden landesweit 252 NS-Funktionäre in Gewahrsam genommen. Die Villacher Zeitung vom 14. 6. 1933, S. 1, sprach von einem „Feldzug gegen die NSDAP".

[286] Kärntner Tagblatt, 26. 5. 1938, S. 1.

[287] PRERADOVICH, SS-Führer, S. 165.

[288] ÖStA-AdR, BKA-Inneres, 22/Ktn., Kt. 5061, Zl. 331.454-St.B./35; DÖW-Nr. 6.126; Kärntner Tagblatt, 26. 5. 1938, S. 1.

tische Naivität der Exponenten des Sicherheitsapparates. Klausner wurde am 18. Januar vom Bundespolizeikommissariat Klagenfurt mit 6 Monaten Arrest bestraft und in das Landesgericht wegen des Verdachtes auf Hochverrat und Geheimbündelei überstellt. Bereits am 25. Januar wurde er mit Zustimmung des Sicherheitsdirektors für das Bundesland Kärnten Eduard Barger wieder auf freien Fuß gesetzt. Barger intervenierte zugunsten Klausners beim Untersuchungsrichter – wie wir gesehen haben mit Erfolg – und begründete seine Stellungnahme für Klausner dahingehend: Klausner war zwar vor dem Parteiverbot ein „eifriger Anhänger" der NSDAP. Nach dem Betätigungsverbot habe er sich jedoch politisch nicht mehr betätigt. Er ist als aufrechter Mann bekannt und lebe vollkommen zurückgezogen. Mit Globocnik hätte er sich nur einmal getroffen, als er mit diesem im Zuge der „nationalen Befriedungsaktion" zur Vorsprache bei Bundeskanzler Schuschnigg in Wien weilte.[289]

Tatsächlich hatte sich Klausner im Juli 1933 in seine „Villa Alpenheim" in Latschach am Faaker See zurückgezogen. Doch wollte er dort nicht den biederen Privatmann mimen. Sein Haus wurde zum Hauptquartier der illegalen Gauleitung.[290] Jetzt erst arbeitete er sich auch konsequent in das Rampenlicht der Partei hoch.

In dieser Phase fehlte dem Parteiapparat, der unter Kothen ausgebaut worden war, die straffe Führung. Das förderte zentrifugale Strömungen, persönliche Rivalitäten und inhaltliche Gegensätze.[291] Klausner opponierte gegen seinen Widersacher Kothen, den er als zu „preußisch", zu „revolutionär" bezeichnete.[292] Aus den Führungsstreitigkeiten – so hatten neben Kothen auch Globocnik, die Bezirksleiter Matthias Zmölnig (Spittal)

---

[289] Ebd., ÖStA, Zl. 331.454-St.B./35. Mit der „Nationalen Befriedungsaktion" war die „Aktion Reinthaller" (auch „Nationale Aktion" genannt) gemeint. Der oberösterreichische NS-Bauernführer Anton Reinthaller kämpfte für einen legalen Status der Partei und vertrat im Interesse der Befriedung des Landes den Standpunkt eines selbständigen Österreich. Sein Konzept der „Nationalen Aktion" faßte eine neue Parteiorganisation in Auge, die zwar das nationalsozialistische Parteiprogramm als Grundlage übernehmen, jedoch die Verbindungen zur NSDAP in Deutschland lösen wollte. (Siehe dazu ROSAR, Deutsche Gemeinschaft, S. 76 ff.; PAULEY, Der Weg in den Nationalsozialismus, S. 147).
[290] Kärntner Tagblatt, 26. 5. 1938, S. 1.
[291] Siehe ELSTE/HÄNISCH, Weg, S. 296 ff.
[292] NS-Gauakte, Gauleiter Hubert Klausner. Der Lebensweg eines Vorkämpfers; ebd. ELSTE/HÄNISCH, S. 427.

und Hans Scheriau (St. Veit) ihren Führungsanspruch angemeldet – trat schließlich Klausner als Integrationsfigur aller Richtungen hervor. Es gelang ihm, die Führungsquerelen einzudämmen und eine nach außen einheitlich auftretende Organisation zu bilden.[293]

Klausners parteiinterner Aufstieg ist ein Spiegelbild sich verändernder machtpolitischer Verhältnisse in der NSDAP und damit auch ein Abbild unterschiedlicher Wege zur Macht. Am ehesten können wir Klausners Position in der Partei so charakterisieren, wenn wir ihn als vermittlungsfähigen Grenzgänger bezeichnen, der zwischen radikalen und evolutionären Nationalsozialisten stand und der glaubwürdig seine Entschlossenheit vortäuschte, als Evolutionär der Partei Geltung zu verschaffen.[294] Im Endeffekt gab es keinen Unterschied zwischen Revolutionären und Evolutionären. Verschieden waren lediglich ihre Taktik und der involvierte Personenkreis, „der sich den nationalen Lorbeer für die Verdienste um die ‚Befreiung' Österreichs erhoffte".[295]

Der Juli-Putsch 1934[296] markierte die nächste Zäsur in Klausners Parteikarriere. Das Scheitern des nationalsozialistischen Umsturzversuches führte zu schweren organisatorischen und ideologischen Belastungen in der NSDAP Österreich. Institutionelle und personelle Probleme wurden akut; ein Wettkampf einflußhungriger Parteifunktionäre setzte ein.[297] Unter der Führung Klausners reorganisierte sich die NSDAP in Kärnten rasch. Rainer begründete dies damit, daß die Partei in der Person Klausners

---

[293] Ebd., ELSTE/HÄNISCH, S. 299.

[294] Ebd., S. 427.

[295] SCHUSCHNIGG, Im Kampf gegen Hitler, S. 232.

[296] Zu den Ereignissen in Kärnten vgl. JAGSCHITZ, Putsch, S. 138 ff.; ETSCH-MANN, Wolfgang (1984): Die Kämpfe in Österreich im Juli 1934, in: Militärhistorische Schriftenreihe, Heft 50, Wien, S. 35 ff.; STEINBÖCK, Erwin (1983): Kärnten, in: WEINZIERL, Erika/SKALNIK, Kurt (Hg.), Österreich 1918 bis 1938. Geschichte der Ersten Republik, Bd. 2, Graz/Wien/Köln, S. 821 ff.; ferner Beiträge zur Vorgeschichte und Geschichte der Julirevolte, hg. auf Grund amtlicher Quellen, Wien 1934, S. 87 ff.; Die Juli-Revolte 1934. Das Eingreifen des österreichischen Bundesheeres zu ihrer Niederwerfung. Im Auftrage des Bundesministeriums für Landesverteidigung als Manuskript gedruckt, Wien 1936, S. 23 ff.

[297] Vgl. JAGSCHITZ, Die österreichischen Nationalsozialisten, S. 243; KINDERMANN, Gottfried-Karl (1984): Hitlers Niederlage in Österreich. Bewaffneter NS-Putsch, Kanzlermord und Österreichs Abwehrsieg von 1934, Hamburg, S. 169 ff.; PAULEY, Der Weg in den Nationalsozialismus, S. 136 ff.

einen Kristallisationspunkt besaß. Während es in anderen Bundesländern Führerstreitigkeiten und Auseinandersetzungen gab, traten an der Position Klausners „niemals Zweifel" auf.[298] In dieser Zeit der „politischen Wirren", wie ein Parteigenosse anmerkte, war Klausner der „ruhende Pol". „Vernunft" und „Klarheit" zeichneten seine Befehlsgebung aus. „Von ihm holten sich die Parteigenossen die Entscheidungen, die sie nicht immer selbst fällen konnten und die dann für die politische Gestaltung des Grenzgaues und darüber hinaus auch für die anderen Gaue maßgebend waren."[299]

Aus dem Machtkampf um die Vorherrschaft in der NSDAP Österreichs hielt sich die Kärntner Gruppe heraus. Sie vermittelte sogar im Tauziehen zwischen dem Niederösterreicher Josef Leopold und dem Wiener Hermann Neubacher um den Posten des Landesleiters.[300] Nach Leopolds Verhaftung wurde der Kärntner Gauleiter 1935 zum Sprecher des Gauleiterkollegiums,[301] respektierte aber zugleich Leopold als Landesleiter. Auf diese Weise brachte sich Klausner geschickt in das Spiel der Führungskräfte.[302]

Klausners politisches Konzept trug die Handschrift eines Pragmatikers; er war jedoch weniger der sachunkundige Führer, wie ihn die Forschung hinstellt.[303] Der „volksnahe Offizierstyp"[304] lehnte zwar Gewalt als Mittel der Politik ab, ließ aber Globocniks Terroraktionen freien Lauf. Klausner erkannte die Relevanz der „nationalen Aktion" Reinthallers[305] und beauftragte

---

[298] IMGH, Bd. XXXIV, Nürnberg 1949, Dokument 4005-PS, S. 9.

[299] NS-Gauakte, Gauleiter Hubert Klausner. Der Lebensweg eines Vorkämpfers.

[300] Unter den „Alten Kämpfern" fand Neubacher keine breite Zustimmung, nachdem Anfang 1935 im Rahmen einer Führertagung in Salzburg Anton Reinthaller das Amt des Landesleiters resigniert zurücklegte. Neubachers Rivale, der Niederösterreicher Leopold, eine Führerfigur des frühen Nationalsozialismus, beanspruchte nach seiner Haftentlassung ebenfalls die Position des Landesleiters. [(Vgl. PAULEY, Der Weg in den Nationalsozialismus, S. 148 ff.; ferner EICHSTÄDT, Ulrich (1955): Von Dollfuß zu Hitler. Geschichte des Anschlusses Österreichs 1933-1938, Wiesbaden, S. 76; JEDLICKA, Ludwig (1974): Gauleiter Josef Leopold (1889-1941), in: BOTZ, Gerhard u. a. (Hg.), Festschrift für Karl R. STADLER, Wien, S. 143-161.)].

[301] IMGH, Bd. XXVI, Nürnberg 1947, Dokument 812-PS, S. 350; vgl. auch PAULEY, Der Weg in den Nationalsozialismus, S. 150 f.

[302] Zu den Hintergründen dieser Rochaden siehe ausführlich ebd., PAULEY, S. 150 f. u. IMGH, Dokument 812-PS.

[303] Ebd., PAULEY, S. 150.

[304] BA-KO, NS 35, vorläufig Nr. 11.

[305] Siehe Anm. 289.

mit der Instrumentalisierung des Konzepts Rainer und Globocnik. Die beiden sollten aber ihren Protegé recht bald in den
Schatten stellen. In diesem Zusammenhang trifft Lužas Urteil
zu: „Die beiden jungen Männer hatten erkannt, daß Klausner der
Mann war, der ihnen die Unterstützung bieten konnte, die sie auf
ihrem Weg zur Spitze brauchten."[306]

Mit Zustimmung der Vertreter aller Gaue und dem „Einverständnis" Klausners begann im Sommer 1935 in einer Füh-
rerbesprechung im „Kärntner Hof" bei Villach der politische Aufstieg Rainers und Globocniks im Führerkader der Gesamtpartei.[307]
Im Sinne des Klausner-Konzepts wurde Rainer zum Wortführer
für die politischen Belange, die er auf Basis der „Evolution" realisieren sollte. Rainer, ein überlegter Taktiker, „nicht sehr bescheiden" und mit „großem persönlichen Ehrgeiz"[308] emanzipierte sich von seinem Mentor. Durch die konzeptionelle Trennung
von Politik und Organisation – letztere oblag Globocnik – war es
Rainer möglich, auf dem politischen Terrain an Boden zu gewinnen und mit jenen Personen in Fühlung zu treten, die abseits der
Partei standen.[309] Übertragen auf die tagespolitische Praxis hieß
das: Verzicht auf die Parteiorganisation im politischen Kampf,
Festhalten an der nationalsozialistischen Ideologie, die durch den
Einbau einzelner Ideenträger in den österreichischen Staatsappa-
rat an Einfluß gewinnen sollte, und Verlagerung des Aktionsradius von der Parteiorganisation auf legale nationale Vereine.[310]

Die Partei als politische Operationsbasis[311] aufzugeben, entsprach keinesfalls der Intention des Kärntner Gauleiters. Die inhaltlichen Auffassungsunterschiede trübten das Verhältnis Rai-
ner/Klausner, das aber auch Ausdruck des Machtkampfes zwischen Schutzstaffel und Partei war. Aus der Perspektive Hans
Steinachers führte Rainer gegen Klausner – beide Protagonisten
der Partei – einen „wahren Kleinkampf".[312] Offensichtlich dürfte

---

[306] LUŽA, Radomir (1977): Österreich und die großdeutsche Idee in der NS-Zeit,
  Wien/Köln/Graz, S. 35.

[307] Vgl. ELSTE/HÄNISCH, Weg, S. 371.

[308] LUŽA, Österreich und die großdeutsche Idee, S. 34.

[309] ÖStA-AdR, Bestand Bürckel, Büro Knissel, Kt. 2, „Globocnik-Memorandum",
  fol. 434.

[310] ROSAR, Deutsche Gemeinschaft, S. 92.

[311] LUŽA, Österreich und die großdeutsche Idee, S. 34.

[312] Vgl. JACOBSEN, Hans-Adolf (Hg.) (1970): Hans Steinacher. Bundesleiter des
  VDA 1933-1937. Erinnerungen und Dokumente, Boppard am Rhein, S. 403.

Rainer bei Klausner mit seiner Strategie der sukzessiven Aufweichung des Ständestaates durch gezielte Infiltration von NS-Exponenten in alle Bereiche des öffentlichen Lebens durchgedrungen sein.[313]

Zwischen 1936 und 1938 stand die illegale Parteiarbeit der NSDAP Österreich vor allem unter dem Zeichen permanenter Führungsstreitigkeiten. Beredtes Beispiel ist die ständige Kontroverse der Kärntner Gruppe mit Landesleiter Leopold, dem es besonders nach seiner Entlassung aus dem Anhaltelager nicht gelang, eine ihm ergebene Führungsstruktur in den Ländern aufzubauen.[314] Die Verhaftung der Kärntner Gauleitung mit Klausner an der Spitze im März 1936 bot Leopold die Chance, die Kärntner Gruppe im parteiinternen Machtkampf auszuschalten. Er ernannte den Hermagorer Lehrer Peter Feistritzer, den Klausner im Januar 1936 in die Gauleitung geholt hatte, zum Gauleiter.[315] Dessen Avancement zum Kärntner Gauleiter im Oktober 1936 fiel auch mit dem von Leopold gleichzeitig „ohne jede Angabe von Gründen" angeordneten Parteiausschluß Rainers und Globocniks zusammen.[316] Klausner reagierte darauf und legte im Verlauf einer Gauleitertagung in München seine Funktion als Gauleiter zurück.[317]

Keinesfalls bedeutete Leopolds Vorgangsweise eine Gefährdung der Position Klausners in seiner politischen Heimat.[318]

---

[313] Vgl. ELSTE/HÄNISCH, Weg, S. 378 ff.

[314] JAGSCHITZ, Die österreichischen Nationalsozialisten, S. 246 f.; ROSAR, Deutsche Gemeinschaft, S. 97 ff.; ELSTE/HÄNISCH, Weg, S. 373 ff.

[315] ÖStA-AdR, Bestand Bürckel, Kt. 191, Akte Nr. I/2; BDC-Personalakte Peter Feistritzer.

[316] PAULEY, Der Weg in den Nationalsozialismus, S. 172. Über den tatsächlichen Zeitpunkt des Parteiausschlusses gibt es widersprüchliche Angaben.

[317] Ebd.

[318] Walzl wertet die Position Feistritzers erheblich auf und sieht in dessen Person eine Schwächung der Klausner-Gruppe. Dies ist jedoch quellenmäßig nicht zu bestätigen. Zwar versuchte sich Feistritzer in das Spiel der Kräfte zu bringen, indem er Rainer mit einem Parteibetätigungsverbot belegte bzw. den Leiter des Nachrichtendienstes Norbert Gragger beurlaubte. Den Stellenwert Feistritzers in der Partei brachten zwei ehemalige hochrangige Funktionäre auf den Punkt: Als dieser anläßlich einer Kreisleiterbesprechung in Mölbling bei St. Veit auftauchte und sich als Gauleiter vorstellte, waren die Anwesenden darüber erstaunt. Keinesfalls gelang es Feistritzer, seinen formellen Anspruch als Gauleiter durchzusetzen. Im Februar 1938 wurde er von Klausner seines Postens enthoben. Drei Monate später bewarb sich Feistritzer erneut um die Gauleiterstelle. In seinem Bewerbungsschreiben lesen wir einen vielsagenden Aktenvermerk: „Irrläufer Parteigenosse [...] zuständigkeitshalber." (Siehe dazu WALZL, „Als erster Gau ...", S. 31 f.; ÖStA-AdR, BKA-Inneres, 22/Ktn., Kt. 5063, Zl. 362.503-

Trotzdem spielte er in der NSDAP Österreich nach 1936 die Rolle einer Galionsfigur. Rainer und Globocnik zogen weiterhin die Fäden und verwendeten ihren Mentor als „Schutzmarke".[319] Vor allem Anfang 1938, als die beiden in der Politik der Anschlußbewegung voll zum Zug kamen und den sogenannten „Klausner-Plan" lancierten, zeigte sich, daß sie dem Führerprinzip lediglich Lippenbekenntnisse leisteten. Dieser Plan trug bereits den Stempel „kärntnerischer Unbescheidenheit": Auf personalpolitischem Gebiet wurde die Forderung nach Regierungsbeteiligung der Nationalsozialisten erhoben. Als Nahziel faßte man eine persönliche Aussprache – angeblich eine Idee Globocniks – zwischen Hitler und Schuschnigg ins Auge, da die Kärntner das direkte Eingreifen Deutschlands nach Möglichkeit vermeiden wollten.[320]

Die Ernennung Klausners zum Landesleiter am 21. Februar 1938 bekräftigte die Evolutionslinie. Im besonderen sollte er als „Dompteur" die Radikalen im Zaum halten, um Seyss-Inquarts Aufgabe als Minister für Inneres und Sicherheit zu erleichtern.[321] Das Gesetz des Handelns lag jedoch bei seinen Mitarbeitern Rainer und Globocnik, die mit ihrer planmäßigen Verschärfung der innenpolitischen Lage eine weitere Facette des „Klausner-Plans" realisierten.[322] Klausner war bestenfalls der „Chef" auf dem Papier und mit diesem Bewußtsein offensichtlich schon saturiert. Das hier gezeichnete Bild erweckt den Eindruck einer gewissen Führungsschwäche. Dieser Eindruck täuscht jedoch: Es war Klausner gewesen, der am 11. März 1938 den Befehl gab, daß die Partei Handlungsfreiheit habe und die Macht ergreifen sollte.[323]

Nach dem „Anschluß" demonstrierte Klausner nach außen den Landesleiter, der Hitler seinen „tiefempfundenen Dank" zum Ausdruck brachte, daß Österreich in das „deutsche Vaterland heimfand".[324] Im Parteigefüge wurde er nun endgültig in die

St.B./37; Bestand Bürckel, Kt. 191, Akte Nr. I/2; BDC-Personalakte Norbert Gragger; ELSTE/HÄNISCH, Weg, S. 308).

[319] ROSAR, Deutsche Gemeinschaft, S. 186.
[320] Ebd., S. 186 ff.
[321] Vgl. PAULEY, Der Weg in den Nationalsozialismus, S. 194.
[322] ROSAR, Deutsche Gemeinschaft, S. 186.
[323] IMGH, Bd. XVI, Nürnberg 1948, S. 144, Verhör Rainer.
[324] „Ich war mit Gauleiter Hubert Klausner von Jugend an befreundet" (= Sammlung Alfred Elste, Nachlaß Erwin Aichinger).

zweite Linie gedrängt. Selbst Rainer, der wiederholt glauben machen wollte, ein „treuer" Gefolgsmann des ältesten Gauleiters von Österreich gewesen zu sein, relativierte nach dem Tode seines Protegés dessen Position: „Die Person Klausners strebte nie nach Berühmtheit und war daher auch nicht geeignet, nach der Machtergreifung in glänzender Weise in Erscheinung zu treten."[325]

[325] IMGH, Bd. XXVI, Nürnberg 1947, Dokument 812-PS, S. 347.

SEPP KÖNIG

„Mehr Inhalt, mehr Nationalbewußtsein, mehr Seele, rufen die geistigen Kräfte aus 1920. Denn Grenzland verpflichtet in erhöhtem Maße."[326]

Geschichtliche Spurensuche im Vorfeld des Nationalsozialismus hat sich besonders mit jenen völkischen Vereinen zu befassen, die dem Nationalsozialismus den Boden bereiteten. Diese völkischen Organisationen standen über geistige Kräftefelder mit den Inhalten der nationalsozialistischen Bewegung in Verbindung, was sich nicht selten auch durch personelle Überschneidungen ausdrückte.[327]

Josef König ist ein Beispiel für den vollkommen engagierten völkischen Protagonisten, der über eine Reihe völkischer Vereine zu einem „treuen Anhänger" Hitlers mutierte und für die NSDAP bis 1938 äußerst wichtig war. Bereits in den Jahren 1919/20 finden wir König, der 1893 in Altlag bei Gottschee geboren wurde, als leitenden Aktivisten des Kärntner Heimatdienstes in der Abstimmungszone II.[328] Er führte auch Regie bei der am 11. September 1920 auf dem Zollfeld bei Maria Saal inszenierten antijugoslawischen Kundgebung, die er rückblickend als deutsche „Wallfahrt auf das Zollfeld" stilisierte.[329] In diese Zeit fällt auch sein Engagement im ersten NS-Organ „Kärntner Volkswille" als federführender Redakteur, ohne jedoch der frühen NS-Partei als Mitglied anzugehören.[330]

Politisch gab dem Klagenfurter Postbeamten und völkischen „Vereinsmeier" zunächst die Großdeutsche Volkspartei eine

---

[326] Der Vormarsch, 10. 10. 1931, S. 13.
[327] Vgl. zu den weltanschaulichen Verschränkungen von Nationalsozialismus und völkischem Vereinswesen ELSTE/HÄNISCH, Weg, S. 37 ff.
[328] WUTTE, Freiheitskampf, S. 381.
[329] KÖNIG, Sepp (o. J.): Die Wallfahrt auf das Zollfeld, in: Kampf um Kärnten, S. 275 f.
[330] Vgl. ELSTE/HÄNISCH, Weg, S. 62.

Plattform, von der aus er zu reüssieren versuchte. 1926 wurde er als Exponent der Großdeutschen in den Klagenfurter Gemeinderat gewählt.[331] Fünf Jahre später wechselte König die Parteifarbe und kandidierte auf dem fünften Listenplatz der NSDAP Klagenfurt. Er symbolisiert den Erosionsprozeß innerhalb des deutschnationalen Lagers, das sukzessiv von der NSDAP absorbiert wurde. Erst zwei Monate vor den Gemeinderatswahlen im Februar 1931 war König der NSDAP beigetreten.[332] Sein Durchbruch in der NSDAP-Gemeinderatsfraktion sollte sich nach den Neuwahlen im Mai vollziehen. In der Aufschwungphase der NSDAP hin zu einer Massenbewegung schaffte die Partei binnen weniger Monate eine Vergrößerung ihres Wähleranteiles von 15,7 auf 19,7 Prozent, d. h. fast jeder fünfte Klagenfurter Wahlberechtigte votierte Ende Mai 1931 für die Partei Hitlers.[333] Nach personellen Turbulenzen[334] firmierte König als Kandidat für das Bürgermeisteramt. Im dritten Wahlgang unterlag er zwar mit 13 zu 21 Stimmen seinem sozialdemokratischen Gegenkandidaten Ing. Pichler-Manndorf, trotzdem ging die Option der Nationalsozialisten auf exponierte Funktionen im Klagenfurter Stadtparlament in Erfüllung: König wurde zum zweiten Vizebürgermeister gewählt.[335]

Nach seiner Wahl gab König eine Erklärung ab, die unmißverständlich seine Linie der Gemeindepolitik festschrieb: „Die höchste Pflicht des einzelnen ist es, das Wohl der Gesamtheit in den Mittelpunkt allen Tuns und Handelns zu stellen. Diese Lebensauffassung, der wir Nationalsozialisten huldigen, bildet den Eckstein für die Grundlage unserer Arbeit, auch für die Mitarbeit in diesem Gemeinderat." „Kernig", so „Der Vormarsch", wie apodiktisch kam er zum Punkt: „Unsere Mitarbeit wird sich immer nur nach einem Leitsatz richten, der der einzige ist, der Deutschland wieder aufwärts führen kann: Gemeinnutz vor Eigennutz."[336]

Nach dem Parteiverbot zeigte das Konzept Rainers, wie die NSDAP Kärnten die Macht zu erobern gedachte. Richteten sich vor 1933 die Angriffe der Nationalsozialisten überwiegend auf

---

[331] Villacher Zeitung, 10. 2. 1926, S. 4 u. Kärntner Tagblatt, 10. 2. 1926, S. 5.
[332] BDC-Personalakte Sepp König, Parteimitgliedskarte. Parteinummer 361.814.
[333] Vgl. ELSTE/HÄNISCH, Weg, S. 181.
[334] Der Vormarsch, 4. 7. 1931, S. 1 f..
[335] Kärntner Tagblatt, 2. 7. 1931, S. 2 f.; Der Vormarsch, 4. 7. 1931, S. 1.
[336] Der Vormarsch, 4. 7. 1931, S. 1 f.

die Parteien und Wehrverbände, so liefen in der Verbotszeit die Bestrebungen dahin, in alle Bereiche des öffentlichen Lebens einzudringen, sie zu unterwandern, zu zersetzen oder in ihrer Zielsetzung zu beeinflussen.[337] Dieser Taktik entsprechend setzte die illegale Parteiführung alles daran, das „offizielle Kärnten", die zahlreichen völkischen, nicht verbotenen Vereine als Operationsbasen zu nutzen. Zu den legitimen Speerspitzen der Nationalsozialisten zählten nun jene Vereine, die schon in der Frühphase der NS-Bewegung zum ideologischen und organisatorischen Vorfeld gehörten: Bedeutendste Tarnorganisation der verbotenen NSDAP war der Kärntner Heimatbund. Ebenfalls unter nationalsozialistischer Kontrolle standen der Deutsche Turnerbund und der Deutsche Schulverein Südmark.

Gerade in diesem Vereinsspektrum war Sepp König seit Jahren führend verankert. Er repräsentierte gewissermaßen den Typ des völkischen „Multi"-Funktionärs: Vorstandsmitglied des Kärntner Heimatbundes, der Kreisleitung des Deutschen Schulvereines und – ganz wesentlich – Obmann des Kärntner Turngaues. In all diesen Vereinen – argumentierte König – wurde nationalsozialistische „Erziehungsarbeit" geleistet.[338] Und zur Aufgabe des Turnerbundes gestand er: „Habe den Kärntner Turngau in den vier Kampfjahren mit größten Opfern gegen die schwersten Widerstände aller Feinde der deutschen Einheit wieder aufgebaut, nachdem in den Jahren 1933/34 alle Kärntner Turnvereine verboten waren. Die legale Form für die Ermöglichung einer illegalen NS-Arbeit und eines gleichen Kampfes war vielleicht in keiner nationalen Organisation besser geschaffen, als in unserem völkischen Turnwesen. Die Führung des Deutschen Turnerbundes hat in der Verbotszeit im engsten Einvernehmen mit der illegalen Landesleitung der NSDAP gearbeitet und Weisungen erlassen. Die turnerische Arbeit in Kärnten habe ich nach denselben Grundsätzen eingerichtet und geführt.

---

[337] Vgl. ELSTE/HÄNISCH, Weg, S. 378 ff.

[338] Nicht unerwähnt bleiben darf Königs federführende Position als Obmann in der NS-Organisation „Kampfbund für deutsche Kultur". Im September 1931 in Klagenfurt gegründet, verfolgte der „Kampfbund" den Zweck, „inmitten des […] Kulturverfalles die Werte des deutschen Volkes zu verteidigen". Neben König waren Personen in den Vorstand des Verbandes gekommen, die in der Öffentlichkeit einen gewissen Bekanntheitsgrad besaßen. Unter ihnen befand sich u. a. der langjährige christlichsoziale Landtagsabgeordnete und Vizebürgermeister von Klagenfurt Karl Rokitansky. (KLA, Präsidial, Fasz. 1135-V-2/47; siehe auch BURZ, Vom Kampf für das Deutschtum, S. 108 f.).

Für unzählige NS-Veranstaltungen, Aufmärsche, Appelle usw., die unter turnerischer Flagge durchgeführt wurden, oder an denen sich die Turner und Parteimitglieder beteiligten, habe ich die Verantwortung gegenüber den Sicherheitsbehörden getragen."[339]

Im Sog des „deutschen Frühlings"[340] 1938 demonstrierten diese völkischen Vereine Stärke: Vor allem der Deutsche Turnerbund setzte anläßlich des Gauturntages in Klagenfurt „neue" Maßstäbe und errichtete ein „Volksbiologisches Referat", um – nach den Worten des Gauobmannes König – „neue Wege beschreiten zu können".[341]

Für die Verdienste um die „nationale Sache" und die nationalsozialistische Betätigung im Deutschen Turnerbund wurde König 1940 als „Altparteigenosse" anerkannt.[342]

---

[339] BDC-Personalakte, Personal-Fragebogen.
[340] Freie Stimmen, 8. 3. 1938, S. 1.
[341] Freie Stimmen, 1. 3. 1938, S. 7.
[342] BDC-Personalakte, Gaugericht Kärnten der NSDAP, Beschluß.

HANS (VOM) KOTHEN

„Erst wenn am Ballhausplatz eine nationalsozialistische Führung die Zukunft Österreichs bestimmen wird, ist die Garantie gegeben, daß [...] Österreich als Staat die Unabhängigkeit wieder zurückerhält."[343]

Mit Hans Kothen kam über Initiative von Landesinspekteur Theo Habicht eine der dubiosesten Figuren der deutschen NSDAP nach Kärnten. Als Ersatz für den von Habicht seines Amtes als Gauleiter enthobenen Herzog fiel die Wahl Habichts deshalb auf Kothen, weil dieser sich in seinem Wirkungsbereich als Kreisleiter des Unter-Taunus-Kreises profiliert hatte. Nach Ansicht Habichts war die Lage im Gau Kärnten „sachlich" wie „psychologisch" schwierig und „dulde(te) keine Experimente". Weiters führte er aus, den Österreichern fehle eine Persönlichkeit, die neben sachlicher Befähigung auch über praktische Erfahrungen verfüge. Sein Votum für Kothen begründete er damit: „Meine Wahl fiel [...] auf ihn, weil die Verhältnisse in Kärnten ähnlich lagen, wie vorher im Unter-Taunus-Kreis, das heißt, es handelte sich dort wie hier um ein sehr armes, verkehrstechnisch außerordentlich ungünstig gestaltetes Bauernland, für das keine besonderen Mittel zur Verfügung gestellt werden konnten."[344] Parteimäßig gesehen, so Habicht, war Kothen ein guter Organisator, Redner und Propagandist, „der unter schwierigen Verhältnissen bewiesen hat, daß er etwas kann."[345]

Hans Kothen wurde am 1. Dezember 1894 in Neuss am Rhein geboren. Er besuchte die Volksschule und das Gymnasium. Danach studierte er Psychologie und soll Ende der zwanzi-

[343] Der Freiheitskampf, 25. 6. 1934, S. 2.
[344] BDC-Personalakte Hans vom Kothen, Schreiben von Theo Habicht an den Untersuchungs- und Schlichtungsausschuß der Reichsleitung der NSDAP, III. Kammer, datiert Berlin, 5. 12. 1933.
[345] Ebd.

ger Jahre in Wiesbaden als Therapeut mit eigener Praxis gearbeitet haben.[346] Seinen Worten zufolge trat er im November
1923 der Partei bei und bezeichnete sich als „Alten Kämpfer",
als „Mann der ersten Stunde", der im Verlauf des Hitler-Put-
sches in München die SA chauffiert habe. Sein tatsächlicher
Parteieintritt erfolgte im Dezember 1930 (Mitgliedsnummer
378.102).[347]

Wenige Monate später, im Juli 1931, wurde Kothen Kreisleiter des Kreises Unter-Taunus. Seine Versetzung als Gauinspekteur im November 1932 nach Kärnten war eines der taktischen
Manöver Habichts, mit dem Ziel, die österreichische NSDAP
straffer an die deutsche zu binden, separatistische Tendenzen zu
unterdrücken und die Unterminierung des Parteiapparates durch
loyale „Reichsdeutsche" voranzutreiben, um auf diese Weise
den „Anschluß" zu forcieren. In dieser Hinsicht entsprach
Kothen der politischen Linie Habichts, der ihn als jenen „selbstlosen Aktivisten" bezeichnete, unter dessen Führung sich Kärnten zum „revolutionärsten Gau" Österreichs geformt hätte, welcher der Regierung „die schwersten Sorgen" bereite. Als einer
der ersten deutschen Parteifunktionäre wurde dann auch Kothen
im Mai 1933 des Landes verwiesen.[348]

Zunächst war er in der NSDAP Kärnten nicht auf Ablehnung
gestoßen. Ihm wurde Respekt entgegengebracht; die Autorität,
die er ausstrahlte, gründete in seinem Organisationstalent. „Mit
ihm nahm die Bewegung einen Aufschwung", lautete die einhel-
lige Meinung von Parteifunktionären.[349] Ottokar Drumbl konze-
dierte: „Kothens Versammlungen waren glänzend organisiert,
und er war ein ausgezeichneter Redner."[350] Kothens Sympathi-
santen fanden sich vor allem in der Parteibasis, die einen Protest-
sturm inszenierte, als ihm im Mai 1933 der Aufenthalt in Österreich untersagt und er zur „persona non grata" erklärt worden

---

[346] Ebd.; siehe ferner HÖFFKES, Hitlers politische Generale, S. 190. In den BDC-
Personalakten konnte ein Studienabschluß nicht eruiert werden.

[347] Ebd., BDC-Personalakte, Schreiben der Kreisleitung der NSDAP Wiesbaden,
Hauptabteilung: Personalamt an Adjutantur des Gauleiters, Gau Hessen-Nassau
der NSDAP, Wiesbaden, datiert 17. 1. 1934.

[348] Ebd., BDC-Personalakte, Habicht an Untersuchungs- und Schlichtungsausschuß
der Reichsleitung der NSDAP, Berlin, datiert 5. 12. 1933.

[349] Ebd., BDC-Personalakte. So exemplarisch die Zeugenaussagen von Ottokar
Drumbl und Matthias Zmölnig vor dem Gaugericht München-Oberbayern der
NSDAP, datiert 24. 5. 1935.

[350] Ebd.

war. Mehr als 65 Schreiben von NSDAP-Ortsgruppen und Privatpersonen, in welchen mit aller Schärfe gegen die Ausweisung Front bezogen wurde, erreichten die Landesregierung. Die „Villacher Zeitung" schrieb dazu: „Man kann nicht verstehen, daß jeder Ostjude, Tscheche und Slowene in Österreich seine deutschfeindliche Tätigkeit ungehemmt entfalten kann, während ein deutscher Volksgenosse, der seine ganze Lebensarbeit in den Dienst seines Volkes stellt, aus dem deutschen Kärnten und dem deutschen Österreich kurzerhand ausgewiesen wird."[351]

Unter Kothens Regie entstand eine weitverzweigte Parteiorganisation, mit deren Hilfe die NSDAP Kärnten ihre politische Isolation, in der sie sich in den zwanziger Jahren befunden hatte, überwand. In der die Partei kennzeichnenden Phase der Massenmobilisierung versuchte Kothen, ihren Resonanzboden zu verbreitern. Das gelang ihm in der Bildung der Kampfgemeinschaft mit dem Deutschösterreichischen Heimatschutz.[352] Seine Strategie lief auch darauf hinaus, das deutschnationale Lager zu vereinnahmen. Er trat mit dem Landbündler Schumy in Kontakt, der ihm Garant für eine nationale Einheitsfront mit dem Heimatschutz, der Großdeutschen Volkspartei und dem Landbund zu sein schien. Kothen bemühte sich, neben Schumy auch andere Protagonisten des Landbundes wie Landeshauptmann Ferdinand Kernmaier und Anton Supersperg für die NSDAP zu gewinnen,[353] und mit ihnen natürlich den Kärntner Landbund, welcher „berufen gewesen wäre, die Landbundfront in ganz Österreich aufzurollen, um so den ganzen Landbund dem Nationalsozialismus anzugliedern."[354] Seine Intention war zudem, mit Hilfe

---

[351] Villacher Zeitung, 17 .5. 1933, S. 3; ÖStA-AdR, BKA-Inneres, 22/Ktn., Kt. 5052, Zl. 181.983/33; KLA, Präsidial, Fasz. 946, Zl. 4291/33; Der Vormarsch, 19. 5. 1933, S. 1.

[352] Der Vormarsch, 28. 4. 1933, S. 1.

[353] Das gelang schließlich Gauleiter Hubert Klausner. „Mit Handschlag" nahm Klausner im April 1934 Ferdinand Kernmaier in die Partei auf. Ihm fiel die Leitung und die Organisation der NS-Bauernschaft zu. (ELSTE/HÄNISCH, Weg, S. 306; BA-KO, R 16/I, 191) Der Präsident der Landwirtschaftskammer Anton Supersperg verstand sich als „Spiritus rector" des Nationalsozialismus. Einem Flugblatt der NS-Bauernschaft zufolge war er „gesinnungsmäßig bereits Nationalsozialist". Unter seiner Präsidentschaft entwickelte sich die Landwirtschaftskammer zu einer Clearingstelle des Agrarpolitischen Apparates der NSDAP, in der die Verbindungsfäden zu den Bauernführern im Gau Kärnten zusammenliefen. Ungehindert wurde Organisationsarbeit neben fachlicher und sachlicher Arbeit betrieben. (Ebd., ELSTE/HÄNISCH, S. 385 f.).

[354] BENEDIKT, Ursula (1966): Vinzenz Schumy 1878-1962. Eine politische Bio-

Schumys die Landtagsabgeordneten und den Landeshauptmann zum Rücktritt zu bewegen, um Neuwahlen zu erzwingen. In dem sich daraus ergebenden Chaos sah Kothen eine Möglichkeit, die „Wiener Regierung zu torpedieren".[355]

Kothens eigenmächtiges Vorgehen – lediglich Klausner war von seinen Schritten unterrichtet – in der Causa Landbund führte zum Bruch mit den Führern der mittleren und unteren Parteiebene. Ottokar Drumbl brachte es auf den Punkt: „Eine Störung in dem Verhältnis zwischen […] Kothen und den Kärntner Parteigenossen trat in dem Augenblick ein, als er mit […] Schumy zu verhandeln begann. So viel ich weiß, bestand damals die Absicht, diesen Herrn Schumy in die Partei aufzunehmen."[356] Nach Ansicht Drumbls war für die Kärntner NSDAP Schumy „untragbar". „Wir sahen in ihm die Verkörperung der Korruption."[357]

Dazu kam, daß mit dem Landesverweis das Führungsproblem virulent wurde. Formell konzentrierte Kothen die Leitung der Partei in seiner Hand, faktisch lief es aber auf eine Dezentralisierung der Führung hinaus. Kärntens Gauinspekteur, der de jure den Rang eines stellvertretenden Gauleiters innehatte, sich aber protzig als Gauleiter von Kärnten und Osttirol bezeichnete,[358] mußte dieser Entwicklung entgegensteuern. Als Gauinspekteur war er mit umfassenden Vollmachten ausgestattet. Er war Vorgesetzter aller Funktionäre der Parteiorganisation, einschließlich des Gauleiters, und ferner für eine einheitliche Politik in seinem Gebiet verantwortlich.

Zwischen dem 17. und 19. Juli 1933 beorderte er die Führungsspitze in das italienische Tarvis, seinem Exil. Vordergründig standen die Liquidierung des NS-Pressvereines und des NS-Blattes „Der Vormarsch" auf der Tagesordnung.[359] In Wirk-

---

graphie, phil. Diss., Wien, S. 177; ÖStA-AdR, NPA, Kt. 245, Mappe Liasse Österreich 2/21, Zl. 41.458-13/36, Kothen an Schumy, Klagenfurt, datiert 25. 4. 1933 u. Schumy an Kothen, datiert 5. 5. 1933.

[355] Ebd., BENEDIKT u. NPA, Kothen an Schumy.

[356] BDC-Personalakte, Aussage Ottokar Drumbls vor dem Gaugericht München-Oberbayern der NSDAP, München, datiert 24. 5. 1935.

[357] Ebd.. Ferner führte Drumbl aus: „Es war keinem Kärntner verständlich, wie man überhaupt mit einem Manne wie Schumy, der während des Krieges an sämtlichen Korruptionsaffären, die uns in Kärnten bekannt wurden, beteiligt war, sich an einen Tisch setzen und verhandeln konnte."

[358] Der Freiheitskampf, 25. 6. 1934, S. 1.

[359] ÖStA-AdR, BKA-Inneres, 22/Ktn., Kt. 5052, Zl. 189.056/33.

lichkeit zielte die Führerzusammenkunft auf ein organisatorisches Revirement hin, mit dem er nichts anderes im Schilde führte, als seine Stellung und seine Marschrichtung in Kärnten durch verläßliche Befehlsempfänger abzusichern. Die ganze Tragweite der Unterredungen wird durch die einzelnen Standpunkte der Parteiexponenten offenkundig, die sich allesamt als die designierten „Platzhalter" Hitlers in Kärnten sahen: Czeitschner vertrat das Konzept eines österreichischen Neuaufbaus der Partei unter ausdrücklicher Ablehnung der deutschen Führung und artikulierte die Bildung einer „Nationalen Volksfront".[360]

Globocnik verfolgte eine andere Strategie: Er wollte einen lästigen Rivalen in der Parteiführung loswerden und argumentierte gegenüber Kothen, daß seine Anwesenheit in Tarvis „sinn- und zwecklos" sei. Außerdem gefährde in diesem Stadium die Errichtung eines Agitationszentrums in der norditalienischen Stadt die Parteiarbeit. Ab diesem Zeitpunkt widersprach er Kothen; nur wenige Monate danach sollte er dessen Idee von Agitationsbasen entlang der Kärntner Grenze selbst aufgreifen. SS-Führer Otto Schatzmayr unterstützte die Argumente Globocniks. Die Distanz der SS zur politischen Führung wurde in den Worten Schatzmayrs und Globocniks deutlich. Hans Scheriau, Kreisleiter von St. Veit, befürwortete die Position Czeitschners und forderte ein Einvernehmen mit der Regierung.[361]

Was Kothen letztlich mit der Tarviser Führerzusammenkunft bezweckt hatte, erreichte er nicht. In einer entscheidenden Frage wurde hier die Weichenstellung für die künftige Strategie vorbereitet, ohne daß Kothen die treibende Kraft gewesen wäre: Diese wurde von der Landesleitung in München vorgegeben, die zu einem mit allen Mitteln und mit einem „mit rücksichtslosester Härte zu führenden Kampf" zum Sturz der Regierung Dollfuß und zur „Befreiung" Österreichs aufrief.[362] Ein Terrorkonzept, das in Tarvis seine Befürworter fand. So hieß der Feldkirchner Ortsgruppenleiter Dr. Norbert Domenig Bombenattentate und andere Terroraktionen ohne

---

[360] Ebd.
[361] Ebd.
[362] JAGSCHITZ, Der Putsch, S. 34 u. HARTLIEB, Wladimir von (1939): Parole: Das Reich. Eine historische Darstellung der politischen Entwicklung in Österreich von März 1933 bis März 1938, Wien/Leipzig, S. 61.

Einschränkung gut und wollte „lieber heute als morgen mit dem schärfsten Terror loslegen."[363]

Die Tarviser Unterredungen sind Gradmesser dafür, daß es Kothen in Kärnten nicht leicht gemacht wurde, Personalentscheidungen und Fragen der Strategie nach seinem Geschmack zu fällen. Sein Einfluß war aber weiter spürbar. Auf sein Betreiben hin wurde Czeitschner von der Landesleitung fallengelassen; vordergründig wurde argumentiert, daß er zu „weich" sei.[364]

Obwohl Kothen als „exzellenter" Organisator und Propagandist Schrittmacherdienste für die NSDAP Kärnten leistete, läßt sich mittels der zahlreichen Quellen auch ein anderes Persönlichkeitsprofil entwerfen: Ein ihm gewogenes Urteil fällte Habicht, der Kothen lediglich einige menschliche Schwächen bescheinigte, die er als „Großsprecherei" und „starkes Geltungsbedürfnis" umschrieb.[365] Weniger makellos fiel das Urteil des Personalamtes der Kreisleitung Wiesbaden aus: Kothen wurde als „Kurpfuscher"[366] bezeichnet. Er mache dubiose Geschäfte, indem er „ältere Damen" um ihre Barschaft „erleichtere"; er trage Feldehrenzeichen zu Unrecht und schüre von Kärnten aus in „seinem" ehemaligen Kreis Unruhe, mit dem Zweck, seine Bestellung zum Landrat durchzusetzen. Auch sei er wegen Körperverletzung, Nötigung, Bedrohung, Steuerhinterziehung und unerlaubtem Waffenbesitz zu Geldstrafen verurteilt worden.[367] Davon abgesehen eile Kothen der Ruf des Hochstaplers voraus; er führe zu Unrecht das Adelsprädikat.[368]

Zwar wurde ob der angeführten Vorwürfe ein vom Gaugericht in München angestrengtes Voruntersuchungsverfahren zum Zwecke des Parteiausschlusses eingestellt,[369] Kothen konnte

---

[363] BA-KO, NL 184 Hans Steinacher, Nr. 43, Bezirksleitung Feldkirchen der NSDAP an Landesleitung Österreich, datiert 21. 7. 1933.

[364] ELSTE/HÄNISCH, Weg, S. 299.

[365] BDC-Personalakte Hans vom Kothen, Habicht an Untersuchungs- und Schlichtungsausschuß der Reichsleitung der NSDAP, Berlin, datiert 5. 12. 1933.

[366] Das heißt, er hatte sich als Arzt ausgegeben.

[367] Ebd., BDC-Personalakte, Kreisleitung der NSDAP Wiesbaden, Hauptabteilung: Personalamt an Adjutantur des Gauleiters, Gau Hessen-Nassau der NSDAP, Wiesbaden, datiert 17. 1. 1934.

[368] Ebd., BDC-Personalakte, Gaugericht München-Oberbayern, I. Kammer, Beschluß mit Begründung, datiert 13. 8. 1935, S. 21. Die gepflogene Schreibweise „vom" Kothen führte das Gaugericht München auf einen Schreibfehler eines Standesbeamten zurück.

[369] Ebd.

sich aber nicht mehr vom Image des Betrügers befreien. 1939 bestätigte das Oberste Parteigericht der NSDAP seinen obskuren Charakter. Er wurde unter dem Vorwurf des Verstoßes gegen das „Arbeitsethos" und die „guten Sitten" aus der Partei ausgeschlossen und war kurzfristig in Haft. Seinen Einspruch gegen den Parteiausschluß wies das Oberste Parteigericht im Januar 1940 zurück.[370]

Zweifelsfrei zählte Kothen zu jener Garde von Nationalsozialisten, die von der NS-Führung da von Nutzen waren, wo Demagogie und Weltanschauung nicht zu überzeugen vermochten, und das Instrument des Terrors seiner Bedienung bedurfte. Dafür spricht, daß Kothen und sein Protegé Habicht von der politischen Bildfläche verschwanden, als Hitler nach dem Juli-Putsch 1934 seine Taktik gegenüber Österreich änderte.[371]

---

[370] HÖFFKES, Hitlers politische Generale, S. 190.
[371] Kothen war in der geplanten NS-Regierung Rintelen/Habicht als Staatssekretär vorgesehen. (Kärntner Tagblatt, 3. 8. 1934, S. 2).

FRANZ KUTSCHERA

„In all der Fülle des Geschehens muß jeder einzelne versuchen, seine Pflicht zu tun. Es ist für uns alle etwas Schönes und Großes, daß man uns nicht einfach geholt hat, sondern daß wir Gelegenheit haben, dieses Land selbst dem Führer zu bringen.“[372]

Wiederholt sollte Kutschera im Blickpunkt der NSDAP Kärnten stehen, und trotzdem sollte er „nur" ihre „zweite Garnitur" repräsentieren.[373] Zwar war er einer jener Aktivisten, denen „grenzenlose [...] Einsatzbereitschaft"[374] bescheinigt wurde, dennoch blieb ihm der endgültige Durchbruch in der Partei versagt.

Herausragend trat der geborene Niederösterreicher zunächst 1938 in Erscheinung. Am 11. März meldete er aus Kärnten nach Wien, daß die „Machtübernahme dank der großartigen Organisation der illegalen Partei planmäßig und vollkommen reibungslos" abgewickelt worden sei.[375] Die Schlüsselfigur der „Machtergreifung" in Kärnten hatte seine Arbeit systematisch verrichtet, wurde aber bei der Verteilung der Macht übergangen.[376] Kutschera fiel kein Regierungsamt zu;[377] er wurde mit

---

[372] Der Heimatkreis, Heft 4, 1938, S. 2.

[373] WALZL, „Als erster Gau ...", S. 46.

[374] Kärntner Zeitung, 14. 4. 1944, S. 3.

[375] Der Heimatkreis, Heft 3, 1940, S. 4. Der Beigeschmack dieser Nachricht war, daß mit ihr ein für die Kärntner NSDAP typischer Mythos geschaffen wurde. Die Kärntner Parteiorganisation war die erste, die die Vollzugsmeldung der „Machtübernahme" zur Landesleitung nach Wien absetzte. (ELSTE/HÄNISCH, Weg, S. 401).

[376] Zur Rolle Kutscheras im Februar/März 1938 siehe ausführlich WALZL, „Als erster Gau ...", S. 46 ff. u. S. 55; ders., (1987): Die Juden in Kärnten und das Dritte Reich, Klagenfurt, S. 128 u. S. 139 ff.; weiters AMANN, Klaus (1992): Die Dichter und die Politik. Essays zur österreichischen Literatur nach 1918, Himberg, S. 145-149.

[377] Vgl. WALZL, „Als erster Gau ...", S. 46 f; AMANN, S. 145. Walzl schreibt, daß Kutschera die Aufnahme in die vom Leiter des Volkspolitischen Referates Josef

dem Posten des stellvertretenden Gauleiters abgefunden, während sein ehemaliger Stellvertreter, Wladimir von Pawlowski, zum Landeshauptmann avancierte.[378] Am 16. März bestätigte Bürckel Kutschera in dieser Funktion, obwohl ihn Opdenhoff in seinen Personalrevirements bei einer Aufteilung Österreichs in 6 bzw. 7 Gaue noch als Gauleiter im Auge hatte.[379] Nach dem Tode Klausners 1939 zeigte Kutschera erneut Aspirationen auf den Sessel des Gauleiters. Doch auch jetzt sollte es nur zu einer Verlängerung seiner Tätigkeit als geschäftsführender Gauleiter kommen.[380] Ein Zustand, der mit seiner Enthebung im November 1941 beendet wurde.[381]

Vielversprechender begann 1938 seine Karriere in der SS. Opdenhoff konstatierte, Kutschera könne „sofort hauptamtlich" in der SS verbleiben. Der Reichsführer-SS „legt großen Wert auf ihn".[382] Dieses Zeugnis war lediglich eine Bestätigung seiner „hervorragenden [...] Leistung"[383] in der Illegalität. Seit 30. Juli 1935 war Kutschera Führer der 38. SS-Standarte und auf diesem Posten ein „nationalsozialistischer Kämpfer in der Freiheit und in den Gefängnissen des Systems."[384] Bei gleichzeitiger Beförderung zum SS-Obersturmbannführer erfolgte jedoch formal am 16. März 1938 seine Beurlaubung von der SS.[385] Wenige Tage später berief ihn Bürckel zum Gau-Wahlleiter für das Gau-Gebiet Kärnten/Osttirol.[386]

Mit der Designierung zum stellvertretenden Gauleiter war festgelegt, wer – solange Klausner als Bürckels Stellvertreter in Wien war – bis zum „Ende der nationalsozialistischen Diktatur" der „Unterführer" im staatlichen und NSDAP-Bereich in Kärnten sein sollte.[387] Es zeichnete sich jedoch auch hier eine Einschränkung von Kutscheras Kompetenzen ab. Pawlowskis Zu-

---

Friedrich Perkonig im Auftrag Seyss-Inquarts erstellte Liste der Mitglieder der NS-Landesregierung verlangt hätte.

[378] Vgl. BOTZ, Die Eingliederung Österreichs, S. 95.

[379] BA-KO, Slg. Schumacher 304, Schreiben Opdenhoffs an Friedrichs, datiert 2. 4. 1938.

[380] Vgl. WALZL, „Als erster Gau ...", S. 157.

[381] BDC-Personalakte Franz Kutschera, SS-Stammdatenblatt.

[382] BA-KO, Slg. Schumacher 304, Opdenhoff an Friedrichs, datiert, 29. 4. 1938.

[383] Ebd., Notiz Friedrichs für Opdenhoff, datiert 9. 4. 1938.

[384] Kärntner Zeitung, 14. 2. 1944, S. 3.

[385] BDC-Personalakte, Fragebogen und Lebenslauf.

[386] Ebd.

[387] BOTZ, Die Eingliederung Österreichs, S. 98.

ständigkeit erstreckte sich vornehmlich auf den Bereich der allgemeinen Verwaltung, während Kutschera für den Sicherheitsapparat und die Parteiorganisation zuständig war.[388] Honoriert wurde seine Arbeit nicht, denn als am 1. April 1940 die Ernennung der „Reichsstatthalter" erfolgte, fiel Kutschera neuerlich durch den Raster.

Die Beherrschung der Terrormethoden prädestinierten Kutschera für die Rollkommandos der SS. Demzufolge trugen einige der gezielten Sprengstoffanschläge der Verbotszeit seine Handschrift.[389] Der, laut Sicherheitsdirektion, als „fanatische(r)" Parteigänger der NSDAP bekannte Gärtnergehilfe war in der Illegalität viermal in Haft und wurde zu insgesamt elfeinhalb Monaten Arrest verurteilt.[390] Kutschera blieb seine ganze Karriere vom einfachen SS-Mann[391] bis zum SS-Brigadeführer und Generalmajor der Polizei hindurch der skrupellose Landsknechttyp. Nach dem deutschen Überfall 1941 auf Jugoslawien kam dieser Charakterzug deutlich zum Vorschein. Als von Hitler eingesetzter Chef der Zivilverwaltung in den „besetzten ehemals österreichischen Gebieten Kärntens und der Krain"[392] und als Beauftragter des Reichskommissars für die Festigung deutschen Volkstums in den angeführten Gebieten[393] oblag es ihm, die eingegliederten Gebiete „so rasch wie möglich deutsch zu machen."[394] Die „Germanisierung" des Gebietes bedeutete: „Aussiedlung von Slowenen und Ansiedlung von Volksdeutschen sowie Eindeutschung von Slowenen im Lande selbst oder in Lagern in Deutschland."[395] Sofort nach der Besetzung erfolgte ihre rassische Musterung, und in drei Aussiedlungswellen setzte eine umfassende Vertreibung der

---

[388] WALZL, August (1989): Judenfrei - slowenenfrei? Die Kärntner Juden und der Anschluß, in: MALLE, Avguštin/SIMA, Valentin (Hg.), Der „Anschluß" und die Minderheiten in Österreich (= Dissertationen und Abhandlungen 19), Klagenfurt/Celovec, S. 133.

[389] Genannt ist hier exemplarisch sein Befehl zur Sprengung der Lieserbrücke im Juni 1934 bei Spittal an der Drau. (= Sammlung Alfred Elste, Protokoll der Befragung von Herrn Peter Köfler, datiert 19. 10. 1991).

[390] DÖW-Nr. 6.126; BDC-Personalakte, Fragebogen und Lebenslauf.

[391] Seine Aufnahme in die SS erfolgte am 1. November 1930; SS-Nummer 19.659. (BDC-Personalakte, R.u.S. Fragebogen).

[392] FERENC, Quellen, Dok. Nr. 16, S. 47.

[393] Ebd., S. 70 f., Anm. 2.

[394] Ebd., Dok. Nr. 323, S. 650.

[395] STUHLPFARRER, Karl (1972): Germanisierung in Kärnten, in: Neues Forum, 12/1972, S. 41.

Slowenen ein.[396] Als Handlanger der radikalen Umvolkungs-
pläne erfüllte er jedoch nicht die Erwartungen Berlins. Vor allem die Deportation der slowenischen Intelligenz nach Serbien
„brachte Rückschläge".[397] Als sich auch der von Kutschera ini-
tiierte „Kärntner Volksbund", welcher die „zurückgebliebenen
Slowenen erfassen sollte", als Schlag ins Wasser erwies, gab
es „infolge seiner verfehlten Volkstumspolitik" Kritik.[398]

Schon 1939 hatte Kutschera der Entnationalisierungspolitik
mit der Errichtung des Gaugrenzlandamtes in Klagenfurt, dessen
Leiter Alois Maier-Kaibitsch wurde, Vorschub geleistet.[399] Mit
dem deutsch-italienischen Abkommen über die Umsiedlung der
Südtiroler Bevölkerung im Oktober desselben Jahres bot das
Amt „eine gute Gelegenheit, diese Entnationalisierungspolitik
auszubauen".[400]

„Um Erfahrungen im Bandenkampf zu sammeln", wurde
Kutschera im Februar 1942 zum Stab des Höheren SS- und
Polizeiführers Rußland-Mitte versetzt.[401] In einem seiner Lebensläufe prahlte er damit, daß er dort nach seiner Ernennung
zum Generalmajor der Polizei „selbständig Großunternehmen"
durchgeführt habe und vergaß nicht zu erwähnen, daß er dafür
mit dem „Eisernen Kreuz I. Klasse" ausgezeichnet worden
war.[402] Im September 1943 übernahm er die Funktion des SS-
und Polizeiführers in Warschau. Kutschera, mittlerweile zum
SS-Brigadeführer aufgestiegen, sollte sich auch in der Distrikts-
hauptstadt des Generalgouvernements an der „Administration
der völkischen Flurbereinigung"[403] maßgeblich beteiligen. Dort
kannte der Terror der deutschen Behörden folgende schreckliche
Facetten: Verhaftungen, Mord in den Straßen, öffentliche und
geheime Erschießungen, Deportationen in Konzentrationslager
und wahllose Festnahmen von Personen, die „ins Reich zur

---

[396] FERENC, Quellen, Dok. Nr. 152, S. 306 f.
[397] Ebd.
[398] Ebd.
[399] WALZL, Juden, S. 181 f.
[400] HAAS/STUHLPFARRER, Österreich und seine Slowenen, S. 83; ebd. WALZL,
S. 182 ff.
[401] BDC-Personalakte, Lebenslauf.
[402] Ebd.
[403] WASSER, Bruno (1993): Raumplanung im Osten. Der Generalplan Ost in Polen
1940-1944 (= Band 15 der Reihe Stadt/Planung/Geschichte), Basel/Berlin/Bo-
ston, S. 72.

Zwangsarbeit verschleppt" wurden.[404] In Warschau fand seine unrühmliche Laufbahn am 1. Februar 1944 ein ebenso unrühmliches Ende: Kutschera wurde vom polnischen Widerstand erschossen. Als Vergeltung für das Attentat liquidierten SS-Einheiten einen Tag später 300 Geiseln.[405]

Betrachten wir Kutscheras Sozialstatus und soziale Mobilität, so müssen wir festhalten, daß er im intergenerationalen Vergleich dem immobilen Typus entspricht. Vater und Sohn Kutschera gehörten als Gärtnerei-Angestellte zum unteren Mittelstand. Kutschera zählte sicherlich zu jenen der Parteimitgliedern, die ein klassenbestimmtes Berufsschicksal erlitten. Verzweifelt versuchte er, beruflich aufzusteigen. Seine Ambitionen für den Lehr- oder Beamtenberuf scheiterten einerseits an der mangelnden schulischen Ausbildung, andererseits an der materiellen Not seiner Eltern.[406] Erst in der Partei sollte er seine berufliche Ersatzbefriedigung finden.

Zur Welt kam Franz Kutschera am 22. Februar 1904 in Oberwaltersdorf im Bezirk Baden bei Wien.

Oft wechselnde Wohnorte formten eine ruhelose Persönlichkeit. Er selbst nennt uns dafür plausible Gründe, wenn er schreibt, daß er durch den unsteten Aufenthalt der Eltern 13 verschiedene Schulen besuchen mußte.[407] Parallelen finden wir auch in seinem Weg zum politischen Soldaten. Zunächst bestätigt sich ganz deutlich das Diktum der „politischen Jugendgeneration".[408] Dementsprechend begann seine politische Laufbahn als völkischer Aktivist in der Jugendbewegung, der Deutschen Gemeinschaft für alkoholfreie Kultur, in der Wandervogel-Bewegung, im Deutschen Turnverein (1919) und im

---

[404] JÄCKEL, Eberhard/LONGERICH, Peter/SCHOPS, Julius H. (Hg.) (1993): Enzyklopädie des Holocaust. Die Verfolgung und Ermordung der europäischen Juden, Bd. III, München/Zürich, S. 1523.

[405] Vgl. RÖHR, Werner (Hg.) (1989): Die faschistische Okkupationspolitik in Polen 1939-1945 (= Nacht über Europa. Die Okkupationspolitik des deutschen Faschismus 1938-1945, Bd. II), Berlin 1989, S. 338; BDC-Personalakte, Gesamtdienstbescheinigung.

[406] BDC-Personalakte, Lebenslauf.

[407] Ebd.

[408] MERKL, Peter H. (1971): Die alten Kämpfer der NSDAP, in: Sozialwissenschaftliches Jahrbuch für Politik 2, S. 503; ders., (1980): Zur quantitativen Analyse von Lebensläufen „Alter Kämpfer", in: MANN, Reinhard (Hg.), Die Nationalsozialisten. Analysen faschistischer Bewegungen (= Historisch-Sozialwissenschaftliche Forschungen, Bd. 9), Stuttgart, S. 71.

Deutsch-Österreichischen Alpenverein. Als Wurzel seiner
vereinsmäßigen Organisation bezeichnete er die „Naturschwär-
merei". Seinen „wahren Lebensinhalt" bildeten die Kärntner und
Südtiroler Berge.[409]

Im Dezember 1930 trat Kutschera der NSDAP bei. Im dar-
auffolgenden Jahr wurde er im November in die SS eingeschrie-
ben.[410] Sein Beitrittsmotiv in die Partei Hitlers und in die SS begründete er mit den Worten: „Mein Leben bekam einen neuen
Inhalt und seinen tiefsten Sinn im Kampf um unsere Weltanschauung und im Kampf um die Freiheit und Deutschheit (sic!)
unserer Heimat."[411] Während er in der Schutzstaffel Stufe um
Stufe emporkletterte (1931: SS-Anwärter, 1932: SS-Mann, SS-
Scharführer, 1933: SS-Truppführer, SS-Sturmführer, 1935: SS-
Sturmbann- und Standartenführer), machte er in der Politischen
Organisation erst 1938 Karriere. Den angestrebten Gauleiterposten erreichte er nicht. Indes mögen andere „Auszeichnungen"
dieses Manko wettgemacht haben. „Es war sicherlich kein Zufall", schrieb Walzl, „sondern als bewußte Auszeichnung für
Klausner, Rainer, Globocnik und Kutschera gedacht, daß die
Vereidigung der sieben österreichischen Gauleiter am 24. Juli
(1938) im Großen Wappensaal des Klagenfurter Landhauses
stattfand", und daß dabei auch des Juli-Putsches gedacht wurde.[412]

Hinzu kam das „Goldene Parteiabzeichen", die Anerkennung
als „Alter Kämpfer" und seine Entsendung in den deutschen
Reichstag.[413]

---

[409] BDC-Personalakte, Lebenslauf.
[410] Ebd.; NSDAP-Mitgliedsnummer 363.051.
[411] Ebd.
[412] WALZL, „Als erster Gau …", S. 93.
[413] BDC-Personalakte, Personalangaben.

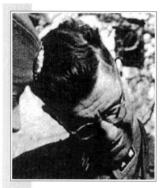

ERNST LERCH

„Ich möchte nochmals klarstellen und wiederholen, daß ich während meines gesamten Aufenthaltes in Polen weder ausdrücklich noch gerüchteweise von Aussiedlungen der Polen gehörte habe, die dazu geführt haben sollen, daß Polen in irgendein Konzentrationslager gebracht werden sollten."[414]

Im Jahr 1978 schrieb das „Extrablatt" zur Causa Lerch: „Der Fall Lerch ist für in- und ausländische Experten nur der Höhepunkt einer österreichischen Auffassung von Gerichtsbarkeit über Naziverbrechen, die den Satz ‚im Zweifel für den Angeklagten' zum makabren Zynismus verkommen läßt."[415]

Im Mai 1972 begann der Prozeß gegen Ernst Lerch. Es war nicht das erste Mal, daß gegen ihn aus politischen Gründen prozessiert wurde. Im März 1950 verurteilte ihn das Landesgericht Klagenfurt wegen des Verbrechens des Hochverrates nach §§ 10, 11 Verbotsgesetz zur Strafe des schweren Kerkers mit einer Dauer von 2 Jahren. Begründet wurde das Urteil damit, daß Lerch sich in der Verbotszeit für die nationalsozialistische Bewegung betätigt und der SS im Rang eines Sturmbannführers angehört habe. Diese Verurteilung sah das Landesgericht Klagenfurt mit Beschluß vom 5. Februar 1957 als getilgt an. Die Strafe war bereits durch die „erlittene Vorhaft" verbüßt.[416] Zwischen 1950 und 1970 wurde Lerch zudem dreimal – soweit nachzeichenbar – als Zeuge einvernommen.[417] Befragt über seine Tätigkeit im okkupierten

---

[414] StA-Klgf., Tagebuch des Staatsanwaltes, 2 St 114/72, Zeugenvernehmung Ernst Lerch, Klagenfurt, datiert 30. 6. 1970.

[415] Extrablatt, Nr. 9/1978, S. 8.

[416] LG-Klgf., 20 Vr 49/50 u. Zl. 25 Vr 3123/71, Bd. LXVIII, hier: 15 St 2.692/62, Anklageschrift, Wien, datiert 17. 11. 1971.

[417] StA-Klgf., Tagebuch des Staatsanwaltes 2 St 114/72. Und zwar am 21. 2. 1964, 14. 10. 1969 u. 30. 6. 1970.

Polen, spiegelten die Antworten eines: mangelndes Erinne-
rungsvermögen.[418]

Der Prozeß Anfang der siebziger Jahre unterschied sich gegenüber jenem von 1950 allein in den Anklagepunkten. Einer
lautete auf Beteiligung am Mord an tausend Juden aus dem
Restghetto von Majden-Tatarski im Wald von Krepjec am 6. November 1942.[419] Lerch bekannte sich „in keinem Anklagepunkt
für schuldig".[420] Er wurde freigesprochen.

Lerch hatte bereits vor Prozeßbeginn einen persönlichen Erfolg errungen. Auf Antrag seines Verteidigers war der Prozeßort
von Wien nach Klagenfurt verlegt worden. Dort trafen jene Be-
fürchtungen zu, die Hermann Langbein, Sekretär des „Comité
International des Camps", schon vor Prozeßbeginn geäußert hatte: „Wichtige deutsche Zeugen waren erst gar nicht nach
Klagenfurt gekommen, und die wenigen anwesenden Zeugen,
durchwegs ehemalige SS- und Wehrmachtsangehörige, […] wi-
dersprachen sich und gaben Gelegenheit, die Verhandlung schon
nach drei Tagen auf unbestimmte Zeit zu vertagen."[421]

Ohne Information der Öffentlichkeit wurde das Verfahren gegen den bis zum Adjutanten des Massenmörders von Lublin
Odilo Globocnik aufgestiegenen Lerch im Mai 1976 eingestellt.[422] Lediglich die „Kärntner Tageszeitung" berichtete, daß
nach Jahren der Prozesse und Verdächtigungen der ehemalige
Klagenfurter Cafetier Ernst Lerch voll rehabilitiert ist. Die Zeitung wußte auch den Grund: Außer dem Hauptbelastungszeu-
gen, der seine Aussage zurückgezogen hatte, gab es nur Entlastungszeugen.[423]

Geboren wurde Lerch am 19. November 1914 in Klagenfurt.
In der Kärntner Landeshauptstadt absolvierte er die Pflichtschulen und besuchte zwei Jahrgänge einer Hotelfachschule.[424] Dreh-
und Angelpunkt seines beruflichen Lebens war das Gastgewer-

---

[418] Ebd., Zeugenvernehmung, Klagenfurt, datiert 21. 2. 1964.
[419] LG-Klgf., 25 Vr 3123/71, Bd. LXVIII, hier: 15 St 2.692/62, Wien, datiert 17. 11.
1971.
[420] Kleine Zeitung, 16. 5. 1972, S. 10 f.
[421] Zit. n. Extrablatt, Nr. 9/1978, S. 14.
[422] Ebd..
[423] Kärntner Tageszeitung, 2. 7. 1976, S. 4. Für diesen Hinweis danke ich Herrn
Mag. Michael Koschat.
[424] BDC-Personalakte Ernst Lerch, Lebenslauf. Nach seinen eigenen Aussagen besuchte er die Hotelfachschule in Villach. (Protokoll der Befragung von Ernst
Lerch, Klagenfurt, datiert 24. 11. 1989).

be. Nach Aufenthalten in Ungarn und der Schweiz versuchte er sich als Kellner in Frankreich. Während seiner Tätigkeit im Versailler Hotel Royal erhielt er über Vermittlung eines Bekannten Kontakte zum „Deutschen Klub".[425] Eigenen Angaben zufolge wurde er „von der Straße weg" für die Auslandsorganisation der NSDAP angeworben. In der Pariser Ortsgruppe „gefiel es ihm gut"; vor allem die politischen Diskussionen beeindruckten ihn.[426] Während eines Heimaturlaubes in Klagenfurt kam er mit der illegalen SS in Kontakt und wurde im März 1934 aufgenommen.[427] Nach abermaligem Aufenthalt in Paris und Deutschland („freiwilliger Reichsarbeitsdienst" in Bremervörde) kehrte Lerch Ende 1934 endgültig nach Kärnten zurück, um – wie er notierte – seine Staatsbürgerschaft nicht zu verlieren.[428]

Seine zweite Karriere begann für den damals 22jährigen mit einem Senkrechtstart. Im Februar 1935 stand er an der Spitze des knapp 80 Mann starken Kärntner Sicherheitsdienstes, und er bedankte sich durch beflissenen Einsatz. Unter seiner Leitung entfaltete der Kärntner SD erste Tätigkeiten in den eigenen Reihen.

Von seinem ausgedehnten Informantennetz, das er systematisch aufzog, profitierte die Kärntner Gruppe, also Klausner, Rainer, Globocnik. Lerchs SD-Spitzel saßen an oder unmittelbar neben den Kommando- und Nahtstellen von einiger Bedeutung im Staat, in der Wirtschaft und in der Gesellschaft. Ihm wurden Nachrichten aus dem Bundeskanzleramt zugespielt. Als Mitglied der Vaterländischen Front getarnt, verschaffte sich Lerch Zutritt zu den Bischöfen Adam Hefter und Alois Hudal, die unwissentlich in sein Informantennetz eingebunden wurden.[429]

Unter dem Decknamen „Familie Kohlmaier" (Lerch trug das Pseudonym „Luise", Globocnik wiederum nannte sich u. a. „Herr König") operierte der von Lerch geführte Kärntner SD-Unterabschnitt. Den organischen Aufbau des SD-Netzes – Installierung von Außenstellen in jedem Bezirkszentrum – vollendete er in enger Kooperation mit dem SD-Oberabschnitt München. Dadurch erweiterte sich auch der Aktionsradius. Dem

[425] Extrablatt, Nr. 9/1978, S. 8; Protokoll der Befragung.
[426] Ebd., Protokoll der Befragung.
[427] Ebd.; BDC-Personalakte, Politischer Lebenslauf.
[428] Ebd., Protokoll der Befragung.
[429] Protokoll der Befragung; ELSTE/HÄNISCH, Weg, S. 331 ff. Seine VF-Mitgliedschaft ist in der betreffenden NS-Gauakte des ÖStA-AdR, BMfI, dokumentiert.

Kärntner SD oblag auch die nachrichtendienstliche Observierung der Nachbarstaaten. Beispielsweise wurden in Marburg und Budapest Stützpunkte aufgezogen, deren Funktionieren Globocnik kontrollierte.[430]

Unter der Tarnkappe des Deutsch-Österreichischen Alpenvereins organisierte Lerch SD-eigene Ausbildungsstätten auf der Gerlitze und auf dem Gmeineck bei Spittal an der Drau. Auf dem Gmeineck erfolgte im November 1936 seine Beförderung zum SS-Untersturmführer durch Kutschera und ein Jahr später sein Aufrücken zum SS-Obersturmführer in Anwesenheit des SD-Leiters Österreich Ernst Kaltenbrunner.[431]

Mit diesem Informantenapparat im Rücken „bewährte" sich Lerch „in der Kampfzeit der Ostmark". „Lerch [...] führte den gesamten Abschnitt des SD in Kärnten, zusätzlich der Sicherungen an den Grenzen gegen den Süden. Diese Arbeitsleistung war mit eine Grundlage für den gesamten Einsatz der SS."[432] Dementsprechend folgte am 12. März 1938 seine Beförderung zum SS-Hauptsturmführer und die Übernahme der Führung im SD-Abschnitt Klagenfurt. Auch wurde er „hauptamtlich" in die Machenschaften des SD eingebunden und zu deren „Vertiefung" in die SD-Schule nach Bernau geschickt.[433]

Im August 1938 verehelichte sich Lerch mit Gertrude Fercher, die, wie er angab, „noch keine Parteigenossin" war. Die Trauzeugen des Paares sollten Lerch noch lange begleiten: Seine Freunde Helmut Ortwin Pohl,[434] Lerchs Mitangeklagter im Klagenfurter Prozeß, und Odilo Globocnik, damals Gauleiter von Wien.[435]

Nach Wehrmachtseinsätzen nahm Lerch im Februar 1940 wieder seine „politische Tätigkeit" auf. Dem SD-Kärnten zuge-

---

[430] Ebd., Protokoll; ebd., ELSTE/HÄNISCH, S. 431; BDC-Personalakte, Politischer Lebenslauf.
[431] Ebd., Protokoll; BDC-Personalakte, Eidesstattliche Erklärung, Klagenfurt, datiert 29. 6. 1938.
[432] Gemeint war der SD-Einsatz vor und während der „Machtergreifung". (BDC-Personalakte, Globocnik an Schmitt, Lublin, datiert 2. 2. 1942).
[433] BDC-Personalakte, Politischer Lebenslauf.
[434] Der geborene Klagenfurter Pohl fand ebenfalls in der „Aktion Reinhardt" seine „Verwendung" als Sachbearbeiter und Stellvertreter des Leiters im Referat für Judenangelegenheiten. Er „wirkte" am Bahnhof Lublin maßgebend an Selektionen „mit". (LG-Klgf., 25 Vr 3123/71, Bd. LXVIII, hier: 15 St 2.696/62, Wien, datiert 17. 11. 1971.
[435] BDC-Personalakte, Fragebogen und Lebenslauf; Extrablatt, Nr. 9/1978, S. 10.

teilt, bearbeitete er im Gaugrenzlandamt in Klagenfurt als Leiter der Abteilung „Fremdenverkehr" die „Umsiedlungsfragen des Fremdenverkehrs" im Rahmen der „Heim ins Reich"-Bewegung der Südtiroler und Kanaltaler Bevölkerung. Lerch bezeichnete seinen „Auftrag" vereinfachend als „Umsiedlung der Hotel- und Gaststättenbetriebe aus Südtirol und dem Kanaltal".[436]

Auf Antrag Globocniks wurde Lerch im Juli 1940 nach Lublin abkommandiert. Dort fungierte er zunächst als Adjutant des SS- und Polizeiführers Lublin Globocnik. Dann war er „Judenreferent" und Verbindungsoffizier zur Wehrmacht. 1942 wurde Lerch Stabschef der Lubliner SS. Ein Jahr später übernahm er eine Zeitlang die Agenden eines „Reichskommissars für die Festigung des deutschen Volkstums" im Distrikt Lublin.[437]

Mit den im Zuge der „Aktion Reinhardt"[438] durchgeführten Massenmorden in seinem Zuständigkeitsbereich will Lerch allerdings – wie er in dem gegen ihn geführten Nachkriegsprozeß vermittelte – nichts zu tun gehabt haben. Dokumente und Zeugen sprechen allerdings dagegen:

– In einem Vermerk des Assessors Ramm im Amt des Distrikts Lublin vom 17. 8. 1940 ist die Rede von teils erfolgter und teils beabsichtigter Erfassung sowie dem Abtransport von Juden zum Grenzgrabenbau (am Fluß Bug), Straßenbau und anderen Arbeiten, wobei Lerch die Leitung der Einsätze übertragen wurde. Am 19. 8. 1940 schreibt Lerch namens des SS- und Polizeiführers Lublin an Ramm mit Bezug auf die „Judenfrage", daß zuletzt 7.296 Juden „eingefangen" worden seien, wovon jedoch „nur" 5.700 als „arbeitsfähig" anzusehen seien.[439]

– Am 15. 5. 1941 erläuterte Globocnik dem Chef des Stabes im Amt des Distriktchefs Lublin mit Bezug auf die Zuständigkeit in „Judenangelegenheiten" und anderem schriftlich: „Sollten Sie jedoch irgendwelche Fragen grundsätzlicher und politi-

---

[436] BDC-Personalakte, Politischer Lebenslauf; AMNZ, proces Alois Maier-Kaibitsch, fol. 226.

[437] LG-Klgf., 25 Vr 3123/71, Bd. LXVIII, hier: 15 St 2.692/62, Wien, datiert 17. 11. 1971.

[438] Der Völkermord am Judentum im „Generalgouvernement" (Polen) erfolgte im Rahmen der „Aktion Reinhardt" - so bezeichnet nach dem im Mai 1942 einem Attentat zum Opfer gefallenen SS-Führer Reinhardt Heydrich. Siehe auch die biographische Skizze Odilo Globocnik.

[439] LG-Klgf., 25 Vr 3123/71, Bd. LXVIII, hier: 15 St 2.692/62, Wien, datiert 17. 11. 1971.

scher Bedeutung trotzdem zu erörtern haben, so bitte ich Sie, zur Kenntnis zu nehmen, daß auf Wunsch des Chefs der Deutschen Sicherheitspolizei, Gruppenführer Heydrich, das Referat Judenangelegenheiten für die Sicherheitspolizei und den SD und meine Dienststelle gemeinsam von SS-Hauptsturmführer Lerch in meinem Stabe bearbeitet wird."[440]

– In einem Tagesbefehl des SS- und Polizeiführers vom 4. 9. 1942 wird Lerch als Mittäter bei der Judenvernichtung belastet:

„Leutnant der Schutzpolizei Mahnke beauftrage ich mit der Abwicklung des Transportwesens beim SS-Polizeiführer im Distrikt Lublin. Seine Aufgaben sind: a) die Lenkung der Züge im Rahmen der polizeilichen Polenevakuierung im Distrikt Lublin (Banditendörfer) und b) die Lenkung der Züge im Rahmen der Abteilung Reinhardt. Seine sachliche Einweisung erhält [...] Mahnke durch SS-Sturmbannführer Lerch."[441]

– Im November 1942 eskortierte Lerch den Todesmarsch von 1.000 Juden in den Wald von Krepjec. Hernach wurden die Juden zu Gruben herangeführt und am Rande derselben von Leuten des Polizeiführers mit Maschinenpistolen durch Genickschuß getötet. Die Leichen der Erschossenen kippte man in die Gruben.[442]

Trotz erdrückender Beweise leugnete Lerch nach 1945 vehement seine Teilnahme am Holocaust. Lerch, einer der ranghöchsten SS-Männer im Distrikt Lublin, will „sauber" geblieben sein. In den Zeugeneinvernahmen beteuerte er wiederholt: „Mit Maßnahmen gegen die jüdische Bevölkerung hatte ich in keiner Zeit meiner Zugehörigkeit zum SS- und Polizeiführer Lublin wissentlich zu tun. Ich kann mich jedenfalls an eine derartige Tätigkeit nicht erinnern."[443]

Für seine „Verdienste" wurde Lerch von Himmler auf Betreiben Globocniks mit Wirkung vom 21. Juli 1942 zum SS-Sturmbannführer ernannt. Seine Beförderung lief keinesfalls so glatt

---

[440] Ebd.
[441] Ebd. Bei der im zitierten Tagesbefehl erwähnten „Lenkung der Züge im Rahmen der Abteilung Reinhardt" handelte es sich zweifelsfrei um den Transport jüdischer Menschen in die Vernichtungslager des SS- und Polizeiführers in Lublin. (Ebd.).
[442] Ebd.
[443] StA-Klgf., Tagebuch des Staatsanwaltes, 2 St 114/72, Zeugenvernehmung, Klagenfurt, datiert 1. 4. 1964 u. 30. 6. 1970.

ab, wie es sich sein Protegé Globocnik vorstellte. Während dieser im Personalbericht den 28jährigen Lerch als „anständigen, verschwiegenen Charakter" skizzierte, ihn als „sehr arbeitsam" und „umsichtig" beschrieb, ihm „sicheres Auftreten" und durch „eifriges Selbststudium" erworbenes Wissen und Bildung „über dem Durchschnitt" sowie „gutes Organisationstalent" bescheinigte, notierte SS-Gruppenführer von Herff anläßlich seiner Inspektion im „Generalgouvernement" konträr: „Lerch gehört zu dem Kreis der Ostmärker, die [...] Globocnik sich selbst herangezogen hat. Jahrelanger alter Mitkämpfer von Globocnik schon in der Kampfzeit und völlig sein Mann. Als ausgleichende Gegenkraft im Stab zu schwach und zu persönlich dem Gruppenführer durch lange Zeit verbunden. Auch sonst zu jung für diese Stelle und zu lange am selben Platz. Muß unbedingt ausgewechselt werden. Braucht [...] harte soldatische Erziehung."[444]

Lerch wurde „ausgewechselt" und im Oktober 1943 nach Triest versetzt. Auch dort erwies er sich als geeigneter „Exekutor" vieler Aufgaben und häufte während der 20monatigen deutschen Besatzung ein Amt nach dem anderen an:

– Als Personalbeauftragter Globocniks (Aktenzeichen PB/Mü) ist er sein Stellvertreter, gleichzeitig Stabschef und schließlich Zentralstelle für allfällige und geheime Nachrichten.

– Als Leiter der Befehlsstelle (Aktenzeichen Bef., St.Le) gehen fast alle Befehle („Geheime Reichssache") über den Tisch Lerchs.

– Ab dem 6. März 1944 liegt die Führung der Arbeitsgemeinschaft aller nichtdeutschen Verbände bei Lerch.

– Am 26. Juni 1944 wird Lerch schließlich zum Kommandanten z.b.V. – zur besonderen Verwendung – ernannt, um „bei eingesetzten SS- und Polizeikommandeuren beratend und helfend mitzuarbeiten". Im Klartext hieß das: Lerch wurde die Koordinierung der „Bandenbekämpfung" übertragen.[445]

Seine Rolle in der „Operationszone Adriatisches Küstenland" wurde von keinem Gericht durchleuchtet. Wie Globocnik berichtete, zählte Lerch auch in Oberitalien zu jenen Leuten, „die der Einsatz lockte" und für die dieser „Einsatz Ersatz für den

---

[444] BDC-Personalakte, Personal-Bericht; Beurteilungsnotiz von Herff.
[445] Extrablatt, Nr. 10/1978, S. 26.

Frontdienst" war. Zudem vergaß Globocnik nicht hervor-
zuheben, daß er für den „Bandeneinsatz" seiner „Leute [...]
schon vier EK II erhalten" habe und daß sich unter diesen „mein
guter Sturmbannführer Ernst Lerch" befinde.[446]

Gründliche Recherchen des slowenischen Historikers Tone
Ferenc ergaben, daß Lerch als Führer zumindest eines Sonder-
kommandos mit dem Decknamen „Aktion Prien" im Großraum
Fiume-Triest vom 8. bis zum 11. August 1944 für die Er-
schießung von neun Geiseln verantwortlich gemacht werden
kann.[447] Ob er von den Vorgängen im offiziell als „Polizeihaftlager" titulierten Konzentrationslager auf italienischem Boden mit
einem eigenen Krematorium – in der Reisfabrik des Triester
Vorortes San Sabba – gewußt hat, bleibt dahingestellt.[448]

Lerch floh 1947, nachdem er von den Engländern verhaftet
worden war, aus dem Internierungslager Wolfsberg und hielt
sich drei Jahre verborgen.[449]

---

[446] BDC-Personalakte, Globocnik an von Herff, Triest, datiert 9. 2. 1944.
[447] Extrablatt, Nr. 10/1978, S. 29.
[448] Vgl. KOSCHAT, Michael (1992): Das Polizeihaftlager in der Risiera di San
Sabba und die deutsche Besatzungspolitik in Triest 1943-1945, in: Zeitgeschichte, Mai/Juni 1992, Heft 5/6, S. 157-171; ders., (1992): Das Polizeihaftlager in der
Risiera di San Sabba (1943-1945). Eine politisch-historische Skizze, in: MORRI-
SEY, John/RINNER, Franz M./STRAFNER, Claudia (Hg.), Triest Trst Trieste,
Mödling/Wien, S. 158-171; APIH, Elio (1976): Le rose di Globocnik, in: Bollettino dell'Istituto regionale per la storia del movimento di liberazione nel Friuli-
Venezia Giulia, n. 1/aprile 1976, S. 23-28.
[449] LG-Klgf., Zl. 25 Vr 3123/71, Bd. LXVIII, hier: 15 St 2.696/62, Wien, datiert,
17. 11. 1971.

ALOIS-MAIER-KAIBITSH

„Niemals darf auch die (slowenische) Minderheit glauben, daß man einem Vordringen der nationalen Slowenen tatenlos zusehen wird."[450]

Eine ausschlaggebende Rolle für die Breitenwirksamkeit deutschnationaler und antislawischer Denkhaltungen in Kärnten nahm der 1891 in Leoben (Steiermark) geborene, gelernte Forstmann Alois Maier-Kaibitsch ein.[451] Jahrzehntelang war er Triebfeder der organisierten slowenenfeindlichen Tätigkeit in Kärnten. Der kommunistische „Volkswille" urteilte 1947: „Maier-Kaibitsch ist die Personifikation der gesamten großdeutschen chauvinistischen Unterdrückung der Kärntner Slowenen, der diese seit Jahrzehnten unterworfen waren und die in den Bedingungen des Nazifaschismus zum brutalen Ausrottungsversuch der Kärntner Slowenen führte."[452]

Der Sohn eines Fleischhauermeisters und Hausbesitzers[453] besuchte in seinem Geburtsort die Volksschule; danach, seinen Angaben zufolge, fünf Klassen Gymnasium. Im Jahr 1912 beendete er seine schulische Ausbildung mit dem Abschluß an der Höheren Forstlehranstalt in Bruck an der Mur.[454] Von 1912 bis 1913 war Maier-Kaibitsch beim Infanterie-Regiment Nr. 7 in Klagenfurt als Einjährigfreiwilliger eingerückt. Bis zum Kriegsausbruch 1914 arbeitete er als Forstassistent in Leoben-Trofaiach und wurde im Zuge der Mobilmachung als Reservefeldwe-

---

[450] Der Heimatkreis, Heft 1, 1937, S. 2.
[451] BDC-Personalakte Alois Maier-Kaibitsch, SS-Stammdatenblatt. FERENC, Tone (1974): Kärntner Heimatbund in njegov voditelj v službi nacizma, in: Prispevki za zgodovino delavskega gibanja, Ljubljana, številka 1-2/1974, S. 260-269 publizierte erstmals den handschriftlichen Lebenslauf von Alois Maier-Kaibitsch.
[452] Volkswille, 14. 10. 1947, S. 3.
[453] BDC-Personalakte, Lebenslauf.
[454] Ebd.

bel-Kadettaspirant in sein Stammregiment aktiviert.[455] Laut seinen biographischen Aufzeichnungen verlief die soldatische Karriere in den Bahnen eines „Unterführers". Maier-Kaibitsch verwies auf 34 Monate Frontdienstzeit und auf Beförderungen bis zum Oberleutnant.[456] Nach dem Zusammenbruch 1918 kehrte er nicht in seinen Beruf zurück. Er „verzichtete" auf die Zivilstellung und nahm mit seiner anscheinend „intakt gebliebenen Kompanie" an den Kärntner Abwehrkämpfen teil.[457]

Die Erfahrungen von Krieg und Nachkriegswirren prägten seine politische Sozialisation. Unermüdlich agitierte er zunächst als stellvertretender Geschäftsführer des Kärntner Heimatdienstes bei den Vorarbeiten zur Volksabstimmung 1920.[458] Im Jahr 1921 übernahm er definitiv die Geschäftsführung einer jener deutschnationalen Organisationen, die – 1924 in Kärntner Heimatbund umbenannt[459] – eindeutig auf Assimilierung der Kärntner Slowenen hin orientiert waren und die slowenische Volksgruppe zu dezimieren trachteten.[460]

Maier-Kaibitsch war kein gewöhnlicher Protagonist des Kärntner Heimatbundes. Er war der Verantwortliche für die deutschnationale Slowenenpolitik der zwanziger und dreißiger Jahre, und er verantwortete die „massive Eindeutschungspolitik" der Nationalsozialisten, wie die Aussiedlung slowenischer Familien aus Kärnten im Jahr 1942.[461] Maier-Kaibitsch betrieb mit

---

[455] Ebd. u. Preradovich, SS-Führer, S. 303.

[456] Ebd., Lebenslauf.

[457] Ebd. Im November 1918 zählte er gemeinsam mit Hans Steinacher zu jenen jungen Offizieren, die der „bolschewistischen" Gesinnung der „radikalen Elemente" im Klagenfurter Soldatenrat entgegensteuerten. Als Führer einer Maschinengewehrabteilung stand Maier-Kaibitsch 1919 im Raum Gutenstein-Köttelach im Einsatz. Siehe dazu: WUTTE, Freiheitskampf, S. 83, S. 223 u. S. 261 f.; ferner Alois MAIER-Kaibitsch, Kampf um Gutenstein, in: Kampf um Kärnten, S. 142-144; ders., Die Kämpfe des VolkswehrBaons 2 im Mai 1919, in: Kärntner Tagblatt, Festnummer vom 10. Oktober 1930, S. 52.

[458] WUTTE, Freiheitskampf, S. 380 bezeichnet Maier-Kaibitsch als Kanzleileiter des KHD. Maier-Kaibitsch wähnt sich in der Funktion eines stellvertretenden Geschäftsführers. (BDC-Personalakte, Lebenslauf).

[459] Die Bildung des „Kärntner Heimatbundes" wurde vom Amt der Kärntner Landesregierung mit Bescheid vom 19. August 1924 nicht untersagt. (ÖStA-AdR, BKA-Inneres, 22/Ktn., Kt. 5059, Sammelakte Zl. 307.609/36, hier: Zl. 323.718-St.B./35).

[460] Vgl. VEITER, Theodor (1970): Das Recht der Volksgruppen und Sprachminderheiten in Österreich. Mit einer ethnosoziologischen Grundlegung und einem Anhang (Materialien), Wien, S. 574.

[461] FRITZL, Martin (1990): Der Kärntner Heimatdienst. Ideologie, Ziele und Strate-

dem KHB völkische Schutzarbeit[462] auf dem Sektor des Schulwesens, aber auch auf jenem der Seelsorge. „Sie (die Slowenen)
wollten ihre Lehrer, wir wollten unsere Lehrer – sie wollten ihre
Geistlichen, wir wollten deutschgesinnte."[463]

Offiziell wollte der Heimatbund „über die Einheit des Landes
[...] wachen, den Ausgleich der beiden Volkstümer des Landes
[...] fördern und die kulturellen und wirtschaftlichen Bedürfnisse
des gemischtsprachigen Kärntens verwirklichen".[464] Was oberflächlich als Akt der Versöhnung, des suchenden Ausgleichs zwischen deutschkärntner Mehrheit und slowenischer Minderheit in-
terpretiert werden könnte, war in der Realität Entnationa-
lisierunspolitik. Maier-Kaibitsch ging nicht nur mit großer organisatorischer Energie ans Werk, sondern auch mit taktischem Geschick, zumal er eng vertraut war mit den Stimmungen und den
Ressentiments der Bevölkerung im gemischtsprachigen Gebiet.
Zunächst wurde ein Organisationsnetz über dieses Gebiet gelegt,
das der deutschnationalen Agitation und Propaganda und bald
auch dem Ziel der Unterwanderung und Einflußsteigerung in den
bestehenden deutschnationalen Verbänden diente. Maier-Kaibitsch forderte die Verschränkung von Heimatbund, Deutschem
Schulverein und lokalem Vereinswesen. Feuerwehren, Gesangs-
vereine, Turn- und Schützenvereine sollten die völkische Plattform erweitern. Monomanisch verteidigte er seine Arbeit im
Dienste des deutschen Volkstums: „Wir stehen in Kärnten auf einem Posten, der sehr verantwortungsvoll ist, denn wir leben in einem Grenzland, in dessen südlichem Teil der Kampf für Volkstum und Heimat unentwegt und unvermindert weitergeht."[465]

---

gien einer nationalistischen Organisation, hg. vom Slowenischen Institut zur Alpen-Adria-Forschung (= Dissertationen und Abhandlungen, Bd. 22), Klagen-
furt/Celovec, S. 16.

[462] Zum Begriff des „Völkischen" siehe vor allem: BROSZAT, Martin (1958): Die
völkische Ideologie und der Nationalsozialismus, in: Deutsche Rundschau Nr.
84, S. 53 ff.; TYRELL, Albrecht (1975): Vom „,Trommler' zum ‚Führer'". Der
Wandel von Hitlers Selbstverständnis zwischen 1919 und 1924 und die Entwicklung der NSDAP, München, S. 7 erläutert, daß mit dem Begriff „völkisch" im
wesentlichen eine Abgrenzung von „fremdvölkischen Gegenbildern" intendiert
ist. Nach außen zeigt dieser Terminus die Ablehnung „undeutscher", auch „west-
licher Staats- und Kulturformen" an, nach innen verweist dieser Begriff auf eine
„religiöse, kulturelle, ökonomische, rassisch/biologische Distanzierung vom Judentum". In Kärnten kam die Distanzierung vom Slawentum hinzu.

[463] Zit. n. WALZL, Juden, S. 116.

[464] DROBESCH, Vereine und Verbände, S. 160 f.

[465] MAIER-KAIBITSCH, Alois (1926): Deutsche Schutzvereinsarbeit in Kärnten,

Sukzessiv wandelte sich der KHB unter seiner Federführung
zu einem Instrument repressiver Germanisierungspolitik. Vor allem durch die Eingliederung der Kärntner Bodenvermittlungsstelle in den Kärntner Heimatbund fand Maier-Kaibitsch ein
weiteres Werkzeug zur Umsetzung deutschnationaler Interessen.
Bis zum Jahr 1933 gelang es der Bodenvermittlungsstelle, 196
slowenische Betriebe mit rund 4.500 ha Boden in „heimattreue,
deutsche" Hände zu bringen, wobei völkisch besonders „gefe-
stigten Grenzland- und Reichsdeutschen der Vorzug" gegeben
wurde.[466] Diese Form der Germanisierung erklärte er dahingehend, daß dem „Vordringen der Laibach-orientierten nationalen Slowenen durch deutsche Schutz- und Kulturarbeit"
entgegengetreten werden mußte.[467]

Parteipolitisch war das Fundament des völkischen Aktivisten
die Großdeutsche Volkspartei.[468] Eine weitere Facette seiner par-
teimäßigen Zugehörigkeit nannte der Kärntner Sicherheitsdirektor 1935, als Maier-Kaibitsch bereits Mitglied der NSDAP war.
Er bezeichnete den Geschäftsführer des Kärntner Heimatbundes
und Hauptmann a. D. als Angehörigen des Landbundes und ordnete ihn dem Kreis um den ehemaligen Landbund-Landes-
hauptmann Ferdinand Kernmaier zu.[469] Gesichert ist, daß Maier-
Kaibitsch am 1. Januar 1934 der NSDAP beitrat. Seine Aufnahme wurde jedoch erst am 1. Mai 1938 mit einer Mitgliedsnum-

in: Kalender des Deutschen Schulvereines Südmark zugleich Kärntner Jahrbuch,
hg. von der Männerortsgruppe Klagenfurt des Deutschen Schulvereines Südmark, Klagenfurt, S. 112 f..

[466] Vgl. WALZL, Juden, S. 116 ff.; MORITSCH, Andreas (1979): Die Kärntner Slowenen von 1918-1945, in: DEAK, Ernö (Hg.), Integratio XI-XII, S. 93; siehe ferner STHULPFARRER, Österreich und seine Slowenen, S. 42 ff. u. SUPPAN,
Arnold (1983): Die österreichischen Volksgruppen. Tendenzen ihrer gesellschaftlichen Entwicklung im 20. Jahrhundert (= Schriftenreihe des Instituts für
Österreichkunde, hg. von Erich ZÖLLNER), Wien, S. 150 ff.

[467] BDC-Personalakte, Lebenslauf.

[468] StA-Klgf., Tagebuch des Staatsanwaltes, 10 St 2537/46, Entscheidungsgründe
der Anklage. In seinen persönlichen Aufzeichnungen ist eine Mitgliedschaft
nicht nachvollziehbar. Wörtlich heißt es im Tagebuch: Maier-Kaibitsch „ist in
politischer Hinsicht Mitglied der Großdeutschen Volkspartei gewesen, hat jedoch
zur Zeit der Ersten Republik, zur Zeit der demokratischen Zustände, niemals
selbst kandidiert, obwohl er am Wahlkampf in beratender Stellung teilgenommen
hat."

[469] ÖStA-AdR, BKA-Inneres, 22/Ktn., Kt. 5059, Sammelakte Zl. 307.609/36, hier:
Zl. 323.718-St.B./35. Seit 1922 ist sein Rang als „Hauptmann a. D." (wohl „der
Reserve") belegt. Maier-Kaibitsch spricht von einer Verleihung des genannten
Offiziersranges. 1941 sollte er zum Major z. b. V. befördert werden. (BDC-
Personalakte, Lebenslauf; PRERADOVICH, SS-Führer, S. 304).

mer (6,138.202) aus dem illegalen Nummernblock bestätigt, weil in der Verbotszeit aus organisatorischen Gründen keine Nummernzuteilung erfolgte. Fest steht auch seine Anerkennung als „Alter Kämpfer".[470] Hingegen behauptete Maier-Kaibitsch im Nachkriegsprozeß, daß er die Angaben im NS-Personal-Fragebogen auf Anraten des Gaupersonalamtleiters Prokopp in falscher Weise gemacht habe, „damit es besser aussah, als er als nationalsozialistischer Landesrat" am 13. März 1938 in die NS-Landesregierung eintrat. Überhaupt stellte er seine Verbindungen zur NSDAP in einem anderen Licht dar und versuchte Glauben zu machen, daß „frühere Verbindungen mit der NSDAP nur zu dem Zwecke geschahen, um deren Stimmung und Meinung zu erforschen und womöglich im Sinne der VF zu beeinflussen."[471]

Maier-Kaibitsch unterhielt Kontakte zur NSDAP seit 1933, die nichts mit Stimmungs- und Meinungsforschung oder Beeinflussung zu tun hatten. Vielmehr arbeitete er der Partei in die Hand.

Zunächst machte Maier-Kaibitsch vor der Aberkennung der NS-Landtagsmandate im Juni 1933 in NS-Kreisen von sich reden, als er sich über das Verhalten der slowenischen Landtagsabgeordneten zu orientieren suchte.

Die Stimmen der beiden slowenischen Abgeordneten wurden von den Nationalsozialisten benötigt, als die NS-Mandate für verfallen erklärt werden sollten. Um sie auf ihre Seite zu ziehen, waren die Nationalsozialisten sogar bereit, als Gegenleistung der Abtretung des „Abstimmungsgebietes A" an Jugoslawien zuzustimmen. Diese beiden Stimmen entschieden, ob die erforderliche Zweidrittelmehrheit im Landtag erreicht oder verfehlt wurden.[472]

Sein Engagement in der (illegalen) NSDAP konturiert den Weg des unentbehrlichen Sekundanten. Zum einen war er Konfident der Gauleitung, zum anderen konnte die NS-Führung über seine Person indirekt Einfluß auf die Landesregierung ausüben,

---

[470] BDC-Personalakte, SS-Stammdatenblatt; LG-Klgf., Vg 18 Vr 443/46.
[471] LG-Klgf., Vg 18 Vr 443/46, Urteil.
[472] Siehe ausführlich ELSTE/HÄNISCH, Weg, S. 256 ff.; ferner STEINBÖCK, Erwin (1968): Die Verhandlungen zwischen den Nationalsozialisten und jugoslawischen Stellen vor dem Juliputsch 1934, in: Österreich in Geschichte und Literatur, Nr. 12, Wien, S. 533 ff.

zumal ihn Dr. Arnold Sucher, Landesführer der Vaterländischen Front und ab November 1936 Landeshauptmann von Kärnten, als Exponenten der „nationalen" Richtung in den Beirat der Landesführung der VF holte.[473] Ab 1936 strukturierte er in seiner Funktion als „Nationalpolitischer Referent für das gemischtsprachige Gebiet bei der Gauleitung der NSDAP Kärnten" den Kärntner Heimatbund im ehemaligen Abstimmungsgebiet – aber nicht nur dort – in eine vom „nationalsozialistischen Geist" getragene Organisation um. Dadurch wurde der KHB zum Auffangbecken der illegalen NS-Formationen, die auf diese Weise ihre „Tarnung, die notwendige Unterstützung und ihre Arbeitsgebiete" bekamen.[474]

Das Ausmaß seiner nationalsozialistischen Mobilität referierten Parteiprotagonisten: Globocnik zeichnete das Bild vom „jederzeit bereitwilligen Helfer", vom „wertvollen politischen Berater". Seine „ungemein fruchtbringende Kleinarbeit" leistete er bei der Abwicklung der Kreditaktion der Landesleitung München, den Geldüberweisungen und -verteilungen, der Bauernhilfe und Bauernberatung, bei der Intervention für verhaftete Nationalsozialisten, beim „Juliaufstand" und im Nachrichtenwesen.[475] Rainer bezeichnete ihn als „wichtigsten geheimen Mitarbeiter" und als Mann auf „vorgeschobenem Posten" in elementarer Schlüsselstellung für die Partei, die er „restlos, ausschließlich, treu und diszipliniert für den Nationalsozialismus und für unseren illegalen Kampf" nützte.[476]

Als „national wertvolle Kraft" war Maier-Kaibitsch aktiv an der „Überwindung des Systems" beteiligt.[477] Dementsprechend fand er Berücksichtigung auf der von Perkonig projektierten NS-Regierungsliste.[478]

Im nationalsozialistischen Kärnten häufte Maier-Kaibitsch Schlüsselpositionen an. Als Landesrat garantierte er der Gleich-

---

[473] BDC-Personalakte, Rainer an Maier-Kaibitsch, Wien, datiert 17. 5. 1938; Freie Stimmen, 17. 7. 1936, S. 3.
[474] Ebd., BDC-Personalakte u. Reichskriegerführer an SS-Personalhauptamt, Berlin, datiert 31. 7. 1939.
[475] BDC-Personalakte, Globocnik an Maier-Kaibitsch, Wien, datiert 16. 5. 1938; Pawlowski an Maier-Kaibitsch, Klagenfurt, datiert 14. 4. 1938; Gayl an Maier-Kaibitsch, Wien, datiert 23. 5. 1938.
[476] Ebd., BDC-Personalakte, Rainer an Maier-Kaibitsch, Wien, datiert 17. 5. 1938.
[477] Ebd.
[478] Vgl. exemplarisch WALZL, Juden, S. 127 f.

schaltungspolitik dank seiner Verbindungen zu konservativen
Verwaltungsfachleuten größte Effizienz. 1939 listete er unbe-
scheiden seine Funktionsvielfalt auf: Leiter der Volkstumsstelle
bei der Landeshauptmannschaft Kärnten, Sonderbeauftragter der
Gauleitung für die nationalpolitischen Fragen des gemischtsprachigen Gebietes, Beauftragter der Volksdeutschen Mittelstelle
für Kärnten, Beauftragter für außenpolitische Fragen für Kärnten
der Dienststelle Ribbentrop, Landesverbandsführer des Verbandes für das Deutschtum im Ausland, Mitglied des agrarpolitischen Amtes.[479]

Im Jahr 1938 sollte Maier-Kaibitsch auch den „Elite-Cha-
rakter" der SS stärken. Als „Deutscher, [...] arischer Abstam-
mung, [...] keiner Freimaurerloge und keinem Geheim-
bund(e)"[480] angehörend, entsprach er den vom SS-„Orden" geforderten Leitbild vom nordischen Menschen. Im „rassischen
Gesamtbild" wurde auf seine „sehr gute Erscheinung mit star-
kem nordischen Einschlag" verwiesen. Zu den Charaktereigenschaften attestierte die befaßte Dienststelle: „Ehrlich, offen,
zielsicher". Dementsprechend fiel die Gesamtbeurteilung aus.
„Die jederzeit gute Haltung – ehemaliger Offizier –, das vor-
behaltlose Eintreten für die NSDAP in der Verbotszeit und die
jetzige Stellung als Landesrat geben (die) Sicherheit für einen
sehr guten SS-Führer."[481] Dieser „um Großdeutschland hoch-
verdiente Mann", goutierte der Chef des SS-Personalhauptamtes, wurde zunächst im Rang eines SS-Oberscharführers (seit
10. 10. 1938) dem Stab der 90. SS-Standarte zugeteilt, in der
er vorerst „keine besondere Dienststellung" bekleidete.[482] Als
die Beförderungen anläßlich des „Reichsparteitages" be-
vorstanden, sollte Maier-Kaibitsch in der SS-Hierarchie nach
oben klettern. Ob seines Ansehens in der Partei wie in der SS
und ob der Wichtigkeit seines Sachgebietes – „Betreuung und
Bearbeitung des gemischtsprachigen Gebietes" – wurde um
„rasche Beförderung" gebeten.[483] Am 10. September 1939
rückte er denn auch zum SS-Obersturmbannführer vor. Im Januar 1940 wurde seine Versetzung zum SD abgewickelt. Zwei

---

[479] BDC-Personalakte, Lebenslauf.
[480] Ebd., BDC-Personalakte, Erklärung über Logenzugehörigkeit.
[481] Ebd., Personal-Bericht.
[482] Ebd., Chef des SS-Personalhauptamtes an SS-Oberabschnitt Alpenland, Berlin,
    datiert 10. 8. 1939; Beförderungsvorschlag, Klagenfurt, datiert 20. 6. 1939.
[483] Ebd.

Jahre später, im April 1942, erlangte er den Rang eines SS-Standartenführers.[484]

1938 erfolgte die Zentralisierung der Slowenenfrage in Klagenfurt, und Maier-Kaibitsch wurde als Leiter in der hiezu am 1. August eingerichteten „Volkstumsstelle" zur „Behandlung der Volkstumsfragen" und in die geplante „Endlösung" der Kärntner Slowenen eingebunden. Bereits am 4. August 1938 setzte er erste Maßnahmen. Maier-Kaibitsch berief die Vertreter des Slowenischen Kulturverbandes zu sich, machte diesen die „neue Lage unmißverständlich klar" und drohte, falls sie ihren Standpunkt nicht aufgeben wollten, mit der Liquidierung des in seinen Augen „chauvinistischen Slowenentums".[485]

Mit dem Überfall auf Jugoslawien im April 1941 waren in der NS-Slowenenpolitik auch die letzten außenpolitischen Rücksichten vom Tisch gewischt. Die Vertreibungen, die bald nach der Okkupation in Oberkrain und der Untersteiermark einsetzten, fanden 1942 in Kärnten selbst ihren Höhepunkt.[486] Anläßlich der Tagung des Gauamtes für Volkstumsfragen am 10. Juli 1942 bekannte Maier-Kaibitsch mit Blick auf die Vertreibungen der Slowenen in Kärnten: „Die Ereignisse auf dem Balkan […] geben uns die Handhabe, im Gebiet nördlich der Karawanken mit der sogenannten slowenischen Minderheit Schluß zu machen."[487]

Im Nachkriegsprozeß wurde Maier-Kaibitsch am 31. Oktober 1947 vor allem des Verbrechens nach § 5 a des Kriegsverbrechergesetzes (Vertreibung von Slowenen aus ihrer Heimat) angeklagt, schuldig gesprochen und zu lebenslangem schweren Kerker verurteilt. Wie der Beschuldigtenvernehmung vom 14. Oktober 1947 zu entnehmen ist, bestand die Absicht, aus Südkärnten (d. i. Oberkrain und Mießtal) insgesamt 100.000 Slowenen auszusiedeln, von denen tatsächlich 2.500, im wesentlichen

---

[484] Ebd., Der Chef der Sicherheitspolizei und des SD an SS-Personalhauptamt, Berlin, 11. 11. 1940; SS-Dienstlaufbahn.

[485] Zit. n. STUHLPFARRER, Österreich und seine Slowenen, S. 77 f.

[486] Zur Aussiedlung der Kärntner Slowenen siehe SIMA, Valentin (1992): Die Vertreibung von Kärntner Slowenen 1942. Vorgeschichte, Reaktionen und Interventionen von Wehrmachtsstellen, in: Narodu in državi sovražni. Pregon koroških Slovencev 1942. Volks- und staatsfeindlich. Die Vertreibung von Kärntner Slowenen 1942, redigiert von MALLE, Avguštin/SIMA, Valentin, Celovec/Klagenfurt, S. 133-209; FANDL-PASTERK, Elisabeth (1986): Die Aussiedlung der Kärntner Slowenen 1942 und die Wiedergutmachung nach 1945, phil. Diss., Wien; KRALL, Die Aussiedlung der Kärntner Slowenen.

[487] FERENC, Quellen, Dok. Nr. 235, S. 454.

die gesamte Intelligenz, zwangsverschickt wurden, während für Kärnten laut Anordnung des Reichssicherheitshauptamtes die Aussiedlung von 200 bis 250 slowenischen Familien vorgesehen war. Tatsächlich sind 168 Kärntner slowenische Familien ausgesiedelt worden. Aufgrund von „Rassemerkmalen und politischen Gutachten" hätten weitere rund 50.000 Österreicher ihre Heimat verlassen sollen.[488]

In seiner Verteidigung wollte Maier-Kaibitsch aus „ethischen Gründen" gegen die „Umsiedlungen" aufgetreten sein. „Es wird niemand in Kärnten sagen können, daß ich nur einmal eine harte Maßnahme befürwortet habe. Ich habe nach der Aussiedlung immer erklärt: ‚Ich bin nicht schuld daran, wenn es nach mir gegangen wäre, wäre keinem etwas genommen worden, sondern jedem noch etwas gegeben worden'."[489] Auf die Anklage machte Maier-Kaibitsch „keinen günstigen Eindruck", zumal er „jedes Verschulden" zunächst bestritt und erst nach Vorhalt „von nicht mehr wegzuleugnenden Tatsachen" jene – auch in anderen Volksgerichtsprozeßakten nachzulesenden – stereotypen Ausreden gebrauchte wie „die Leute müssen sich irren", „den Sachverhalt vergessen" oder „Lücken im Gehirn" haben.[490]

Im Jahr 1956 wurde Maier-Kaibitsch krankheitsbedingt aus der Haft entlassen und verstarb zwei Jahre später.[491] Nach seinem Tod fanden sich Apologeten, die seine Germanisierungspolitik und seinen „Einsatz" – letztlich im Dienst der NSDAP – relativierten.[492] Und der Kärntner Heimatdienst bekannte 1959: „Alois Maier-Kaibitsch hat sein Denkmal in den Herzen der Kärntner. Wenn alljährlich am 10. Oktober von den Bergen die Feuer der Freiheit leuchten, werden auch fürderhin unsere Landsleute dieses Mannes gedenken, der aus grenzenloser Liebe zur Heimat den harten Leidensweg ging."[493]

---

[488] LG-Klgf., Vg 18 Vr 443/46, Niederschrift des Hauptverhandlungsprotokolles, S. 2 ff.

[489] Ebd., S. 3.

[490] LG-Klgf., Entscheidungsgründe für das Urteil, S. 2.

[491] Vgl. PRERADOVICH, SS-Führer, S. 304; siehe auch die Todesanzeige in „Die Neue Zeit", 28. 12. 1958, S. 10.

[492] Siehe die Verteidigungsschrift für Maier-Kaibitsch anläßlich seines Todes im „Rundbrief des Alpenländischen Kulturverbandes", 6. Jg., März 1959, Graz (Alpenlandbuchhandlung Südmark), mit dem Titel „Alois Maier-Kaibitsch … und die anderen!" (gezeichnet „Dr. W. N.").

[493] Kärntner Landsmannschaft, Heft 1/1959, S. 11 f.; siehe auch FRITZL, Kärntner Heimatdienst, S. 16.

KARL PACHNECK

„Ein pflichtbewußter Mann."

Die Enwicklung der NSDAP-Hitler-Bewegung hing in den ersten Jahren ihrer Existenz im hohen Maß von den örtlichen Partei- und SA-Führern, ihrer Kompetenz oder Unzulänglichkeit ab. Der wachsende Erfolg der NSDAP im Bezirk Spittal unter der Führung von Matthias Zmölnig ist dafür ein Beispiel. Ähnliches gilt für Karl Pachneck in Feldkirchen.

In der Entwicklungsperiode bis 1930 kam es vor, daß schwache Ortsgruppenleiter oder kontrastierende Gruppen (Hitler- oder Schulz-Anhang) und die damit einhergehenden Zerwürfnisse, bzw. Konspirationen einen Ortsverband lahmlegten. Relativ häufig führten derartige Konflikte zu Parteiaustritten und zum Zerfall ganzer Ortsgruppen. Eine außerordentlich starke Frequenz der Ein- und Austritte, der Gründung und Wiederauflösung kleiner Ortsgruppen war im Entwicklungsstadium nach 1926 für die NSDAP symptomatisch.[494] Stellvertretend für die große Zahl von „Alten Kämpfern", die als Hitlers Platzhalter der mittleren Funktionärsriege „ans Werk" gingen und für den Aufschwung der Partei verantwortlich waren,[495] repräsentierte Pachneck einen Hitler-Promotor, der im Parteiverband NSKK „groß" wurde.[496]

Der promovierte Hauptschullehrer Pachneck – Doktorat der Philosophie an der Universität Innsbruck 1931 – war einer von

---

[494] Vgl. ELSTE/HÄNISCH, Weg, S. 79 ff. u. S. 116. Der Aktenbestand BA-KO, NS 45/133 zeigt deutlich die in dieser Entwicklungsphase vorherrschende Mitgliederfluktuation und Ortsgruppengründung bzw. -auflösung.

[495] Seit 1930 erforderte der Zuwachs an Mitgliedern eine straffere Organisation, und gerade in diesem Moment griff die Gauleitung auf die „Führer der ersten Stunde" zurück.

[496] LG-Klgf., Vg 20 Vr 889/50 u. Vg 22 Vr 4/47. Laut Verhaftungsbericht (Klagenfurt, datiert 17. 5. 1950) war Pachneck seit 1929 im NSKK.

vielen Beamten unter den Parteimitgliedern.[497] Im März 1927 schrieb sich der 1897 in Zuckmantel[498] geborene Pachneck in Feldkirchen in die Partei ein[499] und sollte in der Folge als Ortsgruppenleiter, dann als Kreisleiter in Feldkirchen tätig sein. Gleichzeitig organisierte er das NSKK.[500]

Pachneck war ein Nationalsozialist der Frontgeneration. Er hatte sich im Weltkrieg 1915 zu den „Kärntner Freiwilligen Schützen" gemeldet. Wegen Frontdienstuntauglichkeit aus dem Kriegsdienst entlassen, versuchte er Anfang 1918 erneut, in der k.u.k. Armee Fuß zu fassen. Nach mehrmonatigem Fronteinsatz in Südtirol kam Pachneck an die Reserveoffiziersschule in Leibnitz (Steiermark) und musterte als Kadettaspirant aus.[501]

Als er 1927 der NSDAP beitrat, arbeitete er als Lehrer an der Bürgerschule Feldkirchen. Damit zählte er zu jener großen Zahl propagandistischer Wegbereiter für die nationalsozialistische Durchdringung der Kärntner Gesellschaft, die aus dem Lehrerstand kamen. Franz Kutschera strich die Rolle des Lehrers als elementaren Faktor in der Partei 1939 heraus: „An den Kämpfen für unsere Weltanschauung und unser Recht nahm die Lehrerschaft des Gaues Kärnten wesentlichen Anteil. Es mag dies nach außen dadurch gekennzeichnet sein, daß jeder sechste Lehrer im Gau […] von der widerlichen Gewaltherrschaft zur Verantwortung gezogen wurde und jeder zwölfte den Beruf verlor. Noch größer aber ist die Zahl derer, die unentdeckt und doch selbstlos getreulich ihre Pflicht erfüllten."[502]

Von den Sanktionen und Maßregelungen, die Kutschera ansprach, war auch Pachneck betroffen. Nach Gesprächen mit Kothen in Tarvis begann sich die Sicherheitsdirektion für ihn zu interessieren. Mehrmals wegen illegaler propagandistischer

---

[497] LG-Klgf., Vg 20 Vr 889/50, Gnadenbitte. Mehr als die Hälfte (59,3 %) der feststellbaren Aktivisten und Funktionäre der NS-Partei (Untersuchungszeitraum 1918-1927) rekrutierte sich aus öffentlich Bediensteten. Neben den Bahnbeamten rückte als zweitstärkste Gruppe die Kärntner Lehrerschaft in den Blickpunkt der Partei. (Vgl. ELSTE/HÄNISCH, Weg, S. 83 f.).

[498] Ehedem Österreichisch-Schlesien.

[499] BDC-Personalakte, NSDAP-Mitgliedskarte. Mitgliedsnummer 53.625. Der Eintritt erfolgte dezidiert am 20. März 1927. Das Mitgliedsbuch wurde Pachneck im Dezember 1928 ausgefolgt.

[500] LG-Klgf., Vg 20 Vr 889/50, Gnadenbitte.

[501] Ebd.

[502] Der Erzieher in der Südmark, Folge 1, 1939, S. 1. Siehe dazu auch BURZ, „Der Wille der Lehrerschaft …", S. 491-514; ELSTE/HÄNISCH, Weg, S. 391 ff.

Betätigung verhaftet, mußte Pachneck den Schuldienst quittieren. Hiezu stellte er fest: „Ich [...] wurde im Jahr 1933 wegen einer heute als geringfügig zu bewertenden Tätigkeit für die NSDAP aus dem Schuldienst frist- und pensionslos entlassen."[503]

Im Juni 1934 ging Pachneck nach Deutschland. Die „erhoffte Stellung" im Schuldienst fand er nicht. Doch kam er im motorisierten „Hilfszug Bayern", einer Art „Wohlfahrtseinrichtung" der NSDAP, unter.[504]

Nach dem „Anschluß" kehrte Pachneck nach Kärnten zurück und wurde in den Schuldienst übernommen. Als „Wiedergutmachung" erhielt er den Posten eines provisorischen Leiters der Hauptschule am Klagenfurter Benediktinerplatz.[505] Anfang Juni 1938 bestellte ihn Klausner zum Kreisleiter von Klagenfurt Stadt und Land. Am 11. März 1940 wurde Pachneck für „höhere Aufgaben" auserkoren: Da Kutschera zum 139. Gebirgsjägerregiment einrückte, wurde er mit der Leitung der Geschäfte der Gauleitung Kärnten beauftragt.[506] Auch unter Gauleiter Rainer verblieb Pachneck als Gaustabsamtsleiter in der Gauleitung. Diese Funktion bekleidete er bis September 1943. Danach wurde er in den Verwaltungsdienst überstellt und zum „Deutschen Berater" des italienischen Präfekten in Fiume (Rijeka) ernannt.[507]

In der Partei war er offensichtlich ein selbstloser Bürokrat mit gemäßigter Haltung.[508] Weniger maßvoll war sein militanter „Appell" an die „Kärntner, Kärntnerinnen" anläßlich „20 Jahre Kärntner Volksabstimmung" im Oktober 1940: „Es sind jetzt 20 Jahre her, daß Kärntens Männer und seine Jugend ausgezogen sind, ihre Heimat dem deutschen Reich und Volk zu erhalten und in Deutschlands tiefster Schmach am 10. Oktober 1920 die Einheit des Landes erzwangen. Dieser Abwehrkampf und die Volksabstimmung waren das erste Aufflammen der nationalsozialistischen Revolution in Kärnten. Dieser Kampf, der nicht erst mit den Kärntner Abwehrkämpfen begann und der in

---

[503] LG-Klgf., Vg 20 Vr 889/50, Gnadentabelle; ÖSTA-AdR, BKA-Inneres, 22/Ktn., Kt. 5052, Zl. 189.056/33; Der Vormarsch, 9. 7. 1932, S. 6 f.
[504] Ebd., LG-Klgf., Vernehmung des Beschuldigten, Klagenfurt, datiert 19. 5. 1950.
[505] Ebd., Niederschrift, Wolfsberg, 18. 3. 1947.
[506] Ebd. u. WALZL, „Als erster Gau ...", S. 98.
[507] Ebd., Niederschrift.
[508] Vgl. WALZL, „Als erster Gau ...", S. 99 u. S. 228.

jüngster Zeit im hohen Norden seine Krönung erlebt, zeugt von dem ewigen Heldenepos Kärntens."[509]

Das Volksgericht verurteilte ihn 1950 zu zehn Jahren schweren Kerkers, verschärft durch ein hartes Lager vierteljährlich und zum Verfall des gesamten Vermögens zugunsten der Republik Österreich. Das Gericht führte als „erschwerende" Gründe an: „Das Zusammentreffen zweier Verbrechen[510] und der Umstand, daß er als öffentlicher Beamter sich zu einer illegalen Tätigkeit hergab, obwohl er als solcher zu besonderer Treue seinem Vaterlande Österreich gegenüber verpflichtet gewesen wäre." Für Pachneck sprach: „Das volle und rückhaltlose Geständnis, seine bisherige Unbescholtenheit, daß ihm während seiner Amtszeit als Kreisleiter keine konkreten und besonders verwerflichen kriegsverbrecherischen Handlungen zur Last gelegt werden können, zumal zur Zeit, als er diese Funktion übernahm, die Aktionen der Partei gegen politische Gegner im wesentlichen schon abgeschlossen waren, daß ihm irgend eine Mitschuld an den Ausschreitungen gegen die Juden im November 1938 nicht nachweisbar ist, […] und daß er weiters auch an den Aussiedlungen von Kärntner Slowenen kaum irgendwie beteiligt gewesen sein konnte."[511]

1951 beantragte das Volksgericht Graz, Senat Klagenfurt, in Übereinstimmung mit der Staatsanwaltschaft Klagenfurt unter Berücksichtigung sozialer und gesundheitlicher Gründe eine „gnadenweise bedingte Nachsicht des Strafrestes unter Festsetzung einer Probezeit von 5 Jahren."[512]

---

[509] Kärntner Grenzruf, Sonderbeilage: 20 Jahre Kärntner Volksabstimmung, S. 3.
[510] Hoheitsträger der NSDAP im Rang eines Kreisleiters. „Alter Kämpfer" und Träger des „Goldenen Ehrenzeichens" der NSDAP sowie „Silberne" und „Bronzene Dienstauszeichnung".
[511] LG-Klgf., Vg 20 Vr 889/50, Gnadentabelle.
[512] Ebd.

FRIEDRICH RAINER

„Für ein einiges und glückliches Kärnten."[513]

Der politische Prokurist der NSDAP Kärnten war zweifelsfrei Friedrich Rainer. Er verkörperte gewissermaßen das „Gehirn" der Partei. „Immer wieder gewann er den Standpunkt über den Dingen und wurde so in den letzten entscheidenden Jahren zum eigentlichen Strategen des langwierigen Ringens gegen Schuschnigg", rühmte ihn der „Völkische Beobachter".[514] Im Führer-Dreieck Klausner-Globocnik-Rainer war er der Intellektuelle, der Mann „konsequenter gedanklicher Erkenntnis", der Theoretiker mit dem Drang zur „praktischen Tat", der „spöttisch Angriffslustige".[515]

Zur Familiengeschichte resümierte 1944 der Historiker Zenegg, daß Rainer sich „mit Recht rühmen" darf, ein „Urkärntner" zu sein. „Die Wiege seiner Ahnen stand sowohl von Vater- als auch Mutterseite durch Jahrhunderte auf Kärntner Boden".[516] Die väterliche Linie hatte ihre Wurzeln in der Ortschaft Kerschbaum oberhalb des Marktes Greifenburg. Schon 1267 wird eine „Rainerhube" im Urbar der Kirche in Berg im Drautal erwähnt. Bis 1715 sind die Rainer als Besitzer des Bauernhauses genannt, das dann durch Heirat an einen gewissen Michael Mößlacher kam. Die mütterlichen Vorfahren Rainers führen auf die Bauernfamilien Klein, Puschnig, Dreyer u.a. zurück, die in der Pfarre St. Georgen am Weinberg in Unterkärnten seßhaft waren.[517]

Rainers Geburtsort war St. Veit an der Glan. Dort kam er am

---

[513] Kleine Zeitung, 2. 12. 1941, S. 5.
[514] Völkischer Beobachter, Wiener Ausgabe, 3. 7. 1938, S. 1.
[515] Ebd..
[516] Wochenblatt der Landesbauernschaft Kärnten, Folge 30, 22. 7. 1944, S. 1.
[517] Ebd.

28. Juli 1903 in der Familie des Bürgerschullehrers Norbert Rainer und seiner Gattin Friedericke, geborener Klein, als zweites von vier Kindern zur Welt.[518] Nach fünf Klassen Volksschule in seinem Heimatort kam Rainer in das Klagenfurter Realgymnasium und maturierte dort 1922.[519] Mit der materiellen Situation der Familie dürfte es nicht zum besten gestanden sein, weil er sich schon während der Schulzeit als Magazinarbeiter ein Zubrot verdienen mußte. Auch das Studium finanzierte er sich über weite Strecken selbst. Rainer, der ursprünglich Medizin studieren wollte, inskribierte Jura an der Universität Graz. Nach 8 Semestern promovierte er im November 1926 zum Doktor der Rechte.

Studium und Arbeit verliefen parallel. Zunächst fand er 1922 als Holzarbeiter bei der Firma „Drauland" in St. Veit Beschäftigung. Bis Ende 1924 arbeitete er als „Bankbeamter" bei der Zentralbank der Deutschen Sparkassen in St. Veit.[520]

Vor diesem Hintergrund war Rainer ein sozialer Aufsteiger. Seine juridische Ausbildung vertiefte er ab Juli 1926 als Notariatsanwärter bei seinem Onkel, dem öffentlichen Notar Dr. Hartwig Fresacher in Eberstein. 1929 legte er in Graz die Notariatsprüfung ab und arbeitete, ab 1931 in Klagenfurt, weiterhin in der Notariatskanzlei seines Onkels.[521]

Während andere Parteifunktionäre bereits wenige Monate nach dem Parteiverbot ihre Existenzgrundlage verloren, verstand er es, bis zum August 1935 seine exponierte Parteifunktion und seine Tätigkeit für die illegale NSDAP „derart geschickt zu tarnen", daß der Behörde kaum Gelegenheit zu einem „erfolgreichen Vorgehen gegeben war".[522] Bei einer Hausdurchsuchung in seiner Klagenfurter Wohnung wurde NS-Propagandamaterial sichergestellt, und eine Untersuchung wegen Verdacht des Hochverrats wurde eingeleitet. Gestützt auf die polizeiliche Abstrafung, veranlaßte Regierungskommissär Bernhard Scheichel-

---

[518] AMNZ, proces dr. Friedrich Rainer, fol. 549. Rainers Mutter stammte aus Rosegg; ihr Vater war dort Oberlehrer gewesen. (Ebd., fol. 1374).

[519] Sein Professor für Geschichte und Geographie war von 1914 bis 1918 Dr. Martin Wutte, späterer Direktor des Kärntner Landesarchivs. (Ebd., Proces Rainer, fol. 1378).

[520] Ebd., fol. 364, 549 u. fol. 1377.

[521] Ebd., fol. 364 u. DÖW-Nr. 5.947.

[522] DÖW-Nr. 5.947, Der Sicherheitsdirektor an Bundeskanzleramt, Staatspolizeiliches Büro, Klagenfurt, datiert 16. 12. 1935.

bauer[523] die Auflösung seines Dienstverhältnisses mit der Notariatskanzlei Fresacher und die Streichung aus der Liste der Notariatsanwärter.[524] Das Gericht verurteilte ihn zu einer einjährigen Haftstrafe. Davon verbüßte er fünf Monate – vom 20. August 1935 bis zum 5. März 1936.

Rainer konnte auf namhafte Fürsprecher zurückgreifen. Unter anderem intervenierte Vinzenz Schumy beim Leiter der Generaldirektion für das Sicherheitswesen, Hantsch.[525] Dann verwendete sich Bundesminister a. D. Guido Jakoncig für ihn. Rainer wurde als „Opfer eines unglückseligen Zufalles" bezeichnet; auch hätte er sich „niemals politisch betätigt".[526] Im Verwaltungsstrafverfahren wegen Besitzes von NS-Propagandamaterial wurde seine Schuldlosigkeit festgestellt; die Hochverratsanklage wurde fallengelassen. Unter Berufung auf die „Normalisierung" der deutsch-österreichischen Beziehungen bemühte sich Rainer 1936 um die Wiederaufnahme in die Liste der Notariatsanwärter. Die Verfügungen gegen ihn wurden mit Wirkung vom 26. März 1937 außer Kraft gesetzt.[527]

Obwohl von Opdenhoff als „ziemlich weich"[528] apostrophiert, beherrschte Rainer von allem Anfang an ein bedingungsloser Wille zur Macht. „Ungeheuer zäh" sollte er diesen Willen auch durchsetzen.[529] Im März 1938, als er diese Macht in Händen hielt, war dies für ihn ein „Sieg der Tapferkeit des Herzens" und der „Kompromißlosigkeit des Kampfes".[530] Als Klausners „treuester" Gefolgsmann stand er hinter der Galionsfigur des Kärntner Nationalsozialismus. Aber als Rainer die „Macht" auszukosten begann, hielt er seinen Förderer nicht für geeignet, um „in glänzender Weise in Erscheinung zu tre-

---

[523] Seit August 1934 als Regierungskommissär zur Bekämpfung staats- und regierungsfeindlicher Bestrebungen in der Privatwirtschaft eingesetzt.

[524] DÖW-Nr. 5.947, Darstellung Pichs.

[525] DÖW-Nr. 5.947, Schumy an Hantsch, Klagenfurt, datiert 3. 1. 1936. Schumy stellte in seinem Schreiben an Hantsch fest, daß die Freilassung Rainers „staatspolitisch sicherlich nur von Vorteil sein wird", und daß damit zur „Befriedung in Kärnten viel beigetragen wird".

[526] Ebd., DÖW-Nr. 5.947, Darstellung Pichs.

[527] ÖStA-AdR, BKA-Inneres, 22/Ktn., 5062, Zl. 350.217-St.B./36 u. Kt. 5061, Zl. 320.531/37.

[528] BA-KO, Slg. Schumacher 304, Beilage zum Schreiben Opdenhoffs an Friedrichs, datiert 2. 4. 1938.

[529] Ebd..

[530] Völkischer Beobachter, Wiener Ausgabe, 13. 3. 1943, S. 3.

ten".[531] Er setzte sich offenbar im „latenten Kleinkrieg" gegen seinen Mentor durch.[532]

Auch Globocnik war für ihn nicht nur sein Duzfreund „Globus". Rainer, der „politische Lenker",[533] benötigte ihn als Organisator, als kaltschnäuziges Instrument zur Umsetzung seines politischen Konzepts. Beide verband der Charakter des willenlosen Gefolgsmannes mit einem nahezu religiösen Glauben an den „Führer". Sie repräsentierten in ihrer persönlichen Beziehung zu Hitler die pseudoreligiöse Komponente des nationalsozialistischen Führerprinzips. Hitler bedeutete für die beiden eine Vision: „Der blinde, unbeirrbare Glaube an den Führer" und das „fanatische Beharren auf den Grundsätzen der nationalsozialistischen Weltanschauung" halfen über „schwerste Zeiten" (nach dem Juli-Putsch) hinweg.[534] Rainer und Globocnik verbündete zudem ein verbissener, engstirniger Fanatismus, der sie auch zu willigen Vollstreckern Himmlers werden ließ. Vor 1938 prägten sie den Weg der NSDAP in Österreich. Danach war jeder zunächst allein auf seinem „Schauplatz" tätig, ab 1943 sollten sie wieder gemeinsam agieren.

Vor allem als Chef der Zivilverwaltung in den besetzten Gebieten Kärntens und Krains und als Beauftragter des Reichskommissars für die Festigung des deutschen Volkstums sollte sich Rainer als williges Werkzeug Himmlers zeigen. Der Kommandeur der Sicherheitspolizei Veldes, Josef Vogt, gab 1947 zu Protokoll, daß Rainer mit den „schärfsten Maßnahmen" gegenüber der slowenischen Widerstandsbewegung einverstanden gewesen sei.[535] Personen, die Rainer und Globocnik gleichermaßen gekannt haben, bezeichnen Rainer als „fanatischer" als Globocnik.[536] Im Juli desselben Jahres wurde Rainer vor einem Laibacher Militärtribunal angeklagt und zum Tode verurteilt. Die Anklage lastete ihm u.a. an, daß er das Ziel verfolgt habe, die Slowenen wirtschaftlich zu vernichten, indem er sie systematisch ihres nationalen wie privaten Vermögens berauben ließ, ihre Deportation in Konzentrations- und Umsiedlungslager anordne-

[531] IMGH, Bd. XXVI, Nürnberg 1947, Dokument 812-PS, S. 347.
[532] Vgl. JACOBSEN, Hans Steinacher, S. 403.
[533] ÖStA-AdR, Bestand Bürckel, Büro Knissel, Kt. 2, „Globocnik-Memorandum", fol. 433.
[534] Völkischer Beobachter, Wiener Ausgabe, 13. 3. 1943, S. 3.
[535] AMNZ, proces dr. Friedrich Rainer, fol. 3628.
[536] Auskunft H. H.

te und den Terror gegenüber der Bevölkerung durch kollektive Strafmaßnahmen, Erschießungen von Geiseln, Niederbrennen von Dörfern intensivierte.[537]

Seine Biographie steht synonym für die Art und Weise, wie damals junge Österreicher den Weg zur Politik und schließlich auch zur Partei fanden. Eine ideologische Wurzel findet sich im Elternhaus, dessen politische Kolorierung „national" war. Seinen Vater beschrieb Rainer als „begeisterten deutschen Nationalisten". Offensichtlich impfte ihm sein Vater, Ortsgruppenobmann der Deutschdemokratischen Partei, die in der Großdeutschen Volkspartei aufgehen sollte, völkische Ideen ein.[538]

Rainer scheint durch die Ereignisse der unmittelbaren Nachkriegsjahre radikalisiert worden zu sein. Seinen Angaben zufolge leistete er 1918/19 militärische Hilfsdienste in der St. Veiter Bürgerwehr.[539] In der örtlichen Alarmkompanie, die im Mai 1919 in den Raum Völkermarkt abging, kam er nicht zum Einsatz. Rainer, der es offenbar bedauerte, im Unterschied zu seinem ein Jahr älteren Bruder Norbert nicht zum Zug gekommen zu sein, reminiszierte: „Ich wurde, da ich noch nicht erwachsen war, nicht mitgenommen."[540] Im Gegensatz zu dem sich mit seiner Abwehrkampfteilnahme brüstenden Globocnik blieb er bei der Realität. Als Aktivist der ersten SA-Formation in St.Veit konnte er jedoch seinem Drang zum uniformierten Marschieren ab 1923 nachkommen.[541] Bevor er aber an der braunen Kameradschaft hängen blieb, gehörten zu den Kataly-

---

[537] AMNZ, proces dr. Friedrich Rainer, fol. 107; siehe auch StA-Klgf., Tagebuch des Staatsanwaltes, 8 B St 1239/92.

[538] AMNZ, proces dr. Friedrich Rainer, fol. 549.

[539] Hiezu konstatierte Rainer: „Ich meldete mich freiwillig und war bei der Vereidigung im Gemeindehofe in St. Veit der Kleinste am Ende des linken Flügels. Ich wurde dann als Ordonanz beim Kommandanten der Bürgerwehr, dem Schützenmajor und Kaufmann Leo Knaus verwendet. In der Schule wurde damals eine Studentenkompanie […] aufgestellt, und im Turnunterricht bekamen wir […] Unterricht am Maschinengewehr. Als die Jugoslawen im Dezember 1918 das erstemal gegen Klagenfurt vorstießen, wurde […] die Studentenkompanie alarmiert. Aber nur die Großen wurden genommen, wir Kleinen nachhause geschickt." (AMNZ, proces dr. Friedrich Rainer, fol. 1376; siehe auch BDC-Personalakte, Lebenslauf).

[540] Ebd., proces Rainer, fol. 1376.

[541] Ebd. Die Bezeichnung SA erscheint in diesem Zusammenhang nicht gerechtfertigt. Rainer meinte sicherlich den paramilitärischen „Vaterländischen Schutzbund" der DNSAP, dessen St. Veiter Ortsgruppe nach dem Hitler-Putsch im Herbst 1923 aufgelöst wurde.

satoren seiner politischen Meinungsbildung die schlagende Grazer Burschenschaft „Ostmark" und der Steirische Heimatschutz, dem er sich auch in Kärnten bis 1928 zur Verfügung stellte.[542]

Politisch sozialisiert wurde Rainer von Kind auf auch im Deutschen Turnverein, dem er bereits mit sieben Jahren beitrat. Vor allem vermochte er durch sportliche Leistungen, als „guter" Kurzstreckenläufer, Staffelläufer, Geräteturner, Skiläufer, Bergsteiger und Schwimmer, Handball- und Fußballspieler, aufzufallen. Er durchlief alle Stufen und Funktionen des Turnvereins bis zum „Führer der österreichischen Bewegung der Leibesübungen" nach dem „Anschluß".[543] In enger Kooperation mit Sepp König und Karl Fritz entwarf der begeisterte Turner das Modell einer „nationalen", „wehrhaften Volksgemeinschaft" in Kärnten, die, wie Rainer bekannte, von der „Überzeugung beseelt" für „den nordischen Artgedanken, für die Einheit und die Gemeinschaft des Volkes und die deutsche Weltanschauung kämpfen" wollte.[544] Rainer formte die „Lagerbewegung" im Kärntner Turngau mit, die auf diese Weise der NS-Jugenderziehung vorarbeitete. Auf seine Initiative hin gelangte über den vorgeschobenen Verein „Kärntner Grenzland" der Sablattnigsee (= Turnersee) in den Besitz des Turnerbundes.[545] Das See-Lager funktionierte er in der „Illegalität" der Partei zur militärischen und ideologischen Erziehungsstätte der NS-Wehrformationen um.[546] Zudem stärkte der Turnerbund das Rückgrat der NSDAP, was Rainer mit den Worten kommentierte, daß dies „bei der übereinstimmenden weltanschaulichen Grundlage beider Bewegungen nicht überraschen kann".[547]

Rainer behauptete von sich, bereits 1922/23 zum ersten Mal vom Nationalsozialismus und Hitler, „einem großen Redner", gehört zu haben, gab aber zu, daß ihm die Politik „damals noch gleichgültig" gewesen sei. Ebenso hätte ihn während des Stu-

---

[542] Ebd.
[543] Salzburger Volksblatt, 25. 5. 1938, S. 2.
[544] Der Vormarsch, 25. 9. 1932, S. 11.
[545] Für dieses Zentrum der turnerischen Führerausbildung Österreichs bürgerte sich bald der Name „Turnersee" ein.
[546] Salzburger Volksblatt, 25. 5. 1938, S. 2.
[547] Der Vormarsch, 25. 9. 1932, S. 11. Sepp König ging noch einen Schritt weiter und bezeichnete die Führerschaft des Kärntner Turngaues „dem Geiste und der Zusammensetzung nach" als Fortsetzung des Kärntner Heimatdienstes. (Ebd.).

diums die Partei nicht interessiert.[548] Erst nach Lektüre von Hitlers „Mein Kampf" und Alfred Rosenbergs Buch „Mythus des 20. Jahrhunderts" fand Rainer 1927 geistig zum Nationalsozialismus hin. „Ich meinte, daß die Sache in diesen Büchern richtig dargestellt ist."[549] Nicht nur programmatische Schriften überzeugten ihn darin, ein bedingungsloser Gefolgsmann Hitlers zu werden. Auch frühe Denk-Klischees waren dafür mitbestimmend. Rainer beschrieb sich als „national veranlagt(en)" und ressentimentbeladenen Antisemiten. „Deswegen paßte mir auch das Programm der NSDAP mit seinen 25 Punkten, und (so) wollte auch ich ein Mitglied der Partei werden."[550]

Als am 10. Oktober 1930 anläßlich des 10. Jahrestages der Kärntner Volksabstimmung in seiner Heimatstadt die erste Ortsgruppe der NSDAP-Hitlerbewegung gegründet wurde, stieß Rainer auf Betreiben seines Lehrers Lienhardt zur nicht mehr als 20 Mitglieder zählenden Ortsgruppe. Rainer trat der Partei bei und übernahm die Funktion eines Vorsitzenden des „Untersuchungs- und Schlichtungsausschusses" der NSDAP.[551]

Durch sein berufliches Revirement in die Landeshauptstadt wurde Rainer parteimäßig 1931 in die Klagenfurter Ortsgruppe überschrieben. Bis 1934 sollte seine politische Karriere jene eines einfachen Parteimitgliedes sein. In diese Phase parteipolitischer Abstinenz fiel auch seine Hochzeit[552] mit der aus Jägerndorf (Schlesien) stammenden Ada Pflüger, die ihm acht Kinder schenken sollte.[553]

Den eigentlichen Durchbruch in der Partei, wenn auch noch in bescheidener Position, schaffte Rainer, nachdem er im Januar 1934 der SS beitrat.[554] Der damalige Stabsführer der SS, ein Schulkamerad,[555] suchte einen Mann, der als Nationalsozialist noch wenig bekannt war, der auch als Deckadresse dienen konnte und es verstand, politische Situationsberichte zu verfassen, die

---

[548] AMNZ, proces dr. Friedrich Rainer, fol. 550.
[549] Ebd.
[550] Ebd.
[551] Ebd. NSDAP-Mitgliedsnummer 301.860. (BDC-Personalakte, SS-Stammdatenblatt).
[552] Sie fand am 21. Mai 1935 in Klagenfurt statt. (BDC-Personalakte, SS-Stammdatenblatt).
[553] Vgl. PRERADOVICH, SS-Führer, S. 65.
[554] BDC-Personalakte, SS-Stammdatenblatt. SS-Nummer 292.774.
[555] Vermutlich Johann Hauser.

an Deckadressen in Innsbruck weitergeleitet wurden.[556] Seine konsequente Arbeit im Nachrichtendienst zahlte sich bald aus. Globocnik half seinem Freund, indem er ihn Klausner empfahl und ein Treffen arrangierte. Rainer, seit 1932 mit Klausner bekannt, folgte der Einladung des Gauleiters nach Latschach. „Mit Klausner sprachen wir uns aus; er fragte mich, ob ich mit ihm arbeiten will und in diese Mitarbeitschaft willigte ich selbstverständlich ein."[557] Obwohl er in Führerkreisen durch seine Kritik an den politischen und organisatorischen Methoden wenig beliebt war, holte ihn Klausner im August 1934 in die Gauleitung und beauftragte ihn mit der Reorganisation der Partei. Ab diesem Zeitpunkt schob er sich, so Rainer, als „erster politischer Ratgeber und Mitarbeiter Klausners" und unersetzbarer Stratege in den Mittelpunkt der illegalen NSDAP: Rainer forcierte den Wiederaufbau der Partei, führte die Schulung junger, neuer Parteigänger und steuerte den illegalen Propagandaapparat wie die Durchführung politischer Aktionen.[558]

Mit der am 12. Mai 1936 erfolgten Berufung in die Landesleitung der NSDAP Österreich begann Rainers unaufhaltsamer Aufstieg, dem einige persönliche Erfolge vorausgegangen waren. Sein 1935 ausgearbeitetes Konzept trug offensichtlich Früchte.[559] Vor allem das „Brückenkopf-Prinzip", das sich in erster Linie auf die Gewinnung von Persönlichkeiten im Partei-, Staats- und Kulturbereich und auf Absicherung von Vertrauensleuten im Vereinswesen richtete, bewährte sich.[560] Auf propagandistischem Terrain bewies Rainer ebenfalls Geschick. Darum war es sicher nicht übertrieben, wenn er im Rückblick folgende Propandaaktionen als „besonders positiv" für die Parteientwicklung befand, die auch entsprechend ausgeschlachtet wurden: „Das Kampflied und das Kärntnerlied; Spott und Ironie in der Propaganda; Aufflammen von Höhenfeuern im Zuge der Saarabstimmung; spontanartige Propagandaaktionen wie beim Olympia-Fackellauf, beim Soldatentag in Wels, beim Neurath-Besuch in Wien; die gläubige und hoffnungssichere Einstellung der Frauen und deren Arbeit im Hilfswerk, bei Sammlungen, aber auch beim Verteilen von Flug-

---

[556] AMNZ, proces dr. Friedrich Rainer, fol. 551 u. fol. 925.
[557] Ebd.
[558] Ebd. u. fol. 931; BDC-Personalakte, Lebenslauf; Kleine Zeitung, 28. 11. 1942, S. 2; ELSTE/HÄNISCH, Weg, S. 303.
[559] Siehe die biographische Skizze Klausners.
[560] Vgl. ELSTE/HÄNISCH, Weg, S. 379.

blättern; die auf die Berge verlegten Appelle und Schulungen, in Verbindung mit dem sportlichen Element; gewisse einheitliche Abzeichen wie das Tragen weißer Kniestrümpfe oder in Kärnten des Lobisser-Dirndl-Kostüms."[561]

Das Konzept entsprach auch der Politik Hitlers, der Rainer und Globocnik nach der Unterzeichnung des Juli-Abkommens 1936 zu sich auf den Obersalzberg befahl und sie beauftragte, die gesamte österreichische Partei auf eine konziliante Linie zu bringen, illegale Betätigungen zu unterbinden und legale Betätigungsmöglichkeiten zu finden.[562]

Ende 1936 erkühnte sich der Klausner-Rivale Leopold aufgrund politisch-taktischer Auffassungsunterschiede, Rainer seines Amtes als politischer Leiter zu entheben und aus der Partei zu eliminieren.[563] Die damit zusammenhängenden Positionskämpfe beruhten auf einem tiefen Gegensatz. Leopold wollte eine Legalisierung der Partei erreichen. Als Endziel schwebte ihm die Gleichstellung der NSDAP mit der Vaterländischen Front vor, um diese zu gegebener Zeit mit deutscher Hilfe zu überwinden.[564] Rainer und Seyss-Inquart, mit dem ihn ein „Kampfbündnis"[565] verband, hielten den Plan Leopolds, die NSDAP korporativ in die Vaterländische Front einzubauen, für aussichtslos. Sie traten für eine strikte Trennung von Parteiorganisation und nationaler Politik in Österreich ein.[566]

Rainers Enthebung führte zu Protesten aller Gauleiter, zu Interventionen Klausners, Kepplers und von Papens, die alle auf seine Weiterverwendung bestanden, schließlich zum Rücktritt Klausners als Gauleiter. Dieser Streit drohte erneut, das Gefüge der Partei zu erschüttern. Um diese Konsequenzen zu verhindern, trat Rainer freiwillig zurück, zumal er „auf eine Verwendung unter Leopold keinen Wert mehr legte".[567] Ende 1936 war er aus der Partei gänzlich ausgeschieden und mit Betätigungs-, Rede- und Schreibverbot belegt.[568]

---

[561] AMNZ, proces dr. Friedrich Rainer, fol. 935.
[562] Vgl. ROSAR, Deutsche Gemeinschaft, S. 96 f.
[563] BDC-Personalakte, Lebenslauf; PAULEY, Der Weg in den Nationalsozialismus, S. 172; ROSAR, Deutsche Gemeinschaft, S. 101 ff.
[564] EICHSTÄDT, Von Dollfuß zu Hitler, S. 150.
[565] ROSAR, Deutsche Gemeinschaft, S. 92.
[566] Ebd., S. 92 ff.; ELSTE/HÄNISCH, Weg, S. 375.
[567] AMNZ, proces dr. Friedrich Rainer, fol. 944.
[568] Ebd.

Durch die Attacke Leopolds keinesfalls politisch kaltgestellt, gelang es der Rainer-Seyss-Gruppe mit der Installierung der Volkspolitischen Referate in der Vaterländischen Front, erste legale Positionen zu erringen.[569]

Diese Politik fand im Sommer 1937 eine weitere Aufwertung, als Hitler am 12. Juli den SS-Gruppenführer Wilhelm Keppler offiziell mit der Lösung der österreichischen Frage betraute. Mit der Nominierung von Görings wirtschaftlichem Berater und Himmlers verlängertem Arm wählten Berlin und die SS die „zweckmäßigste Lösung, um aus dem Führungsdilemma herauszukommen, in das die NSDAP Österreich durch die Enthebung Habichts geraten war". Es war aber auch eine Entscheidung gegen Leopold und dessen definitive Zurücksetzung in der Parteipolitik.[570] Zusammen mit Edmund Veesenmayer, einem SD-Mann, der Keppler zur Seite gestellt war, protegierte die SS-SD-Kommandokette mit ihrer Ernennung die Arbeit der Rainer-Seyss-Gruppe und ihre Politik der schrittweisen Subversion.

Jetzt kamen die persönlichen und politischen Kontakte der Kärntner, die sie über die SS und den SD seit dem Parteiverbot nach Deutschland aufgebaut hatten, voll zum Tragen. Der von Globocnik aufgezogene Sonderdienst der Gauleitung war bereits 1934 auf Order Reinhardt Heydrichs dem Reichssicherheitshauptamt unterstellt worden.[571] Rainer und Globocnik verstanden es virtuos, diesem Nachrichtenapparat österreichweit Geltung zu verschaffen. Dabei verbreitete die Zusammenarbeit mit Ernst Kaltenbrunner, seit 1936 Führer der SS Österreichs, ihren Einfluß.[572] Vor allem war es auch der Kunsthistoriker und SS-Angehörige Kajetan Mühlmann, ein Freund Seyss-Inquarts, der seine Kontakte zu Göring nutzte und dem taktischen Vorgehen der Rainer-Seyss-Gruppe durch Zuspielen erstklassiger Informationen zusätzliche Vorteile brachte.[573]

---

[569] ÖStA-AdR, Bestand Bürckel, Büro Knissel, Kt. 2, „Globocnik-Memorandum", fol. 439.

[570] Vgl. PAULEY, Der Weg in den Nationalsozialismus, S. 181; LUŽA, Österreich und die großdeutsche Idee, S. 37 f.

[571] Vgl. MOSCHNER, Kärnten. Grenzland im Süden, S. 33.

[572] Das Verhältnis der Kärntner Gruppe zu Kaltenbrunner illustriert BLACK, Peter (1991): Ernst Kaltenbrunner, Vasall Himmlers: Eine SS-Karriere, Paderborn/München/Wien/Zürich, S. 94 ff., sehr deutlich.

[573] LUŽA, Österreich und die großdeutsche Idee, S. 37.

Schließlich sah Himmler, in dem Bestreben „mehr Macht zu gewinnen in Österreich hoffnungsvoll eine zukünftige Basis der SS". Mit der Ernennung Klausners als Nachfolger Leopolds im Februar 1938 war er (Himmler) und mit ihm die österreichische SS – Rainer, Globocnik, Kaltenbrunner – am Ziel: Klausner als Landesleiter bedeutete die „Kontrolle über legale und illegale Machtmittel".[574] Klausner übertrug Rainer wiederum das politische Amt. Er war am vorläufigen Höhepunkt seiner Karriere angelangt.[575]

Seit Anfang 1938 agierten die Protagonisten der NSDAP Kärnten zumeist von Wien aus. Nachdem Globocnik in der Nacht des 10. März aus Berlin zurückgekehrt war und Rainer davon in Kenntnis gesetzt hatte, daß Hitler der Partei in Österreich volle Handlungsfreiheit gebe, veranlaßte Rainer in seiner Funktion als politischer Leiter jene bestimmende Drei-Punkte-Weisung:

– Sollte die Volksabstimmung abgesagt werden, müßten große Demonstrationen stattfinden und Fahnen zur Feier des nationalsozialistischen Sieges gehißt werden; die Mitteilung über die Aufhebung der Volksabstimmung würde er den Gauleitern machen. (Fall 1)

– Ein Rücktritt Schuschniggs bedeute, daß eine nationalsozialistische Regierung nachfolge; in diesem Falle sei von Demonstrationen zur Machtergreifung überzugehen. (Fall 2)

– Sollte Schuschnigg kämpfen und ein Bürgerkrieg ausbrechen, müßten die Parteiführer auf eigene Faust handeln und versuchen, unter Einsatz aller Mittel Schlüsselpositionen zu erobern. (Fall 3)[576]

Rainer erteilte den Befehl, daß Fall 1 „durchgespielt" werde.[577] Hiezu schrieb er retrospektiv: „Wir mußten eiskalt abwar-

---

[574] Ebd., S. 39 f.
[575] Der Verlauf der politischen Entwicklung im März 1938 wird als bekannt vorausgesetzt. Auch den Anteil der Kärntner Gruppe als elementare Drahtzieher des Umbruchs belegt die wissenschaftliche Literatur eingehend. Siehe exemplarisch: EICHSTÄDT, Von Dollfuß zu Hitler, S. 354 ff.; ROSAR, Deutsche Gemeinschaft, S. 222 ff.; LUŽA, Österreich und die großdeutsche Idee, S. 36 ff.; PAULEY, Der Weg in den Nationalsozialismus, S. 194 ff.
[576] IMGH, Bd. XXVI, Nürnberg 1947, Dokument 812-PS, S. 356; IMGH, Bd. XXXIV, Nürnberg 1949, Dokument 4005-PS, S. 30 f.
[577] Ebd., Dokument 4005-PS, S. 31.

ten, operieren. Wir waren so im Kampf [...] und (mußten) klaren Kopf behalten."[578]

Befragt über seine Rolle beim „Anschluß", sagte Rainer 1947 in Laibach aus: „Vor dem Anschluß befand ich mich bei Klausner, und ich führte mit Klausner [...] die ganze Aktion für die Übernahme der Macht. Ich hatte nämlich schon früher Malapartes Buch ‚Der Staatsstreich' studiert, wo die Oktoberrevolution in Rußland beschrieben war. Und aus ihm schöpfte ich Erfahrung für den Putsch [...]. Ich war daher theoretisch für die Übernahme der Macht im März 1938 gründlich vorbereitet."[579]

Rainer, scheinbar loyal gegenüber Bürckel und Klausner, spielte 1938 den bescheidenen Idealisten und beteiligte sich nach außen nicht an dem Gerangel um Staatsfunktionen und Pfründe. Offensichtlich lag ihm auch nichts an Titeln und Orden.[580] Obwohl er sich angesichts des „Überrollens" Österreichs durch die zentralen Staats- und Parteistellen in Berlin in den Kreis der vom „Anschluß" Enttäuschten stellte, ist er wohl am wenigsten zu diesen zu rechnen. Rainers Parteikarriere stieg steil an: Er wurde Mitglied des Reichstages und als Staatssekretär in das Ministerium Klausner berufen. Darüber hinaus war er Beauftragter des Reichssportführers. Im Stabe Bürckels machte er sich in der „Volksabstimmungsorganisation" unentbehrlich.[581] Es erfolgte seine Ernennung zum HJ-Gebietsführer. Auch in der SS, die ihm Garant seines parteiinternen Aufstiegs war, zeichneten sich Karrieresprünge ab: Noch im September 1937 stand Rainer im Rang eines SS-Untersturmführers. Im Jahr 1938 avancierte er gleich zweimal: Am 12. März 1938 wurde er SS-Standartenführer; im Juli rückte er zum SS-Oberführer auf. Im Juni 1943 brachte er es zum SS-Obergruppenführer.[582]

Rainer, den „nicht alle Kärntner liebten", wurde für den Posten des Kärntner Gauleiters von Opdenhoff zumindest einmal genannt: Wenn Klausner den Südgau bekäme, würde Rainer mit Klausner gehen. Zudem wollte Opdenhoff in der Person

---

[578] Ebd., S. 38.
[579] AMNZ, proces dr. Friedrich Rainer, fol. 554.
[580] Völkischer Beobachter, Wiener Ausgabe, 3. 7. 1938, S. 1.
[581] Vgl. ELSTE/HÄNISCH, Weg, S. 440.
[582] BDC-Personalakte, SS-Stammdatenblatt.

Rainers für den Fall, daß eine Reichsstatthalterei unter Seyss-Inquart bestehen bleiben würde, den idealen Innenminister erkennen.[583]

Im Mai 1938 bestellte ihn Hitler zum Gauleiter von Salzburg, und Rainer mischte in den verschiedenen Spekulationen über eine neue Gau- bzw. Ländereinteilung mit. Nach einer Darstellung Walzls kalkulierte Rainer dahingehend, daß für Kärnten in einer „straffen Zusammenfassung" mit Salzburg „jene Stärkung der Grenzlandposition erreichbar sei, die Kärnten brauche, um einerseits mit dem Reich wirkungsvoll verbunden zu sein, andererseits ebenso ‚kraftvoll nach dem Südosten ausstrahlen zu können.'"[584]

Als Gauleiter und Reichsstatthalter kehrte Rainer im November 1941 in seine Heimat zurück, um das „ewige, deutsche, glückliche Kärnten zu schaffen".[585] Gleichzeitig häufte er weitere Titel und Funktionen an. Rainer wurde Chef der Zivilverwaltung in den besetzten Gebieten Kärntens und Krains. Außerdem erfolgte seine Ernennung zum Reichsverteidigungskommissar von Kärnten (11. Dezember 1942). Ab 10. September 1943 fungierte er auch als Oberster Kommissar in der „Operationszone Adriatisches Küstenland".[586] Ende 1944, am Zenit seiner „Karriere", wurde das „glückliche" Kärnten Teil der „Alpenfestung", und Rainer konstatierte: „Nur ein Weg (führt) ins Kärntnerland, der Weg über unsere Leichen."[587]

Am 31. Mai 1945 verhafteten die Briten Rainer in der Gemeinde Stockenboi in Oberkärnten. Zunächst in Klagenfurt arretiert, kam er über verschiedene Vernehmungsquartiere der Briten im Oktober 1945 nach Nürnberg.[588] Bis Anfang Juli 1946 trat er wiederholt als „Entlastungszeuge" hochrangiger NS-Parteimitglieder in den Zeugenstand. Anschließend wurde er nach Dachau überstellt, um für weitere Zeugenaussagen zur Verfügung zu stehen.[589] Am 12. Februar 1947 übergaben ihn die

---

[583] BA-KO, Slg. Schumacher 304, Opdenhoff an Friedrichs, datiert 2. 4. 1938; 29. 4. 1938; 10. 5. 1938.

[584] WALZL, „Als erster Gau …", S. 85.

[585] Kleine Zeitung, 1. 12. 1941, S. 3.

[586] Vgl. PRERADOVICH, SS-Führer, S. 66 f.

[587] Kärntner Zeitung, 13. 11. 1944, S. 1.

[588] Zu diesem Zeitpunkt stand Rainer auf der österreichischen Kriegsverbrecherliste. An sich hätte damit ein Verfahren in Österreich anhängig werden müssen. (Neue Zeit, 9. 12. 1945, S. 1.).

[589] AMNZ, proces dr. Friedrich Rainer, fol. 365.

Amerikaner an Jugoslawien.[590] Nach 8 Prozeßtagen verurteilte
ihn das Militärtribunal des IV. jugoslawischen Armeekorps zum
Tode durch den Strang.[591]

Rainers genauer Hinrichtungszeitpunkt ist bislang unge-
klärt. Auf Verlangen seiner Witwe, Ada Rainer, fertigte die
Volksrepublik Jugoslawien eine Abschrift aus dem „Toten-Ma-
trikelbuch" (datiert 7. April 1952) an, demzufolge Rainer am
19. August 1947 hingerichtet worden sein soll. Es wird ersicht-
lich, daß die Eintragung in das Matrikelbuch erst am 25. August 1950 erfolgte. Im Jahre 1949 berichteten österreichische
Zeitungen mit Bezug auf eine Meldung aus Belgrad, daß Rainer noch lebe und im Auftrag der jugoslawischen Regierung
mit der Abfassung einer Studie beschäftigt sei, in der er den
Beitrag Österreichs zum Anschluß an Deutschland dokumen-
tiere. Kommentatoren vermuteten ferner, daß der Bericht Rainers den jugoslawischen Delegierten der Londoner Österreich-
Konferenz zugespielt werden solle, um die jugoslawischen
Forderungen zu unterstützen.[592] Ein Jahr später wurde vor dem
Klagenfurter Volksgericht das Verfahren gegen Friedrich Rainer nach dem Vermögensverfallgesetz behandelt, in dem der
bestellte Abwesenheitskurator Rainers bei der Hauptverhandlung herausstrich, daß nicht bekannt sei, ob das Urteil voll-
streckt wurde.[593] Auch eine Liste der jugoslawischen Volksar-
mee mit den Namen der Hingerichteten weist mit dem 18. August 1947 ein gegenüber dem Matrikelbuch abweichendes
Sterbedatum aus.[594]

Recherchen im Archiv des Slowenischen Innenministeriums
erbrachten Indizien, die darauf schließen lassen, daß Rainer mit
ziemlicher Sicherheit zumindest bis zum 17. Juni 1948 am Leben gewesen sein mußte. Jedenfalls finden sich in den Prozeßak-

---

[590] Ebd., fol. 549.
[591] StA-Klgf., Tagebuch des Staatsanwaltes 8 B St 1239/92.
[592] Sammlung Ing. Friedrich Rainer, Abschrift aus dem Matrikelbuch, Zeitungsmel-
dungen. Der hier zitierte Zeitungsbericht der Agentur Dena/Reuter/Südena wurde
offensichtlich 1949 in einer nicht näher bezeichneten österreichischen Tageszeitung mit dem Titel „Stillstand der Österreich-Konferenz" veröffentlicht. Das
Faksimilie dieses Berichts erscheint authentisch. Die Einsichtnahme in die
Sammlung Rainer und die Ablichtung der betreffenden Schriftstücke wurde dem
Verfasser am 4. September 1989 ermöglicht.
[593] LG-Klgf., Vg 17 Vr 2127/49, Hauptverhandlung, Klagenfurt, datiert 28 .9. 1950.
[594] AMNZ, spisek obsojenih oseb, nad katerimi je bila izvršena smrtna kazen v času
1945 do 31. 12. 1952.

ten unter Berufung auf österreichische Zeitungen offensichtlich Kommentare Rainers zur österreichischen Innenpolitik.[595] Aus diesem Blickwinkel scheinen Gerüchte, daß Rainer 1952 im serbischen Gefangenenlager Bor gesehen worden sein soll, neue Nahrung zu bekommen.[596]

---

[595] AMNZ, proces dr. Friedrich Rainer, fol. 994-997. Hiebei handelt es sich um eine offenbar von Rainer maschinschriftlich verfaßte „Information über den österreichischen Unterrichtsminister Dr. Felix Hurdes". Rainer bezieht sich darin u. a. auf das Organ der Sozialistischen Partei der Steiermark „Neue Zeit" vom 17. Juni 1948. Wenn Rainer am 19. August 1947 laut Matrikelbuch hingerichtet wurde, konnte er nicht der Verfasser dieser Zeilen sein. Die Diktion dieses Kommentars deckt sich mit anderen in den Prozeßakten befindlichen Abhandlungen.

[596] Derartige Hinweise wurden besonders in rechtslastigen Publikationen ventiliert. Siehe hiezu exemplarisch: DRECHSLER, Robert (Hg.), Deutsche Dokumente, Folge 9/10, 1979, S. 182 f. Die Hintergrundinformationen lieferte offenbar der in rechtsextremen Kreisen nicht unbekannte Sohn Friedrich Rainers, Ing. Friedrich Rainer.

WALTHER RENTMEISTER

„Es ist unverkennbar, daß in allen arischen Völkern die Bewegung gegen das Judentum zunimmt."[597]

Die Grundstimmung nach dem politischen Umbruch von 1918 war für extreme Rechtsgruppierungen in Kärnten günstig. Nationalistische, antislawische, alldeutsche, antimarxistische, antiliberale und vor allem völkisch-antisemitische Vorstellungen fanden einen günstigen Nährboden vor. Auch wirkte der Abwehrkampf als vielschichtige Reibfläche. Die NS-Partei war eine jener zahlreichen völkischen Gruppen, die in dieser politisch instabilen Atmosphäre mittels verbalaggressiver Propaganda aufzufallen suchte.[598]

Beim Landesparteitag im April 1920 präsentierte die Parteileitung das dafür zuständige Organ nationalsozialistischer Selbstdarstellung: den „Kärntner Volkswille(n)".[599] Für den Inhalt der Zeitung verantwortlich war Walther Rentmeister. Unter seiner Federführung verschmolz das nationalsozialistische Sprachrohr zu einem Blatt mit „Kampf"- und „Familien"-Charakter. Verstand es sich als Kampforgan, dann bezog es regelmäßig Front gegen „die Juden". In diesem Kontext gab Rentmeister als Schriftleiter den Lesern zu verstehen: Da in anderen Kärntner Presseerzeugnissen der „jüdisch-international vergewaltigte [...] Volksgeist" zum Ausdruck komme, werde der „Kärntner Volkswille" den „freien [...], vollkommenen [...], judenreinen deutschsozialen Kärntner Volkswillen" vertreten.[600] Offensichtlich veranlaßte die jüdische Bedrohungsfiktion Rentmeister, dem Parteiblatt das Image eines „familiären" Schutzor-

---

[597] Kärntner Volkszeitung, 18. 4. 1920, S. 1.
[598] Vgl. ELSTE/HÄNISCH, Weg, S. 29.
[599] Ebd., S. 41; Kärntner Volkswille, 25. 4. 1920, S. 1 f.
[600] Kärntner Volkswille, 25. 4. 1920, S. 1.

gans zu verpassen. Die „deutschbewußte Arbeiterschaft" müsse
vor „den Angriffen der jüdischen Internationale bewahrt werden", hieß es in der Argumentation. Unter diesem „Schutz-
schild" sollten sich die sozialen Zielgruppen der DNSAP – Arbeiter, der Mittelstand, insbesondere „Festbesoldete" (Beamte),
Lehrer, Frontkämpfer, „Kriegsbeschädigte, -witwen und -wai-
sen" – sammeln.[601]

Die von Rentmeister gestaltete Zeitung war kein publizisti-
sches Mittel, mit dem eine Faszination der Bevölkerung für den
Nationalsozialismus erreicht werden konnte. Das NS-Provinz-
blatt konnte keine Massenimpulse setzen und war von einer Beeinflussung der öffentlichen Meinung bei einer Auflage von
1.500 Stück weit entfernt.[602]

Die Parteiführer Hugo Herzog und Moritz Czeitschner als Protagonisten der NSDAP-Hitler-Bewegung bauten auf dem organisatorischen Fundament auf, das Walther Rentmeister zunächst als
dritter Parteivorsitzender,[603] dann als alleiniger Parteiobmann
zwischen 1923 und 1925 geschaffen hatte. Rentmeister entwickelte Organisationskonzepte und war für parteitaktische Fragen zuständig. Vor allem aber ist er dem Stamm jener „Alten
Kämpfer" zuzurechnen, welche die Kärntner NS-Partei auf militanten Kurs brachten.[604]

Geboren wurde der spätere Magister der Pharmazie Rentmeister[605] am 3. Dezember 1894 im steirischen Feldbach als Sohn
des Kaufmannes Florian Rentmeister und dessen Gattin Justine.
Der Einjährigfreiwillige, Kriegsfreiwillige, Aktivist der deutsch-
böhmischen Volkswehr in den Wintermonaten 1918[606] kam 1919
nach Klagenfurt. Dort soll er zu den Gründungsmitgliedern der
am 1. September 1919 gebildeten DNSAP-Ortsgruppe gezählt

---

[601] Kärntner Volkszeitung, 28. 3. 1920, S. 1. Die „Kärntner Volkszeitung" war dem
„Kärntner Volkswillen" namentlich vorangegangen. Siehe dazu ELSTE/
HÄNISCH, Weg, S. 41.

[602] Kärntner Volkswille, 21. 8. 1920, S. 1; ebd., ELSTE/HÄNISCH, S. 42.

[603] Die „Deutsche Arbeiter-Presse" vom 10. 2. 1923, S. 10 nennt als ersten Vorsitzenden der DNSAP Alois Michner, als zweiten einen Mann namens Worrel.

[604] Ebd., Deutsche Arbeiter-Presse; vgl. ELSTE/HÄNISCH, Weg, S. 81. Eintritt in
die NSDAP-Hitlerbewegung am 5. Mai 1926; Mitgliedsnummer 51.546. (BDC-
Personalakte, Personalfragebogen für die Anlegung der SA-Personalakte).

[605] Sponsion an der Universität Prag am 28. 4. 1919. (BDC-Personalakte, Personal-
fragebogen).

[606] Bezirkskommandant in Bischofteinitz/Ronsperg.

haben.[607] Neben seinen verschiedenen Parteifunktionen (Ortsgruppenobmann von Klagenfurt mit Unterbrechungen bis 1925, Landesparteiobmann von 1923 bis 1925) engagierte sich Rentmeister in völkisch-antisemitischen bzw. paramilitärischen Organisationen. Von 1920 bis 1922 war er Mitglied des Kärntner Heimatschutzes. 1922/23 zählte er zur rund 500 Mann starken Kärntner Ordnertruppe der DNSAP. Nachvollziehbar sind Rentmeisters Aktivitäten auch im Vaterländischen Schutzbund, der Keimzelle der SA, dessen Existenz seit 1923 belegt ist.[608]

War unter dem Kommando des Münchner-Novemberputschisten Josef Berchtold der Schutzbund zu einer aktiven Kampftruppe der rechten Szene Kärntens herangewachsen,[609] so verbreiterte sich auf Befehl Rentmeisters 1924 seine organisatorische Basis. Rentmeister hatte im April die Ortsgruppen der DNSAP angehalten, Abteilungen des Vaterländischen Schutzbundes aufzustellen. Darüber hinaus verpflichtete er alle wehrfähigen Parteigänger, dem Schutzbund beizutreten. Außerdem verbot er eine Mitgliedschaft bei anderen Wehrformationen.[610] Diese Anweisungen trennten die Aktivisten der DNSAP strikt von denen des Kärntner Heimatschutzes.

Mit Rentmeister kam es nicht nur zu einer Militarisierung der Partei. Er beschritt auch die Linie des „Hitlerschen Putschismus".[611] Die Partei-Presse sprach bereits von einer Systemänderung: „Nur eine Diktatur, [...] ausgeübt von verantwortungsvollen, [...] ehrlichen Männern, kann, gestützt auf eine verläßliche militärische Macht, Besserung bringen."[612] Letztlich aber folgte er der Forderung Hitlers zu einer Wahlenthaltung der Nationalsozialisten auf Bundesebene (Herbst 1923). Auf Landesebene bekannte er sich zur Wahlpartizipation. Als Motive dafür wurden Feindbilder herangezogen: „Wenn wir [...] uns an den Wahlen [...] beteiligen, so (geschieht) das nur deshalb, weil auf

---

[607] Vgl. HÖFFKES, Hitlers politische Generale, S. 267.
[608] BDC-Personalakte, Personalfragebogen; ELSTE/HÄNISCH, Weg, S. 36.
[609] Ebd., ELSTE/HÄNISCH, S. 36.
[610] BA-KO, NS 26/143.
[611] Vgl. allgemein BOTZ, Gerhard (1981): Strukturwandlungen des österreichischen Nationalsozialismus (1904 bis 1945), in: ACKERL, Isabella/HUMMELBERGER, Walter/MOMMSEN, Hans (Hg.), Politik und Gesellschaft im alten und neuen Österreich. Festschrift für Rudolf NECK zum 60. Geburtstag, Bd. 2, Wien, S. 170.
[612] Deutsche Arbeiter-Presse, 8. 9. 1923, S. 7.

uns Kärntnern, (im) derzeit südlichsten Grenzlande der deutschen Heimat, in nationaler Beziehung die schwere Verantwortung lastet, durch Wahlenthaltung die serbenfreundliche Irredenta der Slowenen im Lande zu stärken und uns in wirtschaftlicher Hinsicht der Vorwurf treffen könnte, neuerlich die Bildung einer roten Landesregierung mit ihren marxistischen Verwaltungskünsten ermöglicht zu haben."[613]

Im Jahr 1921 gelang es den Klagenfurter Nationalsozialisten bei den Gemeinderatswahlen mit Rentmeister als Listenführer, ein Mandat zu erobern, das er auch ausüben sollte. Nach eigenen Angaben saß er bis 1925 im Gemeinderat der Landeshauptstadt.[614]

Als einer der ersten Gauleiter der NSDAP-Hitler-Bewegung sollte seine Parteikarriere in Wien ihre Fortsetzung finden. Mit „Stolz" vermerkte er in seinem Personalfragebogen unter der Rubrik „Anerkennungen, Belobigungen, Auszeichnungen in der Bewegung" ein Bild Hitlers mit persönlicher Widmung sowie das Dankschreiben für seine Tätigkeit als Wiener Gauleiter von 1926 bis 1928.[615]

---

[613] Deutsche Arbeiter-Presse, 8. 9. 1923, S. 7; ELSTE/HÄNISCH, Weg, S. 39.
[614] Deutsche Arbeiter-Presse, 12. 3. 1921, S. 3; BDC-Personalakte, Personalfragebogen.
[615] BDC-Personalakte, Personalfragebogen.

OTTO SCHATZMAYR

„Nordisch offener Charakter, fester Wille, der einen gefaßten Entschluß rücksichtslos durchführt."[616]

Im April 1930 begann der Aufstieg der bis zu diesem Zeitpunkt zahlenmäßig gänzlich unbedeutenden Kärntner SS zur einflußreichen innerparteilichen Polizeitruppe und zum unentbehrlichen Werkzeug in der Hand ihrer Führer. Vom Reichsführer-SS Heinrich Himmler „persönlich" wurde in diesem Jahr die Aufstellung einer 12köpfigen Schutzstaffel in Klagenfurt befohlen. Zum Führer der SS-Keimzelle ernannte Himmler am 4. April 1930 den aus der SA hervorgegangenen Scharführer Otto Schatzmayr.[617]

Mit dem damals 31jährigen Schatzmayr stand ein Mann an der Spitze der Kärntner SS, der sich schon zuvor in verschiedenen Parteifunktionen als zuverlässiger und ergebener Gefolgsmann des „Führers" ausgewiesen hatte und entsprechendes organisatorisches Geschick mitbrachte. Den Auf- und Ausbau der SS betrieb Schatzmayr offensichtlich mit „harter" Hand und „peinlich genau" nach den Vorschriften der Reichsführung, wobei ihm das Organisationskonzept der SA als Schablone diente.[618]

Die Kärntner SS bildete 1932 den selbständigen SS-Sturmbann I/38 und war damit Teil der 38. SS-Standarte, die gebietsmäßig die Steiermark und Kärnten umfaßte. Diese Konzeption ging auf den deutschen SS-Abschnittsführer Walter Graeschke zurück, der im Zuge der von Habicht eingeleiteten „Verpreußungswelle" in der österreichischen NSDAP in die SS eingeschleust wurde. Das führte auch in Kärnten zur kurzfristigen

---

[616] BDC-Personalakte Otto Schatzmayr, Personal-Bericht, Beurteilung.
[617] Vgl. MOSCHNER, Kärnten. Grenzland im Süden, S. 30; BDC-Personalakte, Lebenslauf.
[618] Ebd., BDC-Personalakte.

Ablöse Schatzmayrs durch den in Klagenfurt ansässigen deutschen Zahntechniker Eduard Duttenhofer.[619]

Inwieweit Schatzmayr für die Herausbildung des von Himmler propagierten „Elitebewußtseins" der Kärntner SS-Männer verantwortlich war, ist quellenmäßig nicht rekonstruierbar. Jedenfalls fand in der Schutzstaffel nur derjenige Aufnahme, bzw. durfte dort verbleiben, so ein NS-Chronist, der den gestellten Anforderungen an den Charakter, die körperliche Eignung und eine gefestigte Weltanschauung besaß.[620] Trotzdem dürfte das Ausleseverfahren in den „Eliteorden" in Kärnten weniger streng gehandhabt worden sein, als es in den NS-Darstellungen zum Ausdruck kommt. Die Bestimmungen des „Rasse- und Siedlungshauptamtes" der SS und die Rassekommission mit ihren zahllosen Fragebögen über das „rassische" Erscheinungsbild des Bewerbers, dessen körperliche Kondition, allgemeine (Geistes-)Haltung und Familiengeschichte spielten bei der Aufnahme in die Kärntner SS zumindest bis 1938 offenbar keine Rolle.

Schatzmayrs SS-Qualifikationen wurden erst nach seiner Flucht nach Deutschland 1935 überprüft. Er genügte den Anforderungen der SS. Sein „rassisches Gesamtbild" war „nordisch", sein Charakter „offen", sein Wille „rücksichtslos". In weltanschaulicher Hinsicht galt er als „einwandfrei und gefestigt".[621]

Am 25. September 1899 in Weißbriach in Oberkärnten geboren, entstammte Schatzmayr einer alteingesessenen Lehrerfamilie. Dem väterlichen Vorbild folgend, besuchte er die Lehrerbildungsanstalt in Klagenfurt und absolvierte die Volksschullehrerausbildung. 1923 wurde er als Lehrer an die Landes-Taubstummenanstalt nach Klagenfurt berufen.[622]

Im Jahr 1915 meldete sich Schatzmayr freiwillig zu den Kärntner Schützen. Er wurde ausgebildet und im Wachdienst verwendet. Das Fronterlebnis hatte er als Einjährig-Freiwilliger im Verlauf der Piaveoffensive im Juni 1918. Schatzmayr wurde

---

[619] Vgl. ELSTE/HÄNISCH, Weg, S. 327 f.

[620] BAUER, Theo (1941): Die SS in Kärnten, in: Der Heimatkreis, Heft 2, 1941, S. 2 f. Der SS-Mann Bauer ist Verfasser der vermutlich einzigen historischen Darstellung der Kärntner Schutzstaffel, die der Leiter des Gaupresseamtes Richard Moschner in seine Kärntner NS-Geschichte übernahm. (Vgl. MOSCHNER, Kärnten. Grenzland im Süden, S. 30 ff.).

[621] BDC-Personalakte, Personal-Bericht, Beurteilung.

[622] BDC-Personalakte, Lebenslauf.

zum Korporal befördert und mit der silbernen Tapferkeitsmedaille 1. Klasse ausgezeichnet. In den Monaten April bis Juni
1919 beteiligte er sich nach eigener Darstellung auch an den
Kärntner Abwehrkämpfen.[623]

In die NSDAP kam Schatzmayr 1928.[624] Zuvor war er ab
1922 Mitglied der Großdeutschen Volkspartei gewesen. Mit den
Worten „sonst hatte ich mit keiner politischen Partei was zu tun"
rechtfertigte er nachträglich diese Mitgliedschaft.[625] 1929 nahm
Schatzmayr am Reichsparteitag in Nürnberg teil und war
offensichtlich so beeindruckt, daß er sich im selben Jahr offiziell
in die SA einschreiben ließ. Zum SS-„Pionier" avancierte er
1930. Dazu schrieb Schatzmayr: „Am 4. April 1930 ernannte
mich der Reichsführer-SS zum SS-Führer im Gau Kärnten."[626]

Nachdem im Zuge einer Reparatur an der Orgel der Blinden-
und Taubstummenanstalt SS-Übungsvorschriften und Propagandamaterial aufgefunden wurde, verhaftete ihn die Bundes-
polizei im November 1933. Ebenfalls bei ihm sichergestellte,
tagebuchartig geführte Aufzeichnungen zeigten Schatzmayrs
politische Umtriebe. Aus diesen ging auch hervor, daß der engagierte Fachlehrer von Waffenkäufen der NSDAP und einem
Waffenlager Kenntnis hatte.[627] Schatzmayr selbst bezeichnete
sein Auffliegen als SS-Führer als „böswilligen Verrat".[628] Wegen politischer Umtriebe wurde er aus dem Landesdienst entlassen.

Am Juli-Putsch beteiligte sich Schatzmayr seinen Angaben
zufolge „aktiv" in Klagenfurt und flüchtete daraufhin am 10. August 1934 nach Deutschland. Auf Vorschlag Alfred Roden-
büchers, den Leiter des „Hilfswerks für Flüchtlinge und Hin-
terbliebene", erfolgte seine Beförderung zum SS-Sturmbannführer. Gleichzeitig wurde er zum Führer in der SS-Komman-
dantur Dachau ernannt.[629] Im September 1934 entsandte ihn Rodenbücher in besonderer Mission in das jugoslawische Varaždin.
Schatzmayr war Leiter der Kommission, welche die Beziehun-

---

[623] Ebd.
[624] BDC-Personalakte, NSDAP-Karteikarte. Mitgliedsnummer 83.165.
[625] BDC-Personalakte, Lebenslauf.
[626] Ebd.
[627] ÖStA-AdR, BKA-Inneres, 22/Ktn., Kt. 5052, Zl. 243.806/33.
[628] BDC-Personalakte, Lebenslauf.
[629] BDC-Personalakte, Rodenbücher an Reichsführung-SS, Dachau, datiert 19. 9.
1934.

gen zwischen den verschiedenen NS-Flüchtlingsgruppen in Jugoslawien zu regeln hatte.[630]

1938 kehrte Schatzmayr wieder nach Österreich zurück. Am 1. März 1939 trat er die Stelle des Direktors der Taubstummenlehranstalt in Klagenfurt an.[631]

Im Entnazifizierungsverfahren 1947 distanzierte sich Schatzmayr von seinen Parteiaktivitäten in der Verbotszeit. Auch wollte er am Juli-Putsch nicht teilgenommen haben. Das Gericht verurteilte ihn zu 16 Monaten schweren Kerkers.[632]

[630] Vgl. NEĆAK, Dušan (1996): Die österreichische Legion II. Nationalsozialistische Flüchtlinge in Jugoslawien nach dem mißlungenen Putsch vom 25. Juli 1934, Wien/Köln/Weimar, S. 68 u. S. 181.
[631] BDC-Personalakte, Stellenbesetzung, Graz, datiert 25. 2. 1939.
[632] LG-Klgf., Vg 23 Vr 678/47, Urteil u. Protokoll der Hauptverhandlung, Klagenfurt, datiert 22. 10. 1947.

*„Sein Leben war von
Jugend auf das eines
Grenzlandkämpfers.“[633]*

HANS SCHERIAU

Im Parteiapparat der NS-Bewegung erfüllte der am 7. März 1889 in St. Ruprecht bei Villach geborene Hans Scheriau zentrale Aufgaben. Der Gefolgsmann Hitlers war einer jener „Grenzlandkämpfer", so die NS-Propaganda, die den „dornenvollen Weg des Kampfes um die Befreiung des deutschen Volkes" schon sehr früh beschritten.[634] Bereits 1918 war Scheriau zur NS-Partei gestoßen. Mit Sicherheit war er einer der zahlreichen „völkischen Kämpfer", deren Deutschtümelei der aufsteigenden NSDAP viel von ihrem Gepräge gab. Seine „Liebe zur Scholle"[635] und zum deutschen Vaterland bestimmten sein politisches Denken und führten ihn in die Alldeutsche Bewegung und in die verschiedenen Schutzvereine. Im Grunde ist jedoch schwer zu deuten, welche Umstände den gescheiterten Studenten der Lehrerbildungsanstalt – er machte schließlich als Bahnbeamter Karriere – dazu brachten, nicht nur innerhalb der NSDAP, sondern in der Politik überhaupt seine Berufung zu erkennen. Zumindest eines steht fest: Über das völkische Vereinswesen gelangte Scheriau zur NSDAP und zu Hitler, dem er bereits 1923 vorgestellt wurde. Drei Jahre später zählte er zu den Revolutionären, die den Kärntner Nationalsozialismus auf den „Führer" einschworen.[636]

---

[633] Völkischer Beobachter, 16. 6. 1939.

[634] Ebd. u. Reichstagshandbuch. Der Großdeutsche Reichstag 1938. Lebensbeschreibungen der Mitglieder des Reichstages, abgeschlossen am 15. Juni 1938, S. 377.

[635] Völkischer Beobachter, 16. 6. 1939.

[636] Ebd.; Deutsche Arbeiter-Presse, 28. 8. 1926, S. 2. Die Deutsche Arbeiter-Presse vom 18. 9. 1926, S. 4 meldete, daß Scheriau in Passau „mit dem Brustton der Überzeugung die Anschlußerklärung Kärntens abgab und daß damit der Schulzschwindel erledigt sei". Mit Scheriau als einem der Wortführer hatten sich 1926 sechs NS-Ortsgruppen Hitler unterstellt. (ELSTE/HÄNISCH, Weg, S. 80).

Das Jahr 1926 bedeutete eine entscheidende Wende in seiner politischen Laufbahn. Zunächst war Scheriau als Gauleiter im Gespräch. Aus beruflichen Gründen verzichtete er und machte Herzog Platz. Als stellvertretender Gauleiter und Kreisleiter von St. Veit zog er als Fraktionsführer seiner Partei 1931 in den Gemeinderat von Friesach ein, jener Stadt, die den ersten NS-Stadtbürgermeister Österreichs stellte.[637] Seine Bedeutung für die Partei nahm stetig zu. In seiner Funktion als Landesredner sprach er bei „über tausend" Versammlungen in Österreich und Deutschland und wirkte auf diese Weise am Parteiaufbau mit.[638]

Aus „innerer Überzeugung" bekämpfte Scheriau zwischen 1933 und 1938 das „System", oder – wie er es bezeichnete – die „verblendete Staatsführung". Bis 1936 wurde er allein 9 Mal wegen NS-Betätigung abgestraft; insgesamt verbrachte er 27 Monate im Arrest.[639] 1935 bestimmte ihn Klausner zum Gauschulungsleiter Kärntens. Ein Jahr später kam er in die Landesleitung der NSDAP Österreich und wurde zum Leiter der Hauptabteilung 10 für Schulung und Weltanschauung bestellt.[640]

Scheriau zählte zum Typ des „geborenen" Nazi, zu dem Menschenschlag, der ein spontanes Verlangen nach „kämpferischer Bewährung" sowie einen „unreflektierten, elementaren Hunger nach Macht" kannte. Dieses „Kämpfernaturell" wurde 1938 saturiert. Der „Führer" ehrte seinen Protagonisten: Scheriau wurde Abgeordneter des Deutschen Reichstages. Er bekam das „Goldene Parteiabzeichen" und sammelte begierig weitere Parteiämter. Im Gau „Niederdonau" (Niederösterreich) wurden ihm die Funktion des Gauinspekteurs und das Amt für Kommunalpolitik übertragen.[641]

Scheriau verstarb im Juni 1939. Dementsprechend fiel sein Nachruf aus: „Den unbeugsamen Kämpfer hatte das Nie-Verzagen Adel tiefer Menschlichkeit verliehen. Er starb an den Folgen eines Leidens, das er sich in 27monatiger Haft in den Kerkern des Systems Schuschnigg zugezogen hatte."[642]

---

[637] Völkischer Beobachter, 16. 6. 1939.
[638] Ebd.
[639] Ebd.; DÖW-Nr. 6.126.
[640] Reichstagshandbuch. Der Großdeutsche Reichstag 1938. Lebensbeschreibung der Mitglieder des Reichstages, abgeschlossen am 15. Juni 1938, S. 377.
[641] Völkischer Beobachter, 16. 6. 1939.
[642] Ebd.

HANS STEINACHER

„Durch die ge-schichtliche Großtat des Führers und Reichskanzlers Adolf Hitler vom 13. März 1938 ist Kärnten nun wieder im Deutschen Reich und als deutsches Südland sein untrennbarer Teil."[643]

Andreas Mölzer, ehedem Weltanschauungsprokurist der FPÖ, zeichnete ein drastisches Bild: „Die Inquisitoren von den Politologieinstituten, aus den Zeitungsredaktionen und aus dem Dokumentationsarchiv", schrieb er 1992 in der „Aula", würden Persönlichkeiten wie Hans Steinacher wohl am liebsten „exhumieren, um sie öffentlich zu bespucken".[644]

Anläßlich des 100. Geburtstages des zum personifizierten Heros der Kärntner Geschichte stilisierten Steinacher hatte sich 1992 eine breite Front von Apologeten unterschiedlicher politischer Provenienz „gegen die Schmähungen gewisser linker Kreise" formiert, um zu demonstrieren, daß Kärnten seiner Geschichte, seiner Tradition „treu verbunden" bleiben werde.[645] In Kärnten werde es „stets Achtung und Verehrung sowie tiefe Dankbarkeit für die großen Männer des Abwehrkampfes, von denen Steinacher einer der prominentesten war, geben".[646]

---

[643] STEINACHER, Hans (1943): Sieg in deutscher Nacht. Ein Buch vom Kärntner Freiheitskampf, Wien, S. 7.

[644] „Aula" Nr. 9/1992, S. 26 f., zit. n. Stiftung Dokumentationsarchiv des österreichischen Widerstandes (Hg.) (1993): Handbuch des österreichischen Rechtsextremismus, Wien, S. 126.

[645] Kleine Zeitung, 6. 7. 1992, S. 4 f.

[646] Ebd. In das Kreuzfeuer der Kritik geriet der Innsbrucker Politologe Anton Pelinka, dessen Apostrophierung Steinachers zum „militanten, ja prominentesten Nationalsozialisten" sich wie die Analyse des Klagenfurter Universitätsassistenten Ulfried Burz, der auf quellenmäßiger Basis versucht hatte, die politische Vergangenheit Steinachers in der breiten Öffentlichkeit zur Diskussion zu stellen, als „Rohrkrepierer" erwiesen hat. Unisono wurden Pelinka und Burz von Wilhelm Neumann, ehedem Direktor des Kärntner Landesarchivs, zu Geschichtsrevisionisten gestempelt. (Kleine Zeitung, 26. 7. 1992, S. 4 f.). Während

Wiederholt war Steinacher wegen seiner NS-Vergangenheit
in das Kreuzfeuer der Kritiker geraten. Der kommunistische
„Volkswille" berichtete 1948 von der „Wahrheit über SA-Standartenführer Steinacher" und bezichtigte ihn als „Hintermann des
Dollfuß-Mordes".[647] In dieselbe Kerbe schlug auch die sozialistische „Neue Zeit", die lancierte, daß im Jahr 1933 in Passau[648]
im engeren Kreis des VDA,[649] dem Steinacher angehörte,[650] die
„Ermordung des Bundeskanzlers mit schamloser Offenheit ventiliert" wurde. Das Blatt griff ihn verbal an und schrieb, daß der
„Name Steinacher keinen guten Klang" habe, man dabei an
„chauvinistisch aufgerissene Dörfer, an Brückenkopfstim-
mungen" und „brütenden Nationalhaß selbst innerhalb der Familien" denke.[651] „Kärntens großer Sohn"[652] blieb auch nach seinem
Tod (1971) Angriffspunkt ideologischer Auseinandersetzungen.
Als 1976 unbekannte Täter sein Denkmal in Völkermarkt spreng-
ten, war Steinacher posthum Zielscheibe eines auf Basis von
Denkmalsprengungen geführten „Stellvertreterkriegs" zwischen
Slowenisch-Kärntnern und Deutsch-Kärntnern geworden.[653]

Zum 100. Geburtstag reduzierte sich die Diskussion auf jene
virulent aufgeworfenen Fragen: War Steinacher Mitglied der
NSDAP gewesen, und inwieweit hat seine VDA-Politik von
1933 bis 1937 dazu beigetragen, politische Richtungen zu unter-

---

Steinachers Werdegang für Pelinka „ein Musterbeispiel für die Instrumentierung
des Kärntner Abwehrkampfes zugunsten nationalsozialistischer Propaganda"
darstellt (Profil Nr. 28/1992, S. 17), bezeichnet Adam Wandruszka Steinacher in
einem als Replik auf Pelinka verfaßten Leserbrief in der „Neuen Kronen Zeitung vom 21. Juli 1992 als einen um Kärnten und Österreich „hochverdienten
Gegner Hitlers". (Zit. n. KOSCHAT, Die Metamorphose eines Denkmals, S. 8,
Anm. 9) Siehe auch die Beiträge zu Steinacher in: „Der Standard", 7. 7. 1992,
S. 23.
[647] Volkswille, 10. 2. 1948, S. 1. Festgehalten werden muß, daß weder eine SA-Mit-
gliedschaft noch eine Verbindung Steinachers zum Dollfuß-Mord 1934 erwiesen
ist. (Siehe auch WALZL, „Als erster Gau ...", S. 216; Kleine Zeitung, 5. 7. 1992,
S. 3).
[648] Es handelte sich dabei um die für Anfang Juni 1933 in Klagenfurt geplante 53.
Jahreshaupttagung des VDA, die ob des zu erwartenden Charakters einer „An-
schlußmanifestation" unter politischem Druck nach Passau verlegt wurde. (EL-
STE/HÄNISCH, Weg, S. 247).
[649] Verein für das Deutschtum im Ausland; später: Verband für das Deutschtum im
Ausland.
[650] Steinacher war zu diesem Zeitpunkt bereits „Reichsführer" (später: Bundesleiter)
des VDA.
[651] Die Neue Zeit, 19. 2. 1953, S. 4.
[652] Kleine Zeitung, 12. 1. 1971, S. 4.
[653] Profil, Nr. 29/1976, S. 19; Kleine Zeitung, 17. 6. 1976, S. 2 ff.

stützen und Wirkungen in Gang zu setzen, die später der NSDAP zugute gekommen sind.

Referieren wir Steinachers NSDAP-Mitgliedschaft zunächst aus der Nachkriegsperspektive: Bereits 1947 war der Staatsanwaltschaft Klagenfurt der strittige Punkt bekannt, daß Steinachers Aufnahme in die NSDAP-Ortsgruppe Berlin-Zehlendorf mit Wirkung vom 1. Mai 1940 (Mitgliedsnummer 7,753.917) erfolgt war.[654] Während in den Vorerhebungen eine Anklage nach §§ 10, 11 des Verbotsgesetzes erwogen wurde,[655] gelangte die Staatsanwaltschaft nach Recherchen zu der Ansicht, daß Steinachers Mitgliedschaft in der SA bzw. seine Anerkennung als „Alter Kämpfer" nicht erwiesen sei, aber dennoch beabsichtigte nach § 8 des Verbotsgesetzes Anklage zu erheben: Steinacher habe als Mitglied der NSDAP die Anmeldung zur Registrierung der Nationalsozialisten unterlassen und habe hiedurch das Verbrechen des Betrugs begangen und sei daher nach der entsprechenden Gesetzesstelle zu bestrafen.[656] Jedoch zog die Staatsanwaltschaft die Anklageschrift zurück, da Steinacher mit Bescheid des Amtes der Kärntner Landesregierung aus der Registrierungsliste gestrichen wurde, „weil er rechtlich nie Mitglied der NSDAP gewesen sei."[657]

Es kam zu keinem Verfahren gegen Steinacher. Die Staatsanwaltschaft vermerkte, daß der Anklage ein Erfolg versagt bleiben dürfte, zum einen mit Rücksicht auf den Bescheid des Amtes der Kärntner Landesregierung, zum anderen kann der

---

[654] StA-Klgf., Tagebuch des Staatsanwaltes 4 St 7449/47, Anklageschrift, Klagenfurt, datiert 8. 6. 1949. Die Anklageschrift wurde, wie angeführt, erst 1949 gefertigt. BDC-Personalakte Dr. Hans Steinacher, NSDAP-Karteikarte.

[655] Ebd., Tagebuch des Staatsanwaltes, Staatsanwaltschaft Klagenfurt an Oberstaatsanwaltschaft Graz, Klagenfurt, datiert 31. 5. 1949. Im Antrags- und Verfügungsbogen des Landesgerichts ist auch von einem „entfernten Verdacht" nach § 5 a Kriegsverbrechergesetz die Rede. (LG-Klgf., Vg 24 Vr 365/48).

[656] Ebd. u. Anklageschrift, Klagenfurt, datiert 8. 6. 1949.

[657] DÖW-Nr. 12.507, Amt der Kärntner Landesregierung, Zl. 503/NS/49. Hans Steinacher hatte als vermeintlich Nichtregistrierungspflichtiger wegen der Aufnahme in die 3. Nachtragsregistrierungsliste der Bezirkshauptmannschaft Völkermarkt mit der Begründung Einspruch erhoben, sich nie um die Aufnahme in die NSDAP beworben zu haben und daher rechtlich nie Parteimitglied gewesen zu sein. Seinem Einspruch wurde stattgegeben und wie folgt begründet: „1. Habe er nie einen Antrag um Aufnahme in die NSDAP gestellt, 2. sei er nie in den Besitz einer Mitgliedskarte oder eines Mitgliedsbuches gelangt, 3. wurde ihm an die Murmanskfront schriftlich mitgeteilt, daß er Mitglied der NSDAP geworden sei, worauf er schriftlich bei der Reichsleitung der NSDAP gegen die ohne seine Ein-

Nachweis, daß Steinacher in irreführender Absicht die Anmeldung zur Registrierung unterlassen hat – somit die subjektive Seite des Tatbestandes beging – nicht erbracht werden.[658]

In einem Entnazifizierungsverfahren hätte die „Causa Steinacher" eine andere Dimension erfahren. Schon im Sog der „Anschluß"-Euphorie hatte Steinacher den „Personal-Fragebogen zum Antragschein auf Ausstellung einer vorläufigen Mitgliedskarte und zur Feststellung der Mitgliedschaft im Lande Österreich" am 24. Mai 1938 penibel ausgefüllt und bei der Ortsgruppe Miklauzhof, seinem Zweitwohnsitz, eingebracht.[659] Diesem Personal-Fragebogen zufolge war Steinacher weder ein „Karriereritter" noch ein „Märzveilchen". Zur Frage, wann der erstmalige Eintritt in die NSDAP erfolgte, schrieb er: „Mai 1933 Meldung durch Pg. Maier-Kaibitsch und König in Klagenfurt".[660] De facto wäre Steinacher noch vor dem Parteiverbot Mitglied der NSDAP geworden.[661] Daß er keine Mitgliedskarte bzw. -nummer erhielt, dafür waren verwaltungstechnische Gründe maßgebend, die mit dem Parteiverbot im Juni 1933 zusammenfielen. Rainer, ein wohl unverdächtiger Gewährsmann in diesem Kontext, notierte zu den Parteiaufnahmeverfahren in der Zeit von 1933 bis 1938: „Es gab keine Mitgliederlisten, keine Mitgliedsbeiträge; Mitglied ist nicht wer zahlt, sondern wer was tut; (es gab) hingegen Spendensammlungen."[662] Im Personal-Fragebogen vermerkte Steinacher ferner, daß seine Mitgliedsbeiträge in Form „einer allgemeinen Leistung" durch den Kärntner Heimatbund entrichtet wurden.[663]

Daß 1938 sein Aufnahmeansuchen nicht bestätigt, ja ver-

---

willigung erfolgte Aufnahme Einspruch erhob und 4. sei er seit Jahren von der Gestapo überwacht worden und (es) ist ihm darauf auch ein größerer finanzieller Schaden erwachsen. Wie aus der Aktenlage einwandfrei hervorgeht, war genannter immer gegen das NS-Regime eingestellt und hatte durch dieses Verfolgungen zu erdulden."

[658] StA-Klgf., Tagebuch des Staatsanwaltes, 4 St 7449/47, Staatsanwaltschaft Klagenfurt an Oberstaatsanwaltschaft Graz, Klagenfurt, datiert 14. 10. 1949.

[659] BDC-Personalakte, Personal-Fragebogen, datiert 24. 5. 1938; Personalamtsleiter Prokop an Beauftragten des Führers für die NSDAP Finanz- u. Parteiverwaltung Abt. Mitgliedschaftswesen, Klagenfurt, datiert 10. 2. 1939.

[660] Ebd., Personal-Fragebogen.

[661] In diesem Konnex ist Steinacher-Biograph Jacobsen zu korrigieren, der unter Berufung auf die BDC-Akten festhielt, daß Steinacher „niemals" Mitglied der NSDAP gewesen ist. (Vgl. JACOBSEN, Hans Steinacher, S. 376, Anm. 2).

[662] AMNZ, proces dr. Friedrich Rainer, fol. 933.

[663] BDC-Personalakte, Personal-Fragebogen, datiert 24. 5. 1938.

schleppt wurde, lag an der Pedanterie der unmittelbar Zuständigen. Der Ortsgruppenleiter von Sittersdorf meldete, daß Steinacher „hier (in Miklauzhof) keinen Wohnsitz" habe und bemerkte außerdem, daß von „Arbeiten (Steinachers) für die NSDAP nichts bekannt" sei. Auch nach Ansicht des Völkermarkter Kreisleiters lag eine Betätigung für die NSDAP nicht vor.[664] Bereits 1933 war Steinacher nahegelegt worden, seinen Aufnahmeantrag bei der Ortsgruppenleitung seines ständigen Wohnsitzes einzubringen.[665]

Konsequent betrieb Steinacher weiter seine Aufnahme in die NSDAP. Im Februar 1939 startete er einen zweiten Anlauf bei der zuständigen Ortsgruppe Berlin-Zehlendorf. Im „Personal-Fragebogen zum Antragschein auf Aufnahme in die Nationalsozialistische Deutsche Arbeiterpartei" machte er gegenüber jenem vom Mai 1938 keine Abstriche hinsichtlich seiner NS-Mitgliedschaft. Auch diesmal hielt er ausdrücklich fest, daß er bei der Partei seit 1933 in Kärnten gemeldet sei.[666] Ebenfalls verabsäumte er es nicht, den „Antrag auf Ausstellung einer vorläufigen Mitgliedskarte" auszufüllen.[667] Doch auch jetzt spießte sich das Aufnahmeverfahren des – wie es hieß – österreichischen „Volksgenossen". Das Mitgliedschaftsamt in München befand, daß „Volksgenosse" Steinacher im Zuge der Erfassungsaktion einen Antrag auf Aufnahme in die NSDAP eingereicht habe. Jedoch wurde mitgeteilt, daß „diesem Aufnahmeantrag nicht stattgegeben werden könne, da Steinacher die Voraussetzungen für die Aufnahme in die NSDAP im Rahmen der Erfassungsaktion für Mitglieder der NSDAP in Österreich nicht erfülle. Es werde gebeten, [...] Steinacher entsprechenden Bescheid zu erteilen und Genannten gleichzeitig auf die bevorstehende Kontingentierung hinzuweisen."[668]

Im Juni 1939 reagierte die befaßte „Ortsgruppe Moltke" Berlin-Zehlendorf und erhob gegen die „politische Zuverlässigkeit"

[664] Ebd., Personal-Fragebogen, Bestätigung.

[665] BDC-Personalakte, Personalamtsleiter Prokop an Beauftragten des Führers für die NSDAP Finanz- u. Parteiverwaltung Abt. Mitgliedschaftswesen, Klagenfurt, datiert 10. 2. 1939.

[666] BDC-Personalakte, Personal-Fragebogen, Berlin-Zehlendorf, datiert 16. 2. 1939.

[667] BDC-Personalakte, Antrag auf Ausstellung einer vorläufigen Mitgliedskarte, (eigenhändig fälschlich) datiert 26. 5. 1892. In diesem erklärte sich Steinacher zur Zahlung eines einmaligen freiwilligen Werbebeitrags von 50 Reichsmark bereit. Der monatliche Mitgliedsbeitrag war mit 10 Reichsmark festgesetzt.

[668] BDC-Personalakte, Mitgliedschaftsamt an Gauschatzmeister Berlin, München, datiert 21. 6. 1939.

Steinachers sowie „gegen eine geplante Aufnahme in die Partei
keine Bedenken".[669] Da weitere Verzögerungen eintraten, schal-
tete sich Kärntens Gauschatzmeister Gustav Strutz ein und
schrieb an Reichsschatzmeister Schwarz allenthalben barsch,
„bis wann mit dem Abschluß des Aufnahmeverfahrens zu rechnen ist".[670] Im Mai 1941 bekam Strutz entsprechend Antwort.
Die Angelegenheit Steinacher dürfe für ihn (Strutz) als „erledigt
zu betrachten sein", da „Parteigenosse [...] Steinacher inzwischen mit Wirkung vom 1. 5. 1940 unter Zuteilung der im Be-
treff genannten Mitgliedsnummer bei der Ortsgruppe Berlin [...]
in die NSDAP aufgenommen wurde".[671]

  Konträr dazu stempelt ein Dossier des österreichischen Ge-
sandten in Bern, der dieses am 13. November 1935 an das Bundeskanzleramt (Auswärtige Angelegenheiten) weiterleitete,
Steinacher zum Aktivisten der NSDAP: Steinacher, ein „fanatischer Grenzmarkdeutscher" sei bereits 1925 Parteigenosse
geworden und organisiere in Österreich den Bombenschmuggel,
seit 1935 die Geldversorgung der Partei und durchsetze Sport- wie
Jugendvereine mit unbekannten, zugleich zuverlässigen Nationalsozialisten.[672] Das letzte Argument bestätigte Steinacher indirekt selbst. Was er unter einem „zuverlässigen" Nationalsozialisten verstand, brachte er Ende 1936 zum Ausdruck: Schon 1932
habe er seinen Einfluß im Österreichischen Heimatschutz geltend
gemacht und bei der Reichsparteileitung in München den Antrag
gestellt, die beiden Heimatschutz-Parlamentarier[673] Hans Ebner[674]
und Josef Hainzl[675] als Mitglieder der NSDAP anzuerkennen, um

[669] BDC-Personalakte, Ortsgruppe Moltke an Gauschatzmeister Berlin, Berlin-Zeh-
     lendorf, datiert 25. 7. 1939, Abschrift.
[670] BDC-Personalakte, Strutz an Reichsschatzmeister der NSDAP, Hauptamt V,
     Mitgliedschaftswesen, Klagenfurt, datiert 2. 1. 1941.
[671] BDC-Personalakte, Reichsschatzmeister an Gauschatzmeister Strutz, datiert 28.
     5. 1941.
[672] ÖStA-AdR, NPA, Kt. 449, Liasse Personalia, Zl. 39.772-13/35.
[673] Richtig hieß es Heimatblock, da der Heimatschutz parteimäßig als Heimatblock
     bei den Wahlen von 1930 kandidierte.
[674] Hans Ebner, Bauer aus Pirk ob Seeboden, ehedem NS-Bezirksbauernführer des
     Kreises Millstatt, war nach 1938 Vorsitzender des Milch- und Fettwirtschaftsver-
     bandes „Südmark" Graz. Einer politischen Beurteilung zufolge trat Ebner beson-
     ders als Abgeordneter des Österreichischen (auch Steirischen) Heimatschutzes
     für die „nationalen Belange" der NS-Bewegung ein. (BA-KO, R 16 I/2124).
[675] Landesbauernführer der NS-Landesbauernschaft für Steiermark und Kärnten.
     (Wochenblatt der Landesbauernschaft Kärnten, Folge 21/19. 12. 1942, S. 1).
     Nach dem Parteiverbot 1933 wurde ihm die Organisation der NS-Bauernschaft in
     der Steiermark übertragen. Wie angeführt avancierte er 1938 zum Landesbauern-

auf diese Weise der NSDAP die Gelegenheit zu geben, im Nationalrat Fuß zu fassen.[676]

Darüber hinaus ist auch Steinachers Verhältnis zur SS zu relativieren. Zumindest bis in das Jahr 1936 hielt sich die SS aus den Geschäften des VDA heraus. Jedoch sollten Auffassungsunterschiede in punkto Um- und Aussiedlungspläne von Volksdeutschen in Polen das Zerwürfnis zwischen Steinacher und der SS vom Zaun brechen. Steinacher bezeichnete die SS-Pläne als eine „Frivolität" und bekam jetzt, wie er selbst ausdrückte, die „Gegnerschaft der SS handgreiflich zu spüren".[677] Das war die eine Seite der Medaille. Die andere offenbarte der zitierte Personal-Fragebogen, in dem Steinacher unter dem Passus „Bei welcher Gliederung der NSDAP machten Sie Dienst?" anführte: „1934 gemeldet bei (der) SS in Kärnten".[678] Dadurch erklärt sich auch die enge Kooperation mit Rainer, den er wie seinen Freund Franz Hasslacher[679] der völkisch-nationalen Front zuordnete und zu der auch Seyss-Inquart und Hermann Neubacher[680] gehörten. Diese „Front", bekannte Steinacher, „suchte Verbindung zu mir".[681] Eine Verbindung, die er sich bis zu seiner Abberufung als VDA-Bundesleiter 1937 in seiner Politik zunutze machte.

Steinachers politische Biographie vereint in sich all jene Merkmale, die den völkischen Imperialismus kennzeichneten. Er

---

führer, wurde Gauamtsleiter des Amtes für Agrarpolitik und Landeshauptmannstellvertreter der Steiermark. (PRERADOVICH, SS-Führer, S. 296).

[676] Vgl. JACOBSEN, Hans Steinacher, S. 376.

[677] Ebd., S. 351.

[678] BDC-Personalakte, Personal-Fragebogen, datiert 24. 5. 1938.

[679] Politisch war Hasslacher Aushängeschild jenes nationalen Liberalismus, der organisatorisch und weltanschaulich im Nationalsozialismus mündete. Hasslacher – ein Oberkärntner Holzindustrieller, 1933 Präsident des österreichischen Holzwirtschaftsrates, Vizepräsident der Creditanstalt-Wiener Bankverein, 1939 Präsident derselben, von 1938 bis 1945 Verwaltungsrat der Reichsbank und der Reichsbahn –, war 1934 daran beteiligt, dem „wertvollen Teil des Landbundes den rechtzeitigen Anschluß an die NSDAP zu sichern". Für die Kärntner Nationalsozialisten manifestierte Hasslacher den konzilianten Mittelsmann der nationalen Opposition: Zunächst genoß er das Vertrauen Habichts. Bei Steinacher und Franz von Papen verbanden sich politisches Kalkül und weidmännische Kameradschaft. Reinthaller kannte er aus dem Landbund, und Rainer schlug sich allein aus taktischen Gründen auf seine Seite. (ÖStA-AdR, NS-Parteistellen, Kt. 44, Mappe Gauarchiv Wien der NSDAP; ebd., AdR, BKA-Inneres, 22/Ktn., Kt. 5055, Zl. 225.980-St.B./34; AdR, NPA, Kt. 406, Liasse Österreich, Sammelakte Zl. 40.719/35, hier: Zl. 41.818-13/36; ELSTE/HÄNISCH, Weg, S. 425 f.).

[680] In der Verbotszeit kurzfristig Landesleiter der illegalen NSDAP; nach 1938 Bürgermeister von Wien.

[681] Vgl. JACOBSEN, Hans Steinacher, S. 403.

war Grenzlandlehrer, Weltkriegsoffizier, Freikorpskämpfer und Funktionär der Auslandsdeutschen.[682] Der am 22. Mai 1892 in Bleiberg als Sohn eines Bergarbeiters und späteren Grubenvorstehers geborene Steinacher war in einer ideologisch traditionell großdeutsch-orientierten unteren Mittelschicht aufgewachsen. Auf Initiative seines Lehrers bekam er ein dreijähriges Stipendium vom Deutschen Schulverein „Südmark", das ihm den Besuch der Lehrerbildungsanstalt in der Sprachinsel Bielitz in Österreichisch-Schlesien ermöglichte. Im September 1906 nahm Steinacher dort sein Studium auf.[683] In dieser Zeit formten sich seine politischen Einsichten. „Er entwickelte sich (in Bielitz) geistig zum treuen und opferbereiten Patrioten seines deutschen Volkstums."[684] Steinacher, der unter den Einfluß der alldeutsch ausgerichteten Burschenschaft „Gothia" geriet, die ihre Ideen aus den politischen Inhalten des österreichischen Antisemiten Georg Ritter von Schönerer schöpfte, gewann bald die „Erkenntnis von der Eigenwertigkeit des deutschen Volkstums gegenüber anderen Völkern", womit auch bei ihm ein „unverkennbares Überlegenheitsgefühl der Deutschen" geweckt wurde.[685]

Volkstumskampf hieß für Steinacher „Abwehr der ‚zerstörerischen' Arbeiten der Slawen und der Romanen". Dies bedeutete Mitarbeit in den deutschen Schutzvereinen als „elementare Pflicht für jeden".[686] Als Junglehrer begann er zwischen 1911 und 1914 den – wie er es bezeichnete – „volklichen" Kampf gegen die „drohende Verwelschung" in Meran.[687]

Ganz fraglos haben die frühen Ausbildungsjahre Steinachers völkische Position vorgezeichnet.

Von den Ereignissen des Juni/Juli 1914 „mitgerissen", meldete er sich als Freiwilliger zum k.u.k. Infanterieregiment Nr. 7. Durch „Mut, Entschlußkraft und stets waches Pflichtgefühl" ausgezeichnet, avancierte er 1915 außertourlich zum Leutnant

---

[682] Vgl. SIEGERT, Michael (1972): Die Randdeutschen. Am Beispiel Hans Steinachers, des Gründers des Kärntner Heimatdienstes, in: Neues Forum 12/1972, S. 35; JACOBSEN, Hans Steinacher, S. XI ff.

[683] Ebd., JACOBSEN, S. XII f.

[684] MALLEBREIN, Wolfram (1980): Hans Steinacher. Ein Kämpfer für Freiheit und Selbstbestimmung. Eine Biographie, Klagenfurt, S. 21.

[685] JACOBSEN, Hans Steinacher, S. XIII.

[686] Ebd., S. XIV.

[687] Ebd.. Siehe ferner VILLGRATER, Maria (1984): Katakombenschule. Faschismus und Schule in Südtirol (= Schriftenreihe des Südtiroler Kulturinstituts, Bd. 11), Bozen, S. 255 ff.

und 1917 zum Oberleutnant.[688] Seinen „glühenden Nationalismus" stellte er seit Dezember 1918 als einer der „führenden Kämpfer um Kärntens Freiheit" und schließlich seit Juni 1919 als „geistiger Motor für die Vorbereitung und Durchführung" der Volksabstimmung am 10. Oktober 1920 unter Beweis.[689]

Sein Kampf im Land an der Drau war nur in zweiter Linie ein Kampf für Kärnten, in erster Linie aber ein Kampf für das Deutschtum und für das „Deutsche Reich". Steinacher bekannte freimütig: „Kärntens Kampf konnte nur als deutscher Kampf, in Selbstverantwortung für das geschaute Reich und für Volkstum und Heimat geführt werden."[690] Als Protagonist des Kärntner Heimatdienstes, dessen „geistige Führung hinsichtlich Organisation, Propaganda und Untergrundbewegung"[691] er in seinen Händen hielt, machte Steinacher unmißverständlich klar: „In unserem Abstimmungskampf spielte ein Bekenntnis zu Österreich [...] keine Rolle. [...] Es war mir stets eine unumstößliche Selbstverständlichkeit, den Abstimmungskampf nicht um den Anschluß an Österreich, sondern um die großdeutsche Zukunft zu führen. Die Stimmen für Österreich sollten die Anwartschaft auf die Heimkehr ins Reich wahren. Weil wir aber wegen der auf ‚alldeutsche Umtriebe' lauernden Interalliierten, vor allem der Franzosen, nicht in der Lage waren, ‚Deutschland' zu rufen, wir ‚Österreich' nicht sagen wollten, so wurde unser Kampfruf eben ‚Kärnten'."[692] Diese Auffassung sollte Steinacher nach 1945 elegant paraphrasieren: „Diese Opfer (des Abwehrkampfes) geschahen für die Freiheit und Ganzheit unserer Heimat und für den Bestand unseres Österreich."[693]

Nach dem Kärntner Abwehrkampf tauchte Steinacher überall dort auf, wo Grenzlandabstimmungen stattfanden: Im Frühjahr 1921 in Oberschlesien, dann in Tirol 1921,[694] in Ödenburg (Bur-

---

[688] Ebd., S. XIV f.

[689] KNAUS, Siegmund (1962): Ein großer Sohn Kärntens. Dr. Hans Steinacher, Pörtschach, S. 1; siehe ferner WUTTE, Kärntens Freiheitskampf, S. 83; S. 205 ff.; S. 222 ff.; S. 331 ff.; STEINACHER, Sieg in deutscher Nacht; STEINACHER, Hans (1970): In Kärntens Freiheitskampf. Meine Erinnerungen an Kärntens Ringen um Freiheit und Einheit in den Abwehrkämpfen 1918/19 und um die Volksabstimmung 1920, Klagenfurt.

[690] STEINACHER, Sieg in deutscher Nacht, S. 6.

[691] KNAUS, Ein großer Sohn Kärntens, S. 7.

[692] STEINACHER, Sieg in deutscher Nacht, S. 317.

[693] STEINACHER, In Kärntens Freiheitskampf, S. 6.

[694] Abstimmung über den „Anschluß" an das „Deutsche Reich" am 24. April 1921.

genland, Herbst 1921), im Ruhrgebiet als Agitator und Geheim-
agent[695] im Januar 1923 und schließlich als Aktivist gegen den
rheinischen Separatismus.[696]

„Seine Phase des heroischen Grenzlandkampfes", schrieb
Steinacher-Biograph Jacobsen, „schloß er 1923/24 ab".[697] Im
Jahr 1925 beendete Steinacher – mit zahlreichen Unterbrechungen – seine 1922 an der Universität Frankfurt aufgenommenen
Studien über Nationalökonomie, Bürgerliches Recht, Finanzwis-
senschaft und Wirtschaftsgeographie mit der Promotion zum Dr.
rer. pol.[698] Vorübergehend war Steinacher 1925 Geschäftsführer
des Deutschen Schulvereines „Südmark" in Wien. Nach vereins-
internen Zerwürfnissen kehrte er nach Frankfurt zurück, wo ihm
das Preußische Ministerium für Inneres die Aufgabe übertrug,
eine Arbeitsstelle mit dem Zweck aufzuziehen, „separatistische
oder ähnliche Bewegungen zu beobachten bzw. zu bekämpfen."
Im Rang eines Ministerialrates fungierte er zwischen 1926 und
1930 in nicht ganz durchsichtiger Weise als Grenzlandreferent,
zugleich als „Wirtschaftsberater" der deutschen Volksgruppen
sowie der österreichischen „Anschlußbewegung", deren Zusammenarbeit mit dem „Reich" er zu intensivieren versuchte.[699]

Gleichzeitig arbeitete er u.a. 1929/30 für die „Deutsche Stiftung", eine halbamtliche Institution, welche die deutsche Irredenta im Ausland finanzierte und anleitete.[700] 1930 erhielt
Steinacher, der nach Berlin umgezogen war, ein neues Betätigungsfeld als Leiter der Zentralstelle für deutsche Auslands-
büchereien und war ab diesem Zeitpunkt dem Auswärtigen Amt

---

[695] Unter dem Pseudonym Hans Bergmann organisierte Steinacher Aktionen gegen
die Gründung einer Rheinrepublik. [(PERCHINIG, Bernhard (1989): „Wir sind
Kärntner und damit hat sich's …". Deutschnationalismus und politische Kultur in
Kärnten. Mit einem Vorwort von Thomas Pluch (= Dissertationen und Abhand-
lungen/Slowenisches wissenschaftliches Institut; 21), Klagenfurt/Celovec, S.
90)].

[696] Vgl. SIEGERT, Die Randdeutschen, S. 35.

[697] JACOBSEN, Hans Steinacher, S. XVIII.

[698] Steinacher stellte sich dem Dissertationsthema: „Wirtschaft und Volksabstim-
mungen. Eine Untersuchung über den Einfluß wirtschaftlicher Faktoren auf den
Ausfall der Volksabstimmungen in den deutschen Grenzgebieten, mit besonderer
Berücksichtigung von Oberschlesien und Kärnten". Im Nachlaß 184 Hans
Steinacher, Nr. 54 des Bundesarchivs Koblenz sind einige Seiten des Dissertati-
onsmanuskripts einzusehen.

[699] JACOBSEN, Hans Steinacher, S. XIX u. SIEGERT, Die Randdeutschen, S. 35.

[700] POSSEKEL, Kurt (1966): Dr. Hans Steinacher und der Verein für das Deutschtum im Ausland, Rostock, S. 2, in: DÖW-Nr. 12.705.

unterstellt. „Nun konnte sich Steinacher [...] endlich mit dem Deutschtum in der ganzen Welt befassen."[701]

Sein Wirken als „Volkstumsspezialist" wurde 1933 aufgewertet: Steinacher, der seit 1931 im Vorstand des VDA saß, trat am 30. April 1933 an die Stelle des stellvertretenden VDA-Vorsitzenden Admiral a.D. Seebohm und übernahm damit faktisch die Leitung des VDA, während formell der ehemalige Reichswehrminister Gessler Vorsitzender blieb. In den Tagen danach riß Steinacher die Leitung des VDA völlig an sich und erklärte sich selbst zum Führer des VDA.[702] Wie er anmerkte, war er im „Augenblick (einer) gewaltigen geistigen und politischen Umschichtung" Reichsführer (1934 Bundesleiter) des VDA geworden und schwor den VDA als erstes auf das „Führerprinzip" ein.[703] Steinacher erklärte: „Die alleinige Anordnungsgewalt geht auf mich über. Ich werde die entsprechenden Maßnahmen in persönlicher und sachlicher Beziehung treffen."[704] Diesbezüglich trug Steinacher der totalitären Politik des NS-Regimes Rechnung, wehrte sich aber bis zu seiner Demission im Jahr 1937 gegen die Bevormundung durch die NSDAP und die Gleichschaltung des VDA, jener Institution, die sich nominell als unpolitischer, autonomer und speziell für kulturelle sowie soziale Aufgaben gegründeter Verein verstand und es als ihre Aufgabe betrachtete, das Deutschtum jenseits der Grenze zu erhalten und zu stärken.[705] Zunächst schien ihm die Entwicklung auch Recht zu geben, nachdem Rudolf Heß, der von Hitler beauftragt worden war, die Volkstumspolitik des „Dritten Reiches" mit der amtlichen Außenpolitik

---

[701] JACOBSEN, Hans Steinacher, S. XX.

[702] POSSEKEL, Dr. Hans Steinacher und der VDA, S. 4. Zunächst war Steinachers Avancement zum stellvertretenden Vorsitzenden das Ergebnis einer Besprechung zwischen Gessler, Hitler und Rosenberg, Reichsleiter der NSDAP, gewesen. (Ebd., POSSEKEL) Einem Bericht an den österreichischen Außenminister Egon Berger-Waldenegg ist zu entnehmen, daß Steinacher Gerüchten zufolge mit Hilfe einer SA-Abteilung die Führung gewaltsam an sich gerissen und Gessler mit mehr oder minder sanfter Gewalt zur Demission gezwungen habe. Obwohl der Berichterstatter die Umstände, unter denen die Gleichschaltung des VDA erfolgte, nicht mit absoluter Sicherheit bestätigen konnte, hielt er fest, daß auf jeden Fall die Berufung Steinachers „vollständig illegal" zustande kam. „Satzungsgemäß hätte es [...] zur Wahl des Hauptvorstandes kommen müssen, die auf der Pfingsttagung 1933 [...] vorgesehen war." (ÖStA-AdR, NPA, Kt. 449, Liasse Personalia, Zl. 33.526-13/35, hier: Zl. 103/Pol., Berlin, datiert 16. 4. 1935).

[703] JACOBSEN, Hans Steinacher, S. XXI u. S. 61.

[704] Der Volksdeutsche, Nr. 5, Mai 1933, zit. n. POSSEKEL, Dr. Hans Steinacher und der VDA, S. 5, in: DÖW-Nr. 12.507.

[705] Vgl. JACOBSEN, Hans Steinacher, S. XXXVIII u. S. XLIV.

abzustimmen, im Juni 1933 an Steinacher schrieb: „Ich weiß [...]
sehr wohl, daß die Wirkungsmöglichkeit des Verbandes umso
größer ist, je mehr er sich nach wie vor freizuhalten versteht von
Einflüssen des offiziellen Deutschland, gleichgültig, ob dieses
sich [...] in Parteigebilden verkörpert, und sei es selbst in einer
Bewegung, die im Grunde so wenig Partei im normalen Sinne ist
wie die nationalsozialistische."[706]

Die anfängliche Unabhängigkeit des VDA war Konsequenz
der taktischen Zwangslage Hitlers, zumal die „Auslandsorganisation der NSDAP" erst in ihren Kinderschuhen steckte. Hitler
betonte: „Es ist zweckmäßig, daß es wenigstens zwei Vereini-
gungen des Deutschtums in jedem Lande gibt. Die eine muß sich
immer auf ihre Legalität berufen können. Sie hat die
gesellschaftlichen und wirtschaftlichen Verbindungen zu pfle-
gen. Die andere mag radikal und revolutionär sein."[707] Vor allem
benötigte Hitler den an militärische Disziplin gewöhnten
Steinacher als ausgleichenden Pol zwischen konservativen Alt-
völkischen und den jungen, völkischen Erneuerungsgruppen, die
schon von der nationalsozialistischen Idee durchdrungen waren.
Solange die völkische Einheitsfront der Nationalsozialisten mit
den Konservativen gewahrt werden mußte, war Steinacher uner-
setzbares Bindeglied. Als „echt Völkischer" postulierte er den
Vorstoß „ins Feindesland" allerdings „nur bis zur Volkstums-
grenze". Damit unterschied er sich von der imperialistischen
Konzeption der Nationalsozialisten. In diesem Schwebezustand
unterschiedlicher Auffassungen wurde Steinacher von Heß bis
1935 gegen konkurrierende Unternehmen der NSDAP gehalten.
Danach muten die „Rangeleien mit Bohles ‚Auslandsorganisation der NSDAP' und der ‚Volksdeutschen Mittelstelle'
des SS-Obergruppenführers Lorenz wie Rivalenkämpfe eines
Feudalreiches" an.[708]

Trotz formulierter Unabhängigkeit arbeitete der VDA unter
Steinacher durch zahlreiche Abkommen und Anordnungen mit
der NSDAP Hand in Hand. Einige Beispiele mögen diese Tatsache aufzeigen: Bereits in den ersten Maitagen 1933 wurde zwischen dem VDA und der Hitlerjugend ein Abkommen geschlossen. Darin war u.a. festgelegt, daß die Deutschtumsreferenten

---

[706] Ebd., S. 16.
[707] Zit. n. SIEGERT, Die Randdeutschen, S. 36.
[708] Ebd., SIEGERT, S. 35 f.

des VDA in den Gebietsführungen der Hitlerjugend gleichzeitig den Rang eines Landesjugendführers des VDA erhielten. Dadurch war eine enge Zusammenarbeit beider Organisationen sichergestellt.[709] Im Dezember 1933 wurde durch einen Erlaß des Reichswehrministers eine Kooperation zwischen VDA und Reichswehr hergestellt, und im Frühjahr 1934 schloß der VDA ein Abkommen mit dem NS-Lehrerbund.[710]

In seinem ersten Erlaß als „Reichsführer" des VDA im Mai 1933 führte Steinacher auch das nationalsozialistische Rassenprinzip ein und verordnete, daß lediglich „deutschstämmige" Personen Mitglied des VDA werden können. Im Sommer 1933 ließ er den „Hitlergruß" zum „offiziellen Gruß" im VDA festschreiben.[711]

Steinachers Österreichpolitik war in der Praxis bewußt defensiv angelegt. Ein probates Rezept schien ihm zunächst die Aufweichung des Staatsapparates durch Einschleusung „betont Nationaler" wie Seyss-Inquart oder Rainer. Sie waren offenbar Garanten seiner auf evolutionärem Weg beabsichtigten Gleichschaltung mit Deutschland. In diesem Zusammenhang beruhte die Strategie auch auf dem nüchternen Kalkül, das um die eigenen nationalen Anliegen wußte und eine übergroße Betonung des Nationalsozialismus vermeiden wollte.[712] Auf diese Weise versuchte Steinacher, der Bekämpfung durch die Behörden auszuweichen. Gleichzeitig schuf er dadurch den Vollzugsorganen seiner Politik den nötigen Freiraum. Im Prinzip machte er sich dabei das Konzept des VDA zu eigen, das den Volksbund als nicht regierungsamtliche und nicht parteiamtliche Organisation auswies und somit auch dort „für seine Volksbrüder einzutreten" vermochte, wo die NSDAP es aus „politischen Gründen nicht tun" konnte.[713]

Auf der politischen Bühne instrumentalisierte zunächst der Deutsche Schulverein „Südmark"[714] die Politik des VDA, der zum Befehlsempfänger von Steinachers rechter Hand in Öster-

---

[709] POSSEKEL, Dr. Hans Steinacher und der VDA, S. 5, in: DÖW-Nr. 12.507.

[710] Ebd.

[711] Ebd.

[712] ÖStA-AdR, NPA, Kt. 245, Liasse Österreich 2/21, Zl. 40.803-13/36.

[713] Zit. n. AO-Auslandsorganisation. Tatsachen aus Aktenberichten der 5. Kolonne. Linz 1945, S. 41.

[714] Seit 1925 Landesverband des VDA in Österreich. (Vgl. STUHLPFARRER, Deutsche Volkstumspolitik, S. 333).

reich, dem Korrespondenten der „Münchner Neuesten Nachrichten" in Wien, Felix Kraus,[715] degradiert wurde. In Steinachers Heimat Kärnten agierte ebenfalls ein Gefährte aus der Zeit des Grenzlandkampfes. Alois Maier-Kaibitsch sollte die Umstrukturierung des Kärntner Heimatbundes auf das „Führerprinzip" bewerkstelligen und die völkische Politik, das hieß im Klartext „Germanisierung" des gemischtsprachigen Gebietes, vorantreiben.[716] Analog der in Deutschland gepflogenen Kooperation zwischen NS-Organisationen und VDA kam es auch in Österreich 1935 zu Sondierungsgesprächen zwischen VDA-Exponenten und Vertretern der Hitlerjugend, des BDM und des Deutschen Studentenbundes, die im Sinne der VDA-Politik instruiert werden sollten.[717] Nicht zu Unrecht vertrat die „Reichspost" in diesem Konnex die Ansicht, daß der unter Führung Steinachers stehende VDA das Zentrum des Kampfes gegen Österreich darstelle.[718]

Während Steinacher nach außen ganz den politischen Biedermann vorgab, zeigte sich indes in seinen Worten die kämpferisch-militante Haltung der Völkischen. In der von ihm 1933 edierten Broschüre „Auslanddeutschtum" führte er in heftigen Angriffen gegen Österreich aus, daß das Land auf Dauer nicht lebensfähig sei und an Deutschland angegliedert werden müsse. Von einer etwaigen Volksabstimmung erwartete er sich ein klares Votum für Deutschland.[719] „Ich vertrat den Standpunkt", notierte Steinacher später zur Lage in Österreich in den Jahren 1933/34, „die deutsche Einheit muß gewahrt bleiben. Wir sind deutschen Volkstums. Aus ihm entstand unsere Kultur und Geschichte. Einheit im deutschen Volkstum ist unsere Bestimmung für die Zukunft."[720]

Große Anstrengungen unternahm Steinacher vor allem in

---

[715] Seit den Kärntner Abwehrkämpfen, an denen er als Offizier teilnahm, stand Kraus in engster Verbindung mit Steinacher. Als VDA-Propagandaleiter arbeitete der gebürtige Tiroler zunächst für das Deutschtum in Südtirol und wechselte Mitte der dreißiger Jahre nach Wien.

[716] ÖStA-AdR, NPA, Kt. 449, Liasse Personalia, Zl. 32.200-13/35 u. Kt. 245, Liasse Österreich 2/21, Zl. 40.803-13/36.

[717] DÖW-Nr. 6.184 a, BKA (Generaldirektion für die öffentliche Sicherheit), Lagebericht über den Monat Januar 1935.

[718] Reichspost, 17. 2. 1935.

[719] ÖStA-AdR, NPA, Kt. 449, Liasse Personalia, Zl. 32.200-13/35.

[720] JACOBSEN, Hans Steinacher, S. 153; siehe auch STUHLPFARRER, Deutsche Volkstumspolitik in Kärnten, S. 333 f.

Kärnten, um das deutschnationale Lager auf die Linie nationalsozialistischer Österreichpolitik einzuschwören.[721] Nach „vertraulichen" Informationen war er im Juni 1933 im Auftrag der
deutschen Regierung nach Kärnten gekommen, um – vordergründig – Informationen über die politische und wirtschaftliche
Lage in Österreich unter besonderer Berücksichtigung der Stimmung in der Kärntner Bevölkerung einzuholen.[722] In Wirklichkeit
traf er die Protagonisten des Landbundes, der Großdeutschen
Volkspartei und des völkischen Vereinswesens. Offensichtlich
wollte er seiner bereits schriftlich artikulierten politischen Konzeption Nachdruck verleihen und alle Hebel in Bewegung setzen, die Regierung Dollfuß zu Fall zu bringen.[723] Wochen vor
seiner Sondermission hatte er ohne jede Zurückhaltung in einem
Schreiben an Schumy enthüllt, wie er die Macht zu erobern gedachte. Nachdem er Schumy gedrängt hatte, sich mit dem Landbund gegen die Regierung Dollfuß zu stellen, kam er auf den
Punkt: „Das alte Parteigefüge ist doch nicht mehr zu halten.
Hauen Sie durch!"[724] Als politische Alternative hob er die Hitler-
bewegung auf das Schild, die, so Steinacher, „längst über einen
bloßen Parteicharakter hinausgewachsen ist" und eine Bewegung darstelle, „welche alle Teile der Deutschen Nation durch-
bluten und neu formen wird."[725]

Daß Steinacher Neuwahlen[726] oder eine Regierung ohne Dollfuß erwartete, untermauert seine August-Visite 1933 im steirischen Radkersburg. Im Beisein von Maier-Kaibitsch und dem
Chefredakteur der „Freie(n) Stimmen" Heinz Paller traf er den
steirischen Landeshauptmann Anton Rintelen[727] und informierte
sich über die Bildung einer neuen Regierung mit Rintelen als
Bundeskanzler und Schumy als Außenminister.[728]

---

[721] Ebd., STUHLPFARRER.
[722] ÖStA-AdR, NPA, Kt. 449, Liasse Personalia, Zl. 32.200-13/35.
[723] Vgl. BURZ, Vom Kampf für das Deutschtum, S. 204.
[724] DÖW-Nr. 12.507, Steinacher an Schumy, Berlin, datiert 24. 3. 1933; vgl. auch
BURZ, Vom Kampf für das Deutschtum, S. 204.
[725] Ebd., Steinacher an Schumy.
[726] Ebd., BURZ.
[727] Der langjährige christlichsoziale Landeshauptmann von Steiermark und ehemalige Unterrichtsminister Dr. Anton Rintelen wurde im August 1933 österreichischer Gesandter in Rom. Er schwenkte bald in das nationalsozialistische Lager.
Bei einem Gelingen des NS-Putsches 1934 hätte er eine neue, nationalsozialistische Regierung bilden sollen. [(Vgl. RINTELEN, Anton (1941): Erinnerungen
an Österreichs Weg. Versailles, Berchtesgaden, Großdeutschland, München)].
[728] ÖStA-AdR, NPA, Kt. 449, Liasse Personalia, Zl. 32.200-13/35.

Anfang 1936 mehrten sich die „vertraulichen" Berichte an das Bundeskanzleramt, daß Steinacher der nationalsozialistischen Politik in Österreich Weisungen erteile.[729] Dazu war Steinacher zwar nicht legitimiert, doch müssen wir festhalten, daß schon 1933 völkische und nationalsozialistische Kreise in Kärnten die Meinung vertraten, Steinacher solle die Führung der NSDAP in Österreich übernehmen.[730]

In zwei Punkten trat er jedoch aus den Kulissen hervor und arbeitete der Politik der NSDAP in die Hand. Zum einen öffnete Steinacher den Geldhahn für das NS-Hilfswerk[731] in Österreich und den Kärntner Heimatbund, nicht allein mit dem Bedürfnis, politischen Einfluß zu nehmen. Besitzstandsicherung gegen das „Slawentum" durch „reichsdeutsche" Siedler im gemischtsprachigen Raum war ein Argument für den Geldstrom vom VDA.[732] Finanziell unter die Arme griff Steinacher auch dem Deutschen Turnerbund unter der Führung seines Frontkameraden und Intimus Karl Fritz, dessen Ausbau des Wehrturnwesens aus außenpolitischen Erwägungen die Habenseite der Buchführung des VDA belastete. Zudem stellte Steinacher seinen Besitz in Kärnten, den Miklauzhof bei Sittersdorf[733] den völkischen Wehrturnern zur Verfügung, die längst von NS-Parteigängern unterminiert, wenn nicht sogar dominiert waren.[734] Durch die VDA-Propaganda wurde zum anderen der Boden für die NS-Reklame aufgeweicht. Der VDA stellte sein Organisationsnetz der NS-Auslandspropaganda zur Verfügung. VDA-Propagandamaterial und Printmedien als „geistige Nahrung" kamen über jugoslawische Relaisstationen nach Kärnten. Steinacher selbst fuhr im Juli 1934 in das italienische Kanaltal, um VDA-Werbeträger zu konsultieren.[735] Inhaltlich wurde die Propaganda auf die persönli-

---

[729] ÖStA-AdR, NPA, Kt. 245, Liasse Österreich 2/21, Zl. 40.803-13/36.

[730] BA-KO, NL 184, Hans Steinacher, Nr. 43, Bucher an Fritz, datiert 22. 7. 1933 u. Gedächtnisprotokoll der Ortsgruppenleiterbesprechung, datiert 2. 7. 1933.

[731] Immerhin saß der ehemalige Stabschef des Steirischen Heimatschutzes Hanns Rauter in seiner Eigenschaft als Obmannstellvertreter des NS-Hilfswerks im Vorstand des VDA in Berlin.

[732] ÖStA-AdR, NPA, Kt. 245, Liasse Österreich 2/21, Zl. 40.803-13/36; vgl. STUHLPFARRER, Deutsche Volkstumspolitik in Kärnten, S. 332 ff.

[733] 1929 gekauft, maß er dem Miklauzhof als „deutsche Bastion" gegenüber den Slowenen nationalpolitische Bedeutung bei. (Vgl. JACOBSEN, Hans Steinacher, S. XX, Anm. 14).

[734] Vgl. BURZ, Vom Kampf für das Deutschtum, S. 199.

[735] ÖStA-AdR, NPA, Kt. 449, Liasse Personalia, Zl. 32.200-13/35 u. Zl. 45.009-13/37; ferner BKA-Inneres, 22/Ktn., Kt. 5055, Zl. 220.627/34.

che Programmatik Steinachers abgestimmt. Seine Formel, somit auch jene des VDA, hieß: Vitalisierung der Tradition und Regeneration des Deutschtums. Steinacher versprach sich davon – wie andere völkische Gruppen auch – nationale Größe und Geschlossenheit.[736]

Anfang 1937 fiel Steinacher in Mißkredit. Seine Gegner formierten sich: Himmler und Heydrich, die schon Ende 1936 die Ablöse der VDA-Bundesleitung befürwortet hatten, Rosenberg, Goebbels, Frick und Bohle. Ebenfalls stand das Auswärtige Amt „Gewehr bei Fuß".[737]

Ein Bericht der österreichischen Gesandtschaft in Prag faßte Steinachers politischen Kurs zusammen und skizzierte jene Motive prägnant, denen zufolge Steinacher seiner Funktion enthoben und „beurlaubt"[738] wurde: Steinacher hatte versucht, den VDA außerhalb des Fahrwassers der Auslandorganisation der NSDAP unter Bohle zu halten. Das bedeutete aber keineswegs, daß er den Einfluß des Nationalsozialismus fernzuhalten bestrebt war. Er verfolgte die Strategie, dem VDA eine „undeutlichere Schattierung" zu geben, als dies Bohle mit der Auslandorganisation praktizierte. Offenbar hoffte Steinacher, den VDA dadurch für die deutschen Minderheiten in den verschiedenen Ländern annehmbarer zu machen. Außerdem setzte er nicht unbedingt „deutsch" und „nationalsozialistisch" gleich; und als Konsequenz dieses Standpunktes war er der Ansicht, daß auch diejenigen Deutschen zu betreuen seien, die keine Nationalsozialisten waren. Dementsprechend konnten im Ausland nicht die gleichen Maßstäbe angewendet werden wie im „Reich", zumal dort mit „Zwang und Terror" nichts auszurichten war.[739]

Unmittelbarer Anlaß, aber nicht alleinige Ursache seiner Ablösung war, daß er „trotz aller Beanstandungen und aller Verwarnungen", sich auf die „geistige und kulturelle Förderung des Volkstums im Auslande zu beschränken", hinsichtlich Südtirols seinen Kurs fortsetzte, der im Gegensatz zur Politik Hitlers stand.[740] Vereinfacht ausgedrückt: Steinacher hatte sich in Südti-

---

[736] Deutsche Bergwerks-Zeitung, 31. 5. 1936.
[737] JACOBSEN, Hans Steinacher, S. XXVI.
[738] BDC-Personalakte, Der Stellvertreter des Führers, Rundschreiben 154/37, München, datiert 13. 11. 1937.
[739] ÖStA-AdR, NPA, Kt. 449, Liasse Personalia, Zl. 96.597-13/37.
[740] Vgl. JACOBSEN, Hans Steinacher, S. XXVII u. S. 450.

rol völkisch „weiterbetätigt" und damit die deutsche Italienpoli-
tik desavouiert. Worauf sich Mussolini beklagt haben soll und
Steinachers Entfernung als „wünschenswert" bezeichnete.[741]

Steinacher, der für sich den Anspruch erhob, „dem Führer gut
gedient zu haben",[742] war endgültig in Ungnade gefallen. Auch
die späteren Vorschläge seines Nachfolgers Karl Haushofer, den
„Fall Steinacher" konziliant zu klären, blieben unberücksichtigt.[743] Haushofer schlug u.a. vor, daß Steinacher in einem Gespräch zur „Durchführung des ihm seinerzeit (1933) erteilten
Auftrags Stellung" nehmen sollte.[744] Überhaupt, argumentierte
Haushofer, müsse Steinacher der Dank für seine seit „1919 für
Großdeutschland vollbrachten Leistungen ausgesprochen" werden und avisierte für Steinacher die Verleihung der „Österreich-
Medaille". Zudem forderte er eine Regelung seines Verhältnis-
ses zur Partei. In diesem Zusammenhang schlug er die Anhörung
von Major Klausner vor. Darüber hinaus hätte Steinachers Rücktritt in „normaler, honoriger Form" zu erfolgen, wobei ihm dieser durch die Übertragung einer Professur in Wien mit der Ar-
beitsaufgabe „Südosteuropa" erleichtert werden sollte.[745]

Steinachers Widerstand zum Zeitpunkt zunehmender Radikalisierung der nationalsozialistischen Außenpolitik, das heißt in
der Phase des Übergangs von der Tarnung zur Politik des offenen Imperialismus, mußte von Seite des NS-Regimes gebrochen
werden.[746] Es war auch kein Zufall, daß Steinacher zu diesem
Zeitpunkt demissionieren mußte. Am 5. November 1937 hatte
Hitler vor dem engsten Kreis seiner politisch-militärischen Berater seine Expansionsabsichten zur Eroberung des Lebensraumes
im Osten enthüllt.[747] Im Zusammenhang damit wurden alle Persönlichkeiten, die irgendwie – durch konservative Bedenken beispielsweise – hinderlich waren, ausgeschaltet; so auch Steinacher.[748]

---

[741] Ebd., S. 412.
[742] JACOBSEN, Hans Steinacher, S. 377.
[743] Ebd., S. XXVII.
[744] POSSEKEL, Dr. Hans Steinacher und der VDA, in: DÖW-Nr. 12.507. Damit
    war aber auch erwiesen, so Possekel, daß Steinacher im Auftrag der NSDAP ge-
    handelt hatte.
[745] Ebd., S. 9 f.; Abschrift: Vorschläge einer Lösung des Falles Steinacher.
[746] JACOBSEN, Hans Steinacher, S. XXVII.
[747] Ebd., S. XXVII. „Hoßbach-Protokoll".
[748] SIEGERT, Die Randdeutschen, S. 36.

Die erwartete Rehabilitierung erfolgte nicht.[749] Nach Ausbruch des Krieges wurde Steinacher als Oberleutnant im November 1939 einberufen und brachte es in den Folgejahren bis zum Oberstleutnant. Er wurde Festungskommandant in Kirkenes, geriet 1945 in britische Gefangenschaft und wurde 1946 entlassen.[750]

In einem Entnazifierungsverfahren wäre Steinachers Arbeit im VDA reflektiert worden. Vor allem die subtile Frage nach seinen Funktionen in der „illegalen Zeit" der NSDAP, die er kurz mit „Bundesleiter VDA"[751] beantwortet hatte, hätte eine Diskussion in Gang gesetzt. Zur Sprache gekommen wäre seine politische Arbeit in jener Organisation, die zwischen 1933 und 1937 seine Handschrift trug. Zwar verfolgte der VDA den Grundsatz des „Peaceful change"[752], das aber ändert nichts an dem Tatbestand, daß der Verband in Österreich mittels völkischer Institutionen wie dem Deutschen Schulverein „Südmark" und dem Kärntner Heimatbund die illegale NSDAP förderte und auf diese Weise dem „Anschluß" vorarbeitete. Die NSDAP erntete – nicht nur in Österreich – was der VDA an nationalistischem, rassistischem, revanchistischem Ungeist gesät hatte.

Die Ideologie des Grenz- und Auslandsdeutschtums spielte eine zentrale Rolle bei der Entstehung des Nationalsozialismus und später dann auch in seiner Außenpolitik. Immer wieder hoben die Nationalsozialisten hervor, daß nach ihren Geburtsorten viele Protagonisten der NSDAP, wie auch Hitler, in die Kategorie der Grenz- und Auslandsdeutschen gehörten. Pathetisch, aber nicht unzutreffend konnte Steinacher schon bei der VDA-Tagung 1933 darauf hinweisen, „wie sehr die volksdeutsche Einheits- und Abwehrbewegung jener Jahre (nach dem Ersten Weltkrieg) mit Wurzel ist der nationalen Revolution Adolf Hitlers. [...] Die Bewegung kommt aus den Tiefen des Volkstums heraus. Weil sie dies tut, ist sie keine rein staatliche Bewegung, sie ist daher nicht an die Grenzen des Staates gebunden. Sie ergreift die ganze Weite unseres Volkstums."[753] Das war noch schwärmerisch-ideale Verkleidung eines überstaatlichen Volkstumsna

---

[749] JACOBSEN, Hans Steinacher, S. XXVIII.
[750] SIEGERT, Die Randdeutschen, S. 36.
[751] BDC-Personalakte, Personal-Fragebogen, datiert 24. 5. 1938.
[752] JACOBSEN, Hans Steinacher, S. LIV.
[753] GEHL, Walter (1933): Der nationalsozialistische Staat, Breslau, S. 218.

tionalismus und seiner Orientierung auf den Nationalsozialismus. Aber in den folgenden Jahren wurde Steinacher zum be-
liebig manipulierbaren Werkzeug der Expansion und rassisti-
scher Lebensraumpolitik.

Steinacher war ein Promotor der NS-Bewegung, kein „Alter
Kämpfer" nach formalen NS-Kriterien, der vor allem dort in Erscheinung trat, wo es die Partei aus politischer Räson nicht vermochte. Insofern entsprach Steinacher jenem Typ des VDA-
Führers, der „ohne Ausnahme" ein Nationalsozialist „des Geistes und nicht nur der Partei" war. Das „wahre VDA-Mitglied"
symbolisierte den „wahren Nationalsozialisten", was in VDA-
Diktion soviel hieß, daß der Verband „zuverlässig zum Nationalsozialismus hinführte."[754] Und gerade in jener Phase, in der der
VDA mehr und mehr zu einem Transmissionsorgan der
nationalsozialistischen Volkstums- und Gleichschaltungspolitik
im Dienste der NS-Außenpolitik mutierte, war Kärntens Volks-
tumspropagandist zum „Reichsführer" ernannt worden.

Nach 1945 kehrte Steinacher in jener Periode in die politische
Szene zurück, die im Zeichen einer Absorption politisch rechtsstehenden Potentials durch die etablierten Parteien stand.[755]
Steinacher, der unverhohlen zugab, „nie schwarz gewesen" zu
sein und sich seit „Urzeiten her" als „evangelischer Kärntner"

---

[754] Zit. n. AO-Auslandsorganisation. Tatsachen aus Aktenberichten der 5. Kolonne,
Linz 1945, S. 41.

[755] Während der Villacher Unternehmer Thomas Truppe, der Drautaler Industrielle
Walter Kavallar und der Frontheimkehrer Richard Schmied noch als Elitenrekru-
tierung aus dem deutschnationalen Lager bezeichnet werden können, die zum
Teil in aussichtsreicher Position auf den Nationalrats- und Landtagswahllisten
der ÖVP kandidierten, war 1953 die ÖVP-Landtags-Kandidatur des Steinacher
Intimus und SS-Sturmbannführers der NSDAP Kärnten Karl Fritz ein deutlicher
Fingerzeig in Richtung „Ehemalige". Zudem wurden Stabsstellen der ÖVP mit
zum Teil exponierten „ehemaligen" Nationalsozialisten besetzt: Alois Michner,
Parteiführer der frühen NS-Bewegung und Landtagsabgeordneter der DNSAP
von 1921-1928, avancierte zum Sekretär des ÖVP-Landtagsklubs. 1949 fand sich
sein Name auf dem Wahlvorschlag für den Kärntner Landtag. Mit Moritz Czeitschner wurde ebenfalls ein gewesener NS-Landtagsabgeordneter zum ÖVP-Lan-
desparteitag 1950 delegiert. Zum Organisationsreferenten bestellte 1956 die Landesparteileitung den 1933 zur illegalen NSDAP gestoßenen SS-Mann und Gen-
darmeriemajor Andreas Tschernitz. Ähnliches läßt sich auch im VdU, dem Vor-
läufer der FPÖ, nachvollziehen. [(ELSTE, Alfred/HÄNISCH, Dirk/OGRIS, Gernot (1996): Politische Tradition, Parteiensystem und Wirtschaftsstruktur in Kärnten. Daten, Fakten und Analysen zum politischen System des Bundeslandes
Kärnten unter besonderer Berücksichtigung der „Wiederaufbauphase". Unveröffentlichtes maschinschriftliches Manuskript, Wien, S. 246, Anm. 626 u. S. 253
ff.)].

betrachtete,[756] faßte als Leitungsmitglied der „Jungen Front" des Grafen Strachwitz 1949 in der ÖVP Fuß.[757] Bereits 1947 bot ihm der „Bund der heimattreuen Südkärntner", der inhaltlich die Vorstellungen des Kärntner Heimatbundes tradierte, eine geeignete Plattform zur Postulierung völkischer Inhalte,[758] die er vor allem als Agitator bei ÖVP-Versammlungen in den Wahlkämpfen 1949 und 1953 unmißverständlich kundtat.

Was Steinacher vortrug, unterschied sich nur in Nuancen von seinen Parolen vor 1938. Das Bauerntum galt ihm „trotz Krisen auch im Sittlichen noch (als) der stärkste Pfeiler in Volk und Staat". Unter Berufung auf den Nationalsozialisten Walter Riehl[759] nahm er sich kein Blatt vor den Mund und bezeichnete nicht in intellektueller Auseinandersetzung, sondern auf der Ebene subjektiver propagandistischer Eindrücke das Bauertum als „stärksten Wall gegen die drohende Gewalt im Osten".[760] Politisch hieß der Kontrahent SPÖ, der er ein „Nichtverstehen völkischer Schutzaufgaben" vorwarf, das „schwere Mißgriffe" der Sozialisten in der Minderheitenpolitik bedinge. So hätten die Sozialisten die Bedeutung der Kärntner „Windischen"[761] ausradiert und in der Schulfrage einen „Anschlag gegen das Elternrecht und das Naturrecht"[762] begangen.[763]

Nachdem er 1949 als „unabhängiger" Landeshauptmann-Kandidat vom Verband der Unabhängigen im Tauziehen um den Landeshauptmann genannt worden war,[764] mag seine einstim-

---

[756] Volkzeitung, 4. 10. 1949, S. 2.

[757] Vgl. SIEGERT, Die Randdeutschen, S. 36.

[758] Vgl. VELIK, Ferdinand (1974): Zur Geschichte des Kärntner Heimatdienstes, in: Kärnten - ein Alarmzeichen. Informations- und Pressedienst der Österreichischen Widerstandsbewegung, Wien, Nr. 1, S. 32.

[759] Steinachers Partei, die ÖVP, war offensichtlich in Sachen NS-Werbung wenig sensibel. Im Wahlkampf 1953 veröffentlichte das Kärntner VP-Organ „Volkszeitung" einen Aufruf Walter Riehls, der stolz als „Mitbegründer der österreichischen NSDAP" ausgewiesen wurde und der nun vor der Wahl der SPÖ warnte: „Die wichtigste nationale Pflicht ist die Stärkung der Südostkante des christlichen Abendlandes." (Volkszeitung, 5. 2. 1953, S. 2.).

[760] Volkszeitung, 1. 2. 1953, S. 3.

[761] Nachdrücklichster Verfechter dieser These, daß es ein eigenes Mischvolk zwischen Deutschen und Slowenen in Kärnten gebe, war der Landeshistoriker Dr. Martin Wutte.

[762] Demgemäß sollte der Unterricht an den Pflichtschulen in der Muttersprache der Kinder nach dem Verlangen der Erziehungsberechtigten (Elternrecht) erfolgen.

[763] Volkszeitung, 4. 10. 1949, S. 1 f.

[764] Vgl. SCHALLER, Christian (1992): Parteien und Wahlen in Kärnten, in: DACHS, Herbert (Hg.), Parteien und Wahlen in Österreichs Bundesländern

mige Wahl zum Parteiobmannstellvertreter der ÖVP 1952 für die Öffentlichkeit überraschend gewesen sein, für die Parteiinsider sicherlich nicht.[765] Steinacher war auch kein Kandidat der ÖVP-Bünde, als er 1953 als propagandistische Speerspitze im Wahlkampf an der vierten Stelle der ÖVP-Nationalratskandidaten gereiht wurde.[766] Er personifizierte den deutschnationalen, politisch ultrarechten Flügel der ÖVP, die mit ihm als Aushängeschild weiterhin eine Integrationspolitik „ehemaliger" Nationalsozialisten verfolgte, zumal mit dem VdU ein Konkurrent im bürgerlichen Lager erwachsen war. Wohl auch, aber nicht allein aus wahlstrategischen Überlegungen – die ÖVP wollte sich nicht um das Votum des christlichsozialen Wählerpotentials bringen – wusch die Parteipresse Steinacher frei von seiner nationalsozialistischen Vergangenheit: „Daß er (Steinacher) nationalsozialistischen Aspirationen und Gedankengänge ablehnte, hatte seine Entfernung aus dem VDA zur Folge. Daß seine Tätigkeit wirklich der Verständigung und dem Frieden diente, beweist am besten die Tatsache, daß Steinacher bereits zum Träger des Friedens-Nobelpreises genannt wurde, als ein Gewaltstreich der Machthaber des Dritten Reiches ihn fällte."[767]

Seine protagonistische Tätigkeit für den Nationalsozialismus in Österreich und in Kärnten sollte vom unbefleckten Mythos des heroenhaften Abwehrkämpfers, des „geliebten, ,ungekrönten Königs'" von Kärnten[768] zugedeckt bleiben.

Steinacher wurde nicht in den Nationalrat gewählt. Seine offizielle Karriere als Volkstumspolitiker endete als Generalkonsul in Mailand von 1953 bis 1958. Entsprechend den Wünschen der Südtiroler Volkspartei sollte er von dort aus die „volkliche" Aufbauarbeit in Südtirol betreuen.[769]

1970 erkannte SPÖ-Landeshauptmann Hans Sima dem „verdienstvollsten Kärntner"[770] eine außerordentliche Pension des Landes zu.[771]

1945-1991 (= Österreichisches Jahrbuch für Politik, Sonderband), Wien/München, S. 88.

[765] Volkszeitung, 6. 1. 1952, S. 3.
[766] Volkszeitung, 30. 1. 1953, S. 1.
[767] Volkszeitung, 13. 2. 1953, S. 3.
[768] Deutsche Wochenzeitung, 30. 7. 1976.
[769] Vgl. JACOBSEN, Hans Steinacher, S. XXIX.
[770] KNAUS, Ein großer Sohn Kärntens. Dr. Hans Steinacher, S. 1.
[771] Profil, Nr. 41/1995, S. 45.

MATTHIAS ZMÖLNIG

„Für das Wohl des ganzen Volkes."[772]

Zu den frühesten Promotoren des Kärntner Nationalsozialismus, die ein relativ hohes Maß an Publizität erlangten, gehörte „Hias" Zmölnig. Er war der unentbehrliche Parteiorganisator für die Aufbauarbeit, der dabei unauffällig, aber zielstrebig im Parteigefüge aufstieg. Persönliche Geltungs- und Renommiersucht wußte Zmölnig von sich zu weisen, denn befragt über seine Verdienste für die Partei, verwies er selbstlos auf die zahlreichen „namenlosen" Mitarbeiter und ihre praktische Organisationsarbeit in den entlegensten Bergdörfern. Ihre Einsatzbereitschaft stelle die „große innere Macht des Nationalsozialismus" dar, und gerade „dieses stolze Gefühl" vermittle die Partei „im größten Kreis der Ostmark".[773]

Als bedingungsloser, fanatischer Nationalsozialist charakterisiert,[774] war seine Parteikarriere bis zum Ende des „Tausendjährigen Reiches" die des bedenkenlosen Hitler-Vasallen. An der unbedingten Ergebenheit Zmölnigs gegenüber Hitler, der NS-Ideologie und ihren Auswüchsen kamen keine Zweifel auf. Bis zuletzt galt er als „Mann der Härte" und hielt „die gesamte Bevölkerung des Bezirkes stark unter Druck und machte bis zum Schluß [...] als einer der aktivsten Nationalsozialisten [...] von seinen Machtbefugnissen [...] gehörig Gebrauch und drohte bei Versammlungen [...] noch (1944/45) mit dem KZ, wenn sich einer nicht den Bestimmungen der Kreisleitung fügen sollte."[775]

Mit allen Mitteln arbeitete Zmölnig für den „Endsieg". Als im Herbst 1944 der Volkssturm als „Armee der Idealisten" aus den daheimverbliebenen 16- bis 60jährigen Männern rekrutiert

---

[772] Stadtarchiv Spittal an der Drau, Gemeinderatsprotokoll vom 17. Mai 1933.
[773] Kärntner Grenzruf, 24. 1. 1941, S. 6.
[774] LG-Klgf., Vg 24 Vr 404/47, Bericht Gendarmerieposten Spittal/Drau, datiert 15. 7. 1947.
[775] Ebd.

wurde, übernahm Zmölnig höchstpersönlich den Oberbefehl über die rund 6.000-Mann-starke Oberkärntner Brigade. Gleichzeitig ließ er „Nun erst recht"- und „Trotz alledem"-Durchhalteparolen trommeln. Zur Verteidigung „seiner Kreisstadt" befahl er die Errichtung von Panzersperren, ließ von russischen Kriegsgefangenen die Sprengung der Lieserbrücke vorbereiten und soll die Absicht geäußert haben, überhaupt alle russischen Kriegsgefangenen des Lagers Spittal liquidieren zu lassen. Zudem war er in die beabsichtigte Sprengung des Magnesitwerkes Radenthein verwickelt.[776]

Als Sohn eines Färbermeisters am 29. August 1892 in Spittal an der Drau geboren, ergriff Zmölnig nach der Volksschule, Bürgerschule und zwei Jahrgängen an der Lehrerbildungsanstalt den Beruf eines Postbeamten.[777] Er war von 1908 bis 1909 Mitglied der pennalen Burschenschaft „Cimbria" Bozen. Während des Weltkriegs wurde er zur Reserve des Infanterieregiments Nr. 7 einberufen. Spontan, so Zmölnig, meldete er sich 1919 zur Spittaler Abwehrkämpferkompanie, die meist weit hinter der Hauptkampflinie weilte und selten am Kampfgeschehen teilnahm. Mit dem Kärntner Kreuz für Tapferkeit ausgezeichnet, zählte er zur Gruppe jener Kärntner der Frontgeneration, denen der politische Schritt nach rechts nicht schwerfiel. Im Januar 1919 schloß sich Zmölnig als „Frontkämpfer" der „Gruppe der Festbesoldeten" an.[778]

Die Festbesoldeten[779] bildeten das soziale Rückgrat des Anfang Januar 1919 im Spittaler Sorgobräu aus der Taufe gehobenen Ortsvereines der Deutschen Nationalsozialistischen Arbeiterpartei, deren Zellenbildung von Moritz Czeitschner angeregt worden war.[780] Der Vollzugsausschuß des NS-Ortsvereines wählte Zmölnig zum Obmann und entsandte ihn auch in die Landesparteileitung.[781] Mit Zmölnig als Wortführer wagte sich die DNSAP schon wenige Monate später in eine breitere Öffent-

---

[776] Ebd., LG-Klgf., Bericht des Gendarmeriepostens; vgl. ELSTE, Die Parteien und ihre politische Einflußnahme auf Markt und Stadt, S. 249 u. S. 252.
[777] BDC-Personalakte Matthias Zmölnig, Personalfragebogen für die Anlegung der SA-Personalakte.
[778] BDC-Personalakte, Personalfragebogen; ÖStA-AdR, BMfI, NS-Gauakte Matthias Zmölnig, Lebenslauf.
[779] Sprich Beamte.
[780] Deutsche Arbeiter-Presse, 4. 1. 1919, S. 3; 18. 1. 1919, S. 4; ELSTE/HÄNISCH, Weg, S. 84.
[781] Ebd., Deutsche Arbeiter-Presse, 18. 1. 1919, S. 4.

lichkeit. Es kam zu Störaktionen von Versammlungen politischer Kontrahenten und zu Propagandaangriffen gegen rivalisierende völkische Gruppen.[782] Offensichtlich überzeugte Zmölnig als Versammlungsredner, denn die DNSAP erlangte bei den Gemeinderatswahlen im April 1920 drei Mandate.[783]

In dieser Entwicklungsphase der NS-Partei verfocht Zmölnig „völkische" und sozialistische Prinzipien: Die Partei stehe auf einem „gesunden sozialistischen" Standpunkt und werde auf „völkisch judengegnerischen" Grundsätzen aufgebaut.[784] Dabei war er parlamentarisch orientiert und auf Wählermobilisierung und Organisierung möglichst vieler Anhänger bedacht. Folgen wir seinen Worten, wurden laufend neue Parteimitglieder gewonnen und mitgliederstarke Ortsgruppen formiert.[785] Allein in Spittal entbehrten seine Propagandaphrasen jeder Grundlage. So meldete die „Deutsche Arbeiter-Presse" im Juni 1923, daß „nach langer Ruhezeit die Ortsgruppe [...] wieder erstanden sei".[786]

Im November 1926 trat Zmölnig in die NSDAP-Hitler-Bewegung ein.[787] Seinem Beispiel mußten die einzelnen Ortsgruppen des Kreises Spittal Folge leisten und sich der Reichsparteileitung in München unterstellen.[788] Auch will er seit 1920 bei der SA gewesen sein.[789]

Anfang der dreißiger Jahre war die Partei Hitlers dank eines dichten Netzes von Ortsgruppen und Stützpunkten befähigt, Auffangbecken der sich während der Staats- und Wirtschaftskrise spürbar in Szene setzenden antirepublikanischen „nationalen Opposition" zu werden. Sichtbar wurde dieser Prozeß in Kärnten vor allem bei den Gemeinderatswahlen im April 1932. Die NSDAP verachtfachte ihre Stimmenanzahl von 1928 (2.198 Wählerstimmen) auf 18.367 im Jahre 1932 und überschritt landesweit die 10-Prozent-Marke. Die Zahl der Gemeinderatsmandate schnellte ob dieses Erfolges enorm in die Höhe: Waren es

---

[782] Deutsche Arbeiter-Presse, 7. 6. 1919, S. 5.
[783] Vgl. ELSTE, Die Parteien und ihre politische Einflußnahme auf Markt und Stadt, S. 170.
[784] Deutsche Arbeiter-Presse, 7. 6. 1919, S. 5.
[785] Freie Stimmen, 20. 5. 1919, S. 5.
[786] Deutsche Arbeiter-Presse, 27. 6. 1923, S. 5.
[787] BDC-Personalakte, Personalfragebogen. Mitgliedsnummer 50.718.
[788] Kärntner Grenzruf, 24. 1. 1941, S. 6.
[789] Diese Angabe in seinem Personalfragebogen diente vielmehr der Beweihräucherung der eigenen Laufbahn und entbehrt jeder Grundlage, da von einer SA im Jahr 1920 nicht die Rede sein konnte. (BDC-Personalakte, Personalfragebogen).

1928 erst 24 gewesen, führte der Rechtsruck in den Kärntner Gemeinden 1932 zu 346 Mandaten der NSDAP.[790] In Spittal erzielte die NSDAP mit Zmölnig als Listenführer 6 Mandate; das entsprach 22,4 % der abgegebenen gültigen Stimmen.[791]

Mit dem Erstarken der NSDAP war im Spittaler Stadtparlament die konstruktive Diskussion von Sachproblemen in den Hintergrund getreten. Parteipolitisches Kräftespiel und vordergründige Hetzreden waren wichtiger als die Beseitigung aktueller Probleme. Das Stadtparlament relativierte sich in der Sprache seiner Politiker zum „Kasperltheater". Die NS-Vertreter sparten weder mit Denunziationen noch mit notorischen Lügen über ihre politischen Gegner. Sie deckten einen vermeintlichen Skandal ihrer Kontrahenten nach dem anderen auf. Im Dezember 1932 erreichte die Krise ihren Höhepunkt. Die Nationalsozialisten riefen zum Sturz des sozialdemokratischen Bürgermeisters auf. Die Stadt war unregierbar geworden. Zur Führung der Amtsgeschäfte mußte die Landesregierung einen Kommissär einsetzen, der bis zu den Neuwahlen im April 1933 seine Funktion ausübte.[792]

Trotz oder wegen Verrohung der politischen Umgangsformen legte die NSDAP bei den Neuwahlen nochmals zu. Sie vergrößerte ihre Mandatszahl auf 8; fast 30 % der Wählerstimmen entfielen auf die extreme Rechte. Mit Schützenhilfe des Nationalen Wirtschaftsbundes eroberte Zmölnig nach drei Wahlgängen gegen seinen sozialdemokratischen Mitbewerber den Stuhl des Bürgermeisters. Bei seiner Antrittsrede verkündete das neue Stadtoberhaupt, daß „es sich in kürzester Zeit zeigen wird, daß es keine Schande für die Stadt Spittal ist, daß ein Nationalsozialist Bürgermeister wurde. [...] Uns Nationalsozialisten hat stets das Wohl des ganzen Volkes vorgeschwebt, und so wird es auch in Spittal sein."[793]

Zmölnig weckte falsche Hoffnungen, denn Tag für Tag suchte der NS-Terror, den er als Parteiführer zu verantworten hatte, die Stadt heim. Spittal wurde zu einer „Hochburg" des NS-Terrors.[794]

---

[790] Vgl. ELSTE/HÄNISCH, Weg, S. 124.

[791] Vgl. ELSTE, Die Parteien und ihre politische Einflußnahme auf Markt und Stadt, S. 177 f.

[792] Ebd.

[793] Ebd., S. 178; Stadtarchiv Spittal an der Drau, Gemeinderatsprotokoll vom 17. Mai 1933.

[794] Vgl. ELSTE, Die Parteien und ihre politische Einflußnahme auf Markt und Stadt, S. 197 ff.

Wegen politischer Umtriebe wurde Zmölnig mehrfach gemaßregelt. Untersuchungshaft, Polizeiarrest, Einlieferung als politische Geisel in das Anhaltelager Wöllersdorf und 3.000 Schilling Schadenersatz für Tumultschäden zeigen die Aufzeichnungen der Sicherheitsbehörde.[795] Sein politischer Aktionismus führte zur Entlassung aus dem Postdienst.

Mit 1. Januar 1933 war Zmölnig zum Kreisleiter des Bezirkes Spittal mit Lienz Stadt und Land aufgerückt. Dadurch konnte er seinen Einfluß in der Partei erheblich aufwerten. Kothen setzte dann auch nach seinem Abgang Zmölnig als Gaubevollmächtigten ein, was der Funktion eines Landesgeschäftsführers gleichkam. Es liegt auf der Hand, daß Kothen mit dieser personellen Rochade den gemäßigten Czeitschner mundtot machen wollte, weil er sich in der Umsetzung seiner revolutionären Politik vom tatkräftigeren Zmölnig, dessen Stellung in der Partei unbestritten war, mehr Impulse erwartete.[796]

Zmölnigs Verhältnis zu Kothen war ambivalent. Zunächst war er der Wortführer einer Gruppe von Kärntner Bezirksleitern, die bei Habicht unbedingt Kothens Absetzung als Gauinspekteur durchbringen wollten. „Hundertprozentiges Vertrauen hatten wir zu Kothen nicht. Es war der typische Gegensatz zwischen Front und Etappe."[797] Erst als Zmölnig nach Deutschland geflüchtet war, schlug er sich „restlos" auf die Seite Kothens. Ihm war „klar" geworden, wie sehr sich Kothen „für uns (die NSDAP Kärnten) und unser Wollen persönlich beim Führer eingesetzt" hatte.[798]

Wenige Tage vor dem Juli-Putsch war Zmölnig „zu wichtigen Besprechungen" in die Landesleitung Österreich nach München beordert worden.[799] Vermutlich hatte man ihn in die Putschvorbereitungen miteinbezogen. Selbst kommentierte er hiezu: „Am 13. Juli 1934 bin ich dann [...] endgültig nach München hinausgefahren. Ich hatte mich immer geweigert, aber ich war körperlich durch die dauernden Verhaftungen und durch meinen Aufenthalt im Konzentrationslager so heruntergekommen, daß

---

[795] BDC-Personalakte, Politisches Werturteil.
[796] Ebd.
[797] BDC-Personalakte Hans vom Kothen, Zeugenaussage Matthias Zmölnig vor dem Gaugericht München-Oberbayern der NSDAP, datiert 24. 5. 1935.
[798] Ebd.
[799] BDC-Personalakte, Politisches Werturteil.

ich mich zu dem Schritt entschließen mußte, Kärnten zu verlassen und ins Reich zu gehen."[800]

Da er nach dem Putsch in Österreich als Hochverräter steckbrieflich gesucht wurde, war eine Rückkehr unmöglich geworden.[801] Im NS-Flüchtlingshilfswerk fand Zmölnig Aufnahme, das ihn als Sonderbeauftragter neben Schatzmayr zur Inspektion in die NS-Flüchtlingslager nach Jugoslawien entsandte. Nach seiner Entlassung aus dem Hilfswerk kam Zmölnig im September 1935 in Regensburg bei der „Deutschen Reichspost" unter.[802]

Als 1938 im neuen Staat ein heftiges Tauziehen um die relevanten Positionen einsetzte, kam Zmölnig zum Zug. Im Juni 1938 vollzog sich sein Wechsel von der „Reichspost" zum Kreisleiter von Spittal. Zmölnig, bekannt durch seine demonstrativ gepflegte Leutseligkeit und sein populäres Auftreten, der auch keinen Unterschied machte, „ob einer Nationalsozialist war oder nicht", hatte sich offensichtlich gegen seinen Rivalen, den illegalen Kreisleiter Fritz von Hollan, problemlos durchgesetzt.[803]

Entsprechend seiner Verdienste wurde der altgediente Parteifunktionär ausgezeichnet: Seine Anerkennung als „Alter Kämpfer" stand außer Frage. Zmölnig erhielt zudem das „Goldene Parteiabzeichen" und die Dienstauszeichnungen der NSDAP von „Bronze bis Gold".[804]

Das Volksgericht verurteilte Zmölnig 1947 zu 10 Jahren schwerem Kerker verschärft durch ein hartes Lager vierteljährlich sowie Vermögensverfall. Das Urteil bewertete das „Zusammentreffen zweier Verbrechen und die mehrfache Eignung nach § 11 des Verbotsgesetzes" als erschwerend. Als mildernd gewertet wurde sein aufrichtiges Geständnis, seine Unbescholtenheit, sowie der Umstand, daß er sich laut vorgelegten Bestätigungen wiederholt für politisch Verfolgte eingesetzt hatte.[805] 1949 wurde Zmölnig infolge seines schlechten Gesundheitszustandes aus der

---

[800] BDC-Personalakte Hans vom Kothen, Zeugenaussage Matthias Zmölnig vor dem Gaugericht München-Oberbayern der NSDAP, datiert 24. 5. 1935.

[801] BDC-Personalakte, Politisches Werturteil.

[802] Ebd.

[803] Vgl. ELSTE, Die Parteien und ihre politische Einflußnahme auf Markt und Stadt, S. 225 f.; LG-Klgf., Vg 24 Vr 404/47, Bericht Gendarmerieposten Spittal/Drau, datiert 15. 7. 1947.

[804] LG-Klgf., Vg 24 Vr 404/47, Gnadentabelle.

[805] Ebd.

Haft entlassen und die Reststrafe unter Festsetzung einer Probe-zeit von 5 Jahren erlassen.[806] Dagegen sprach sich nach Erhebun-gen der Gendarmeriepostenkommandant von Spittal aus, der an das Landesgericht berichtete: „Die Aufhebung der Strafe wäre nach Angaben der Parteienvertreter sowie auch von einem großen Teil der Bevölkerung bestimmt dazu angetan, um in der Öffentlichkeit Ärgernis, wenn nicht auch Unruhe hervorzurufen. Dies zeigt schon, daß alle gewöhnlichen Mitläufer, die, weil sie eben illegal waren und irgendeine Funktion innehatten, die für die Verurteilung [...] reichte, ihre Strafen teilweise zur Gänze oder zumindest zwei Drittel davon abbüßten und aus diesem Grunde auch nicht einsehen würden, daß man einem Manne mit einer so hohen Funktion den größten Teil seiner Strafe erlassen würde."[807]

---

[806] Ebd.

[807] LG-Klgf., Vg 24 Vr 404/47, Gendarmerieposten Spittal an Landesgericht, Spit-tal, datiert 20. 3. 1950.

ODILO GLOBOCNIK

Von Siegfried Pucher

„Der Träger kann sein deutsches Blut nicht als Privateigentum betrachten, sondern als Volkstumsbestandteil." [1]

Von allen Kärntner Nationalsozialisten machte Odilo Globocnik[2] in der NSDAP und der SS die bemerkenswerteste Karriere. Seit Beginn der dreißiger Jahre in engem Kontakt mit den Protagonisten der NSDAP in Kärnten, ab Juli 1936 einer der Spitzenfunktionäre der Partei in Österreich, führend beteiligt am „Anschluß" Österreichs an das Dritte Reich, Gauleiter von Wien, SS-und Polizeiführer des Distrikts Lublin im besetzten Polen und als solcher Leiter der „Aktion Reinhardt"[3], der Ermordung von mindestens 1,500.000 polnischen Juden[4], Höherer SS-

[1] Dienstanweisung Nr. 8 von SS-Gruppenführer Odilo Globocnik, Lublin, datiert 11. 5. 1943, zit. nach RÖHR, Werner (Hg., 1989): Die faschistische Okkupationspolitik in Polen. 1939 – 1945 (= Nacht über Europa. Die Okkupationspolitik des deutschen Faschismus 1938 – 1945, Bd. 2) S. 265. Diese Anweisung erließ Globocnik im Zusammenhang mit seiner Aktion „Fahndung nach deutschem Blut" im Generalgouvernement. Jene Polen, die nach Ansicht der Nationalsozialisten als „rassisch wertvoll" anzusehen waren, sollten – notfalls mit Gewalt – germanisiert werden.

[2] In den Quellen und der Sekundärliteratur finden sich auch die Schreibweisen „Globocznik, Globotschnig und Globotschnigg". In diesem Artikel wird ausschließlich die Schreibweise Globocnik, wie sie seit ungefähr 1870 in Familienakten aufscheint, verwendet.

[3] In der Literatur findet sich meist die Schreibweise „Reinhard", die in zeitgenössischen Dokumenten nicht verwendet wird. Auch der Dienststempel von SS-Sturmbannführer Hermann Höfle, des „Beauftragten fuer die Umsiedlung" trägt die Aufschrift „Einsatz Reinhardt". Zur Namensgebung der „Aktion Reinhardt" siehe auch BREITMAN, Richard/ARONSON, Shlomo (1990): Eine unbekannte Himmlerrede vom Januar 1943, in: VfZ 38, S. 337 – 348.

[4] Globocnik selbst sprach von zwei Millionen. Auf seiner Flucht im Mai 1945 erzählte er einem Bekannten in der Nähe von Klagenfurt: „Zwei Millionen ham ma erledigt!" Auskunft A. R. Meine Auskunftsperson ist der Sohn des Gesprächspartners von Globocnik. Der Vater von Herrn A. R. war über diese Mitteilung, die in „normalem Gesprächston" erfolgte, sehr schockiert und teilte sie seinem Sohn mehrmals – wortwörtlich – mit.

und Polizeiführer in der „Operationszone Adriatisches Küstenland", hatte er Zutritt zum Kreis jener Personen, die die rassische
Neuordnung Europas planten und vollstreckten.

Obwohl Globocnik eine wichtige Position bei der Ermordung
der Juden innehatte und ihm eine führende Rolle bei der Germanisierung Osteuropas zugedacht war, sind umfangreichere biographische Arbeiten über ihn bisher selten[5]. In der einschlägigen
Sekundärliteratur[6] und in Quelleneditionen[7] nimmt Globocnik jedoch eine führende Stellung ein.

Der Charakter Odilo Globocniks gab bereits zu dessen Leb-
zeiten Anlaß für widersprüchliche Beurteilungen: Maximilian
von Herff, Chef des SS-Personalamtes bezeichnet Globocnik als
„verantwortungsbewußt, selbstbewußt, mutig, Tatmensch"[8]. In
die gleiche Richtung, wenn auch mit gegensätzlicher Bedeutung, geht die Beschreibung von Rudolf Höß, ehemaliger Kommandant des Konzentrations- und Vernichtungslagers Auschwitz. Für ihn (Höß) war Globocnik ein „Wichtigtuer, der es ver-
stand(,) seine Person gehörig in den Vordergrund zu stellen und
seine Phantasiegebilde von Plänen so darzustellen(,) als ob sie
größtenteils schon verwirklicht wären. Er und nur er wollte al-

---

[5] Über den Umfang von Kurzbiographien hinaus gehen nur BLACK, Himmlers
Vorposten im Osten, in: Die braune Elite II, S. 103ff; PUCHER, Siegfried (1996):
„Daß wir den Mut gehabt haben, ..." Odilo Globocnik (1904 – 1945). Eine Biographie, phil. Dipl.arb., Klagenfurt (Die Drucklegung der Arbeit ist in Vorbereitung) und WULF, Joseph (1984): Das Dritte Reich und seine Vollstrecker, Frank-
furt/Berlin/Wien, S. 261 ff.

[6] U. a. ARAD, Yitzhak (1987): Belzec, Sobibor, Treblinka. The Operation Reinhard
Death Camps, Bloomington; BOTZ, Die Eingliederung Österreichs in das Deutsche Reich; BREITMAN, Richard (1991): The Architect of Genocide. Himmler
and the Final Solution, New York; HILBERG, Raul (1990): Die Vernichtung der
europäischen Juden, 3 Bde., Frankfurt; JÄCKEL, Eberhard/ROWDER, Jürgen
(Hg., 1985): Der Mord an den Juden im Zweiten Weltkrieg. Entschlußbildung und
Verwirklichung, Stuttgart; POHL, Dieter (1993): Von der „Judenpolitik" zum Judenmord. Der Distrikt Lublin des Generalgouvernements 1939 – 1944, Frankfurt
(= Münchner Studien zur neueren und neuesten Geschichte 3); REITLINGER, Gerald (1961): Die Endlösung. Hitlers Versuch der Ausrottung der Juden Europas
1939 – 1945, Berlin; ROSAR, Deutsche Gemeinschaft; RÜCKERL, Adalbert
(1979): NS-Verbrechen im Spiegel deutscher Strafprozesse, München.

[7] U. a. PRÄG, Werner/JACOBMEYER, Wolfgang (Hg., 1975): Diensttagebuch des
deutschen Generalgouverneurs in Polen 1939 – 1945, Stuttgart; Jüdisches Historisches Institut Warschau (Hg., 1961): Faschismus – Getto – Massenmord. Dokumentation über Ausrottung und Widerstand der Juden in Polen während des Zweiten Weltkrieges, Berlin; IMGH, 46 Bde.

[8] BDC-Personalakte Odilo Globocnik, Personalbeschreibung durch von Herff, datiert Mai 1943.

les allein und am besten machen. [...] Himmler glaubte ihm
alles und hielt ihn noch lange, als die Angriffe gegen ihn
(Globocnik) von allen Seiten [...] nicht abrissen und er untragbar war"[9].

Die Darstellung von Globocniks Charakter in der Sekundärliteratur folgt dem Schema, daß die unvorstellbaren Verbrechen
des Nationalsozialismus nur von „kranken" Persönlichkeiten begangen worden sein können. So wird Globocnik als „Mörder aus
Profession"[10] und „unstetig und skrupellos"[11] bezeichnet. Weiters
habe er während seiner Dienstzeit als SS- und Polizeiführer in
Lublin ein „Leben beständiger Trunkenheit und zügelloser Ge-
nußsucht" geführt. Sein „Talent zum Verschwörertum sei
Globocniks einziges tatsächliches Verdienst"[12].

Dieser Beitrag versucht, das Leben Odilo Globocniks bis zu
seiner Ernennung zum Gauleiter von Wien nachzuzeichnen. Der
Autor kann dabei auf bisher nicht veröffentlichtes Archivmateri-
al zurückgreifen sowie auf eine Reihe von Interviews mit Zeitzeugen[13], die es ermöglichen, bisher in der Literatur verbreitete
Irrtümer zu korrigieren und zu einer differenzierteren Deutung
von Globocniks Persönlichkeit beizutragen. Damit ist keinesfalls
eine Relativierung von Globocniks Verbrechen beabsichtigt!
Wir müssen in Odilo Globocnik einen der willigsten Helfer und
tatkräftigsten Förderer der nationalsozialistischen Wahnideen
sehen.

Odilo Globocnik wurde am 21. April 1904 als zweites Kind[14]
des Postbeamten Franz Globocnik und dessen Frau Anna in
Triest geboren.

Die Familie stammte väterlicherseits aus Neumarktl, einer
deutschen Sprachinsel in Oberkrain. Die Ahnenreihe läßt sich
bis zur Mitte des 18. Jahrhunderts rekonstruieren[15]. Die Mutter

---

[9] IfZ, F. 13/6-Höß über Globocnik, Krakau, datiert Januar 1947. Rudolf Höß verfaßte während seiner Haft in Polen neben seiner Autobiographie auch biographische Skizzen über wichtige NS-Funktionäre.

[10] FEST, Joachim C. (1993): Das Gesicht des Dritten Reiches. Profile einer totalitären Herrschaft, München/Zürich, S. 287.

[11] WALZL, „Als erster Gau ...", S. 30.

[12] REITLINGER, Die Endlösung, S. 276.

[13] Alle Auskunftspersonen werden nur mit den Anfangsbuchstaben ihres Namens zitiert. Tonbänder und deren Abschriften befinden sich im Besitz des Verfassers.

[14] Globocnik hatte zwei Schwestern: Lydia (geb. 1901) und Erika (geb. 1909).

[15] Der Schwager Odilo Globocniks verfaßte am 30. 1. 1978 die Abschrift einer „sauber beschriebenen Stammbaumzeichnung", die väterlicherseits bis 1760 zurück-

Globocniks stammte aus Werschetz im Banat. Franz Globocnik war zunächst Berufsoffizier. Da weder er noch die Familie seiner Braut die „Kaution" aufbringen konnte, um aus der Armee auszuscheiden, ließ sich Globocnik in den Stand der Reserve zurückversetzen und trat in den Postdienst[16] ein. 1914 verließ die Familie Triest und übersiedelte nach Cseklesz (Slowakei)[17]. 1915 wurde Franz Globocnik zur Armee eingezogen. Wegen eines Magenleidens wurde der damalige Oberleutnant nicht an der Front, sondern in der Etappe[18] eingesetzt. Im Rang eines Hauptmannes[19] rüstete Franz Globocnik 1918 ab.

Die Volksschule besuchte Odilo Globocnik in Triest. Ob er in der Schule Italienisch lernte oder sich „beim Spiel den damaligen Triestiner Dialekt"[20] aneignete, ist nicht mehr festzustellen. Globocnik gab in mehreren Personalbögen[21] an, Italienisch zu sprechen. In der Familie „wurde nur deutsch gesprochen", eine „slavische(!) Sprache"[22] soll Odilo Globocnik nicht beherrscht haben. Diese Behauptung ist nicht völlig zutreffend, denn Globocnik hatte in der Militär-Unterrealschule Böhmisch als Pflichtgegenstand, sodaß anzunehmen ist, daß er zumindest über Grundkenntnisse dieser Sprache verfügte.

Am 13. Dezember 1915, drei Monate nach Schulbeginn, trat Odilo Globocnik in die Militär-Unterrealschule Sankt Pölten[23]

---

reicht. (Sammlung Carnier – Stammbaum Globocnik). In der Ahnenreihe mütterlicherseits sind in dieser Darstellung einige Fehler enthalten: So wird der Mädchenname der Mutter Odilo Globocniks mit Hagl angegeben. Hagl war der Mädchenname der Großmutter mütterlicherseits. Der Mädchenname von Globocniks Mutter war Petschinka. (Archiv der Postdirektion für Kärnten – Pensionsakt Franz Globocnik, Lebenslauf Anna Globocnik, undatiert, 1955). Der Name des Vaters von Globocniks Mutter war nicht Thomas Hagl, sondern Wilhelm Petschinka. (BA III – Personalakte Odilo Globocnik, SS-Erbgesundheitsbogen Odilo Globocnik, 15. 10. 1944). Auch stammte die Mutter Globocniks nicht aus einer Bauernfamilie, ihr Vater war Militärischer Rechnungsrat.

[16] Dieser Vorgang wird bestätigt durch Auskunft H. H. und Archiv der Postdirektion für Kärnten – Lebenslauf Anna Globocnik, undatiert, 1955.

[17] ÖStA-KA-Klassenkataloge 1915/16, Schülerbeschreibungsblatt Odilo Globocnik.

[18] Siehe dazu ÖSTA-KA-Kriegsministerium 1915 1. Abteilung 84-2/1175-1,2.

[19] ÖSTA-KA-Grundbuchblatt, neue alphabetische Reihe, Karton 159, Ernennung zum Hauptmann am 1. 11. 1917.

[20] Sammlung Carnier – Stammbaum Globocnik.

[21] BDC-Personalakte Odilo Globocnik, Personalbögen Odilo Globocnik, undatiert, vermutlich April/Mai 1938 sowie undatiert, vermutlich November 1944.

[22] Vgl. Anm. 14.

[23] Siehe dazu ÖSTA-KA-Klassenkataloge 1915/16, 1916/17, 1917/18 sowie Kriegsministerium 1915 6. Abteilung 1-2/262-1,2.

ein. In den Klassenkatalogen wird Globocnik als „recht begabt" und „sehr fleißig" bezeichnet. Er soll über „sehr anständige und gefällige Umgangsformen" verfügt haben und stets „musterhaft" adjustiert gewesen sein. Vom Temperament her sei Globocnik „ernst willig, heiter, verläßlich, strebsam und artig" gewesen. Zu Beginn des Schuljahres 1918/19 war Globocnik Schüler des 4. Jahrganges der Militär-Unterrealschule St. Pölten. Das Kriegsende machte der angestrebten Militärlaufbahn Odilo Globocniks jedoch ein Ende, und er übersiedelte nach Klagenfurt, wo sich die Familie Globocnik inzwischen angesiedelt hatte. Wann genau er St. Pölten verließ, ist nicht mehr eruierbar[24]. Fest steht, daß er fünf Monate lang eine „Civil-Realschule"[25] besucht hat.

Seit Herbst 1919 war Odilo Globocnik Schüler der Höheren Staatsgewerbeschule Klagenfurt[26]. Obwohl Globocnik laut Konferenzbeschluß vom 30. April 1921 der Ausschluß angedroht wurde, maturierte er im Juli 1923 mit Auszeichnung[27]. Dies ist umso bemerkenswerter, als die Familie Globocnik nach dem Tode von Franz Globocnik am 1. Dezember 1919 „unter beengtesten räumlichen Verhältnissen" lebte.

„Er hat er mit seinen Schwestern zusammengewohnt, die ältere Schwester Lydia, die jüngere Erika, und auch die Nichte Henny. Die waren alle in dieser winzigen Wohnung"[28]. Die Mutter, „auf die er sehr ausgerichtet war" unterstützte der Sohn, wo er konnte. Er „hat Koffer auf dem Bahnhof getragen, um Geld zu verdienen, vor allem sein Schulgeld"[29]. Auch während der Ferien

---

[24] ÖStA-KA, Mitteilung Hofrat Dr. Rainer Egger.

[25] Archiv der HTBLA für Maschinenbau Klagenfurt – Reifezeugnis Odilo Globocnik.

[26] Die Höhere Staatsgewerbeschule nahm im Herbst 1919 „als Staatslehranstalt für Maschinenbau und Elektrotechnik ihren Betrieb wieder auf. Eine neue Schließung erfolgte 1920 zur Zeit der Propagandaaktionen für die Kärntner Volksabstimmung. 1921 kam es zur Trennung der höheren Abteilungen für Maschinenbau und Elektrotechnik". (JURITSCH, Walter/LANGER, Josef/STEINBÖCK, Erwin (1979): Die Entwicklung des berufsbildenden mittleren und höheren Schulwesens in Kärnten, Klagenfurt, S. 48) Globocnik absolvierte die Höhere Gewerbeschule mechanisch-technischer Richtung an der Staatsgewerbeschule in Klagenfurt.

[27] Archiv der HTBLA für Maschinenbau Klagenfurt – Schülerkarteiblatt Odilo Globocnik.

[28] Auskunft H. H. Die Wohnung befand sich spätestens seit 1919 (Anschrift auf dem Schülerkarteiblatt 1919) in der Getreidegasse 3 in Klagenfurt. Im Kärntner Amts- und Adreßbuch 1916 scheint die Familie Globocnik noch nicht auf.

[29] Auskunft A. M.

übte Globocnik verschiedene Tätigkeiten aus, um die Familie finanziell zu unterstützen.

In mehreren Lebensläufen gibt Odilo Globocnik an, am Kärntner Abwehrkampf teilgenommen[30] zu haben und mit dem Kärntner Kreuz ausgezeichnet[31] worden zu sein. Trotzdem erschien im Neuen Wiener Tagblatt nach Globocniks Ernennung zum Gauleiter von Wien am 22. Mai 1938 ein Artikel, in dem es hieß, er gehörte den „freiwilligen Schutzabteilungen an und machte die Gefechte bei Grafenstein und Bleiburg mit […]. Für sein tapferes Verhalten in den Kämpfen um Bleiburg wurde er mit dem Kärntner Kreuz ausgezeichnet. Während der Vorbereitungen für die Volksabstimmung war Globocnik bereits als ‚illegaler‘ Propagandist tätig“[32].

Ab 1922 betätigte sich Globocnik nach eigenen Angaben auch politisch. Nach den „Abwehrkämpfen […] bildete sich der Heimatschutz, aus dem dann einzelne Teile in die Partei übertraten“, wobei diese Partei noch nicht mit der NSDAP, die „erst 1930 in Kärnten festere Formen annahm“[33], identisch gewesen ist. Innerhalb des Heimatschutzes war eine „nationalsozialistische Sturmabteilung gegründet worden, der Odilo Globocnik angehörte“. Als Kennzeichen trug diese „erste Kärntner SA“ auf dem „Heimwehrhut“ ein „Hakenkreuz“[34].

Etwa zur gleichen Zeit machte Globocnik die Bekanntschaft des in Kärnten sehr bekannten Abwehrkämpfers Oberstleutnant Emil Michner. Globocnik war Michner während eines Tanzabends im Café Lerch aufgefallen, weil sein „dunkler Tanzanzug aus der Uniform des Vaters (von Globocnik) geschneidert“[35] war. Globocnik wurde daraufhin von zwei Schulkollegen, Söhnen eines mit Michner bekannten Offiziers, vorgestellt.

---

[30] Die von mir befragten Zeitzeugen können sich an eine solche Teilnahme Globocniks nicht erinnern. Da Globocnik sehr großen Wert auf „Anerkennung“ legte, erscheint es mehr als unwahrscheinlich, daß er seine „Kriegserlebnisse“ in Gesellschaft verschwiegen hat.

[31] Laut Auskunft des KLA scheint der Name Odilo Globocnik in der vollständig erhaltenen Namensliste der Träger des Kärntner Kreuzes nicht auf.

[32] Neues Wiener Tagblatt, 25. 5. 1938 (= SOWIDOK Wien).

[33] ZStL – Lebenslauf Odilo Globocnik, undatiert, vermutlich November 1944. Zur Frühgeschichte der NSDAP in Kärnten siehe BURZ, Vom Kampf für das Deutschtum und ELSTE/HÄNISCH, Weg.

[34] Siehe Anm. 26.

[35] Auskunft A. M. und H. H.

Die Bekanntschaft zwischen Globocnik und der Familie Michner vertiefte sich in der Folge. Globocnik verlobte sich mit der älteren Tochter Emil Michners Grete[36]. Die Ansicht, daß Globocnik die Bekanntschaft der Familie Michner nur gesucht haben soll, um sich persönliche Vorteile zu verschaffen[37], wird von der Schwester Grete Michners nicht geteilt[38]. Tatsächlich verschaffte Emil Michner dem Verlobten seiner Tochter nach dessen Schul- und Berufsabschluß seinen ersten Posten. Michner intervenierte bei Kommerzialrat Ing. Adolf Wolf[39], dem Direktor der KÄWAG (Kärntner Wasserkraft-AG). Globocnik erhielt daraufhin einen Posten in Frantschach im Lavanttal. Ob er als Techniker oder Maurer/Bauleiter beschäftigt war, ist nicht feststellbar. Globocnik gab seinen Beruf stets als „Bautechniker", „Bauleiter" oder „Baumeister" an. In den „Amtlichen Kärntner Amts- und Adreßbüchern" von 1928 und 1932[40] scheint als Berufsbezeichnung „Techniker" auf. Globocnik selbst schrieb 1944, er sei „1923 zum Bau von Wasserkraftwerken in die KÄWAG"[41] eingetreten. Bis 1930 war Globocnik an mehreren Kraftwerksbaustellen beschäftigt und hielt sich selten in Klagenfurt auf[42]. Im selben Jahr fand Globocnik eine Stelle beim Klagenfurter Bauunternehmen Rapatz, wo er bis Januar 1934[43] beschäftigt war. Obwohl Globocnik „für den von ihm ausgeübten Beruf, nämlich Hochbau-Bauleiter, von der Schulbildung her nicht besonders qualifiziert war"[44], arbeitete er als Bauleiter an

---

[36] Globocnik war mit Grete Michner 15 Jahre lang verlobt, hat sie jedoch – obwohl Hochzeitstermine fixiert worden waren – nie geheiratet. 1939 löste Globocnik die Verlobung, was ihm eine Anzeige wegen gebrochenem Eheversprechens beim Parteigericht einbrachte. Mit einer Zahlung von 15.000 Reichsmark (8.000 Reichsmark steuerte der Reichsführer SS Heinrich Himmler bei) kaufte sich Globocnik ‚frei'. Zum Schriftwechsel dazu siehe: BDC-Personalakte Odilo Globocnik.

[37] So sinngemäß WALZL, „Als erster Gau …", S. 30.

[38] Auskunft H. H.

[39] Näheres zu Wolf bei SKUDNIGG, Eduard (1970): Die freigewählten Bürgermeister von Klagenfurt, in: Landeshauptstadt Klagenfurt (Hg.): Die Landeshauptstadt Klagenfurt. Aus ihrer Vergangenheit und Gegenwart Bd. 2, S. 315 f.

[40] S. 289 und S. 299.

[41] ZStL-Personalakten Odilo Globocnik, undatiert, vermutlich November 1944. WULF, Vollstrecker, S. 262 nennt als Arbeitgeber „RAWAG". Da sich Wulf auf dasselbe Dokument bezieht, kann es sich nur um einen Deutungsfehler der Handschrift handeln.

[42] Vgl. Neues Wiener Tagblatt, 25. 5. 1938 (= SOWIDOK Wien).

[43] ÖStA-AdR, BKA-Inneres, 22/gen., Sammelakte Zl. 317.537/36, Bundespolizeikommissariat Klagenfurt an Staatsanwaltschaft Klagenfurt, 10. 1. 1935.

[44] Auskunft W. R.

verschiedenen Baustellen. Unter anderem leitete Globocnik – zumindest zeitweise – den Bau des neuen Klagenfurter Priesterseminars.

Am 30. August 1933 wurde Globocnik das erste Mal festgenommen, weil er vor dem „Fenster des Polizeigefangenenhauses in Klagenfurt mit inhaftierten politischen Häftlingen über politische Vorgänge sprach"[45]. Nach Aufnahme der Personaldaten wurde er nach kurzer Zeit wieder auf freien Fuß gesetzt. Insgesamt wurde Odilo Globocnik fünfmal wegen politischer Vergehen verhaftet, dreimal wurde er zu Gefängnisstrafen verurteilt.

Besonders hart scheinen die Gefängnisaufenthalte nicht gewesen zu ein. So durfte Globocnik trotz seiner Haft die Baumeisterprüfung ablegen, da er wegen der Fürsprache des Vaters seiner Braut beim damaligen Landeshauptmann Hülgerth „aus der Haft entlassen worden, nein, beurlaubt worden ist, um die Baumeisterprüfung bei der Landesregierung abzulegen"[46].

Angeblich wegen „pol.[itischer] Betätigung" wurde Globocnik 1934 „aus dem Beruf entlassen"[47]. Tatsächlich hatte Globocnik jedoch auf dem Lagerplatz der Baufirma Rapatz ohne Wissen seines Arbeitgebers Sprengstoff versteckt. Im Zuge der polizeilichen Ermittlungen wurde nicht nur Globocnik, sondern auch sein Arbeitgeber verhaftet und für mehrere Tage inhaftiert, bis sich seine Unschuld herausstellte. Nach „diesem Vorfall wurde Globocnik […] entlassen"[48].

Nachdem Globocnik entlassen worden war, fand er „Unterschlupf" in der Villa und Fremdenpension der Eltern seiner Braut. Dort arbeitete er als Gärtner und „Mädchen für alles"[49]. Gleichzeitig betätigte er sich weiterhin für die illegale NSDAP.

Die Dauer der von Globocnik verbüßten Gefängnisstrafen war Anlaß heftiger Kontroversen zwischen Globocnik und Reichsschatzmeister Schwarz, der auch für die Verleihung des Blutordens zuständig war. Globocnik behauptete, die geforderte Zeit im Gefängnis verbüßt zu haben, Schwarz bewies ihm das

[45] ÖStA-AdR, BKA-Inneres, 22/gen., Sammelakte Zl. 317.537/36, Information Zl. SD II-558/1/37, 3. 8. 1937.
[46] Auskunft H. H.
[47] BDC-Personalakte Odilo Globocnik, Lebenslauf Globocnik, undatiert, vermutlich April 1938.
[48] Auskunft W. R.
[49] Auskunft A. M.

Gegenteil. Die Affäre zog sich über zwei Jahre, bis schließlich Himmler mitteilte, daß Globocnik nicht Blutordensträger werden könne[50]. Ein Vergleich der entsprechenden Akten zeigt, daß Globocnik sich tatsächlich den Blutorden erschwindeln wollte. Aber wenn es um Titel, Orden, Auszeichnungen und öffentliche Anerkennung ging, ließ Globocnik nichts unversucht, um in deren Genuß zu kommen.

Obwohl Odilo Globocnik sehr früh zur NSDAP, bzw. einer ihrer Vorläuferorganisationen gestoßen war[51], scheint sein Name erst 1931[52] in den Akten auf. Bis zum Verbot der NSDAP am 19. Juni 1933 war Globocnik Propagandaleiter der Nationalsozialistischen Betriebszellenorganisation.

Seine Einstellung der Partei gegenüber wird als „ekstatisch" beschrieben. Selbst bei Spaziergängen mit seiner Braut hielt er immer neue „Lobreden auf die Nazi. [...] Offenbar war er nur von diesen Gedanken [...] beherrscht". Er vergaß auch nicht zu erwähnen, wie „großartig er dastehen wird"[53], wenn die Partei erst einmal die Macht übernommen haben wird.

Globocnik hatte seine eigene Zukunft sehr eng mit der der NSDAP verbunden. Sein Einsatz ließ ihn sehr schnell in Konflikt mit den Behörden des Ständestaates geraten. Wie bereits erwähnt, wurde Globocnik mehrmals verhaftet und zu Gefängnisstrafen verurteilt. Trotzdem – oder besser gesagt, gerade deswegen – stieg er in der Parteihierarchie stetig nach oben. Er wurde Stellvertreter des Gauleiters Hubert Klausner, zeitweilig leitete Globocnik die NSDAP in Kärnten. Es gelang ihm, mit seinen Methoden in der Untergrundarbeit seine Umgebung beeindruckt zu haben. Er bezog seine gesamte Umgebung in seine konspirative Tätigkeit ein. Selbst der Bischof von Kärnten, Adam Hefter,

---

[50] ZStL-Personalakten zu Odilo Globocnik, Aufstellung der Strafen wegen illegaler Betätigung für die NSDAP der Staatspolizeistelle Klagenfurt, 27. 7. 1940 sowie Anm. 39. Zum Schriftverkehr zu dieser Angelegenheit siehe BDC-Personalakte Odilo Globocnik.

[51] Nach eigenen Angaben war er bereits 1922 „in der Bewegung führend tätig". BDC-Personalakte Odilo Globocnik, Lebenslauf Odilo Globocnik, undatiert, vermutlich April/Mai 1938.

[52] Globocniks Eintritt in die NSDAP wurde mit 1. März 1931 datiert. Die Mitgliedsnummer war 442.939 (BDC-Personalakte Odilo Globocnik, NSDAP-Mitgliedskarte, 6. 9. 1932). In der Reichsleitung der NSDAP wurde Globocnik unter der Nummer 429.939 geführt (BDC-Personalakte Odilo Globocnik, Mitteilung der Reichsleitung der NSDAP, 15. 1. 1943).

[53] Auskunft H. H.

wurde von Globocnik dazu benutzt, Flugschriften – oder gar Sprengstoff – an illegale Nationalsozialisten zu verteilen[54]. Obwohl Globocnik zum engsten Führungskreis der NSDAP in Kärnten gehörte, scheint er sich am „Juliputsch" 1934 nicht persönlich beteiligt zu haben.

Überhaupt hielt sich die Kärntner NSDAP-Führung im Zusammenhang mit dem „Putschversuch" sehr zurück[55]. 1933, nach dem Verbot der NSDAP in Österreich, hatte Globocnik einen „Kurier- und Nachrichtendienst" aufgebaut, der über die Schweiz und Italien „geheime Hilfsgelder aus dem Deutschen Reich"[56] ins Land schleuste. Globocnik war praktisch ständig im Ausland unterwegs[57]. Während dieser Tätigkeit führte Globocnik „viele Namen, 20 oder 30"[58]. Die Summe, die auf diesem Wege nach Österreich gelangten, war beträchtlich: 8,226.435,- Schilling[59] zwischen September 1934 und März 1938.

Im Zuge dieser Tätigkeit scheint Globocnik auch in Kontakt zur SS-Führung, zum Reichsführer-SS Heinrich Himmler und dem Chef des Sicherheitsdienstes Reinhardt Heydrich, getreten sein. Am 1. September 1934 wurde Odilo Globocnik mit der Nummer 292.776[60] in die SS aufgenommen. Die SS hatte ihren Einfluß in Kärnten nach dem gescheiterten „Juliputsch" beträchtlich steigern können. Die Parteiorganisation war zerschlagen, nur die SS organisierte sich „enger ab 1935, [...] und Odilo Globocnik baute für Kärnten einen eigenen Nachrichtendienst"[61] auf, der als „Sonderdienst der Gauleitung"[62] der SS formell ein-

---

[54] Auskunft H. H. und W. R.

[55] Siehe dazu die Memoiren des Österreichischen SA-Führers PERSCHE, Alfred (o. J.): Hauptmann Leopold. Der Abschnitt 1936 bis 1938 der Geschichte der nationalsozialistischen Machtergreifung in Österreich, o. O. (= Unveröffentlichtes Manuskript; DÖW-Nr. 1.460/1). Zu bedenken ist, daß Persche Anhänger des österreichischen Landesleiters der NSDAP Josef Leopold war. Leopold und die „Kärntner Gruppe" befehdeten sich aufs schärfste.

[56] BLACK, Himmlers Vorposten, S. 104.

[57] Zwischen 17. 1. 1934 und 22. 10. 1934 sind acht Ankünfte aus München beim Flughafen S. Niccolò del Lido nachweisbar. ÖStA-AdR, BKA-Inneres, 22/gen., Sammelakte Zl. 317.537/36.

[58] IMGH, Bd. XXXIV, Nürnberg 1949, Dokument 4.005-PS, S. 8.

[59] Summe nach STUHLPFARRER, Karl (Wien 1988): Zum Problem der deutschen Penetration Österreichs, in: Das Juliabkommen von 1936, S. 318.

[60] BDC-Personalakte Odilo Globocnik, Personalbogen Odilo Globocnik, undatiert, vermutlich Dezember 1944.

[61] STEINBÖCK, Kärnten, S. 827. Siehe auch MOSCHNER, Kärnten. Grenzland im Süden, S. 33.

[62] WALZL, „Als erster Gau ...", S. 26.

gegliedert war. Der gestiegene Einfluß der SS zeigte sich beson-
ders deutlich im Streit zwischen der „Kärntner Gruppe" und dem
Landesleiter der NSDAP in Österreich, Josef Leopold, und den
Ereignissen rund um die Besetzung der Gauleiterposten 1938.
Einen ersten Höhepunkt erreichte die Karriere Odilo Globocniks
im Sommer 1935: Als fast alle Spitzenfunktionäre der öster-
reichischen NSDAP im Gefängnis saßen, führte Globocnik „die
Partei von Budapest aus"[63].

Globocniks Aufstieg begann, genau wie der seines Freundes
Friedrich Rainer, im Sommer 1936. Nach Abschluß des „Juliabkommens" am 11. Juli 1936 beorderte Adolf Hitler Odilo Globocnik und Friedrich Rainer für den 16. Juli zu sich auf den
Obersalzberg, um ihnen Instruktionen für das weitere Vorgehen
der NSDAP in Österreich zu geben. Hitler erklärte, er „brauche
weitere zwei Jahre für seine Politik. Und in dieser Zeit müsse die
Partei in Österreich Disziplin halten"[64]. Hitler beauftragte Globocnik und Rainer, diese Ansichten in der österreichischen
NSDAP umzusetzen. Daß Hitler die „Kärntner" mit der Durchführung dieser Absichten betraut hatte, lag nicht nur daran, daß
die übrigen Führer der illegalen NSDAP im Gefängnis saßen.
Die Vorstellungen Hitlers deckten sich zu diesem Zeitpunkt mit
denen der „Kärntner Gruppe". Diese Übereinstimmung nutzte
die Gruppe, um in der Folge die Position des Landesleiters Leopold zu schwächen.

Starker Mann in der Deutschen Botschaft war nach dem Abschluß des Juliabkommens nicht mehr Botschafter Franz von Papen, sondern SS-Gruppenführer Wilhelm Keppler, der auf Vorschlag Globocniks „zum Vorsitzenden der im Staatsvertrag vom
11. Juli 1936 vorgesehenen gemischten Kommission zur Durchführung des Abkommens"[65] ernannt worden war. Die Ansichten
Kepplers und Leopolds waren erwartungsgemäß so verschieden,
daß Keppler „künftighin mit Dr. Rainer und Globocnik"[66] zu-
sammenarbeitete. Hinter diesem Konflikt verbarg sich der
Kampf zwischen SA, SS und politischer Organisation. Globocnik und Rainer gehörten der SS, Leopold der SA an. Ernst Kaltenbrunner, Führer der österreichischen SS, weigerte sich, von

[63] ROSAR, Deutsche Gemeinschaft, S. 89.
[64] PAULEY, Der Weg in den Nationalsozialismus, S. 165.
[65] IMGH, Nürnberg 1947 ff., Bd. II, S. 427.
[66] Ebd.

Leopold Befehle entgegenzunehmen, da er „direkt dem Reichsführer der SS" unterstehe und die österreichische SS Leopold „nur mehr im Rahmen" der Weisungen Himmlers „zur Verfügung stehen könne"[67].

Die NSDAP in Österreich stand vor der Spaltung. Die Staatspolizei Wien meldete:

„Die Stimmung unter den österreichischen Nationalsozialisten [...] ist schlecht geworden. [...] gegen Leopold, wie dieser selbst behauptet, wird von verschiedenen Seiten intrigiert, insbesondere von Neubacher, Seyss-Inquart und Globocnik"[68]. Leopold warf den „Kärntnern vor, daß sie die „Interessen der NS-Bewegung einer fremden Führerschicht"[69] opfern würden. Dies ging so weit, daß Leopold Globocnik im November 1937 aus der Partei ausschloß[70]. Die Mitgliedschaft zur SS, so erklärte Ernst Kaltenbrunner sofort, werde davon „nicht tangiert"[71]. Unterstützung scheint Globocnik auch von der Deutschen Botschaft erhalten zu haben. In einem Aktenvermerk wurde Globocnik als einer der „jungen Führer, die in der Kampfzeit der letzten zwei Jahre die Partei verwaltet haben und sich jetzt von der Mitbestimmung nicht ausschließen wollen"[72], beschrieben. Mit Beginn des Jahres 1938 begannen Globocnik und Rainer mit der „planmäßigen Verschärfung der innenpolitischen Lage bis zur Bürgerkriegsgefahr", worauf ein „ordnendes Eingreifen des Reiches"[73] erfolgen sollte. Ende Januar 1938 waren beide nach Berlin gereist, um die „Forderungen der österreichischen NSDAP zu präsentieren"[74]. Bei dieser Gelegenheit soll Globocnik den Vorschlag gemacht haben, Hitler solle den österreichischen Bundeskanzler Kurt Schuschnigg zum Abschluß eines neuen Abkommens zwischen Österreich und dem Deutschen Reich treffen. Dieses Treffen fand am 12. Feber 1938 in Berchtesgaden statt und führte zur Ernennung Arthur Seyss-Inquarts[75] zum Innenminister mit absoluter Polizeigewalt.

---

[67] PERSCHE, Hauptmann Leopold, S. 43.
[68] Zit. nach ROSAR, Deutsche Gemeinschaft, S. 105.
[69] BLACK, Himmlers Vorposten, S. 106).
[70] Veröffentlicht im Österreichischen Beobachter, 2. Jahrgang, 1. Novemberfolge.
[71] BLACK, Kaltenbrunner, S. 108.
[72] BLACK, Himmlers Vorposten, S. 106.
[73] ROSAR, Deutsche Gemeinschaft, S. 185.
[74] SCHUSCHNIGG, Im Kampf gegen Hitler, S. 231.
[75] Seyss-Inquart war von den „Kärntnern" 1936 „ausgesucht" worden, mit der Regierung in Verhandlung zu treten und auf die Aufnahme in die Regierung hinzuarbeiten.

Josef Leopold hatte inzwischen den Machtkampf um die Führung der österreichischen NSDAP verloren. Am 22. Feber 1938 wurde Hubert Klausner von Hitler zum neuen Landesleiter der NSDAP ernannt. Klausner ernannte Friedrich Rainer zum „Politischen Leiter", Odilo Globocnik zum „Organisationsleiter". Diese drei Personen bildeten den „engsten Führerrat"[76], in dem Klausner nach der Ansicht des damaligen Bundeskanzlers Schuschnigg „nicht viel zu sagen hatte; wohl aber machten sich die Stabchefs Globocnik und Rainer ans Werk, um über den Kopf Seyss-Inquarts hinweg die neuorganisierte Partei bewußt zu radikalisieren"[77].

Die Kärntner besaßen nun Zugang zu Machtmitteln, die sie im März 1938 gut zu nützen wußten. Die NSDAP wurde im Feber und März 1938 nicht nur durch Globocnik und Rainer radikalisiert. Auch die aus den Gefängnissen gemäß dem Berchtesgadener Abkommen entlassenen Nationalsozialisten bewirkten ein Ansteigen der Propagandatätigkeit der Partei. Entgegen den Bestimmungen des Abkommens wurde die Stimmung auch durch Hitler in seiner „Rede an die Auslandsdeutschen" vom 20. Feber 1938 angeheizt. Hitler erklärte, es sei „für eine Weltmacht von Selbstbewußtsein unerträglich, an ihrer Seite Volksgenossen zu wissen, denen aus ihrer Sympathie oder ihrer Verbundenheit mit dem Gesamtvolk, seinem Schicksal und seiner Weltauffassung fortgesetzt schwerstes Leid zugefügt wird"[78].

Schuschnigg versuchte, den innen- und außenpolitschen Druck am 9. März 1938 durch die Ankündigung einer Volksabstimmung über die Aufrechterhaltung der österreichischen Unabhängigkeit abzuschwächen. Globocnik, Rainer und Seyss-Inquart erfuhren von den Plänen der Regierung durch die Sekretärin des Staatssekretärs Guido Zernatto, die „geheimes Mitglied der NSDAP war und sofort nach Kenntnisnahme des Abstimmungsplanes denselben ihren Parteigenossen verriet"[79]. Die Landesleitung der NSDAP verfaßte umgehend ein Protestschreiben an Schuschnigg, und Seyss-Inquart sollte mit ihm verhan-

---

[76] SCHAUSBERGER, Norbert (1988): Der Griff nach Österreich, Wien/München, S. 541.

[77] SCHUSCHNIGG, Im Kampf gegen Hitler, S. 282.

[78] Zit. nach HAAS, Hanns (1988): Der „Anschluß", in: NS-Herrschaft in Österreich, S. 12.

[79] IMGH, Nürnberg 1947 ff., Bd. XIX, S. 71.

deln, bis neue Direktiven aus Berlin eingetroffen wären. 1939 verfaßte Friedrich Rainer einen Bericht an den damaligen Wiener Gauleiter, Josef Bürckel, in dem er die Aktivitäten jener Tage festhielt:

„Durch den illegalen Nachrichtenapparat kam am Mittwoch, den(!) 9. März, um 10 Uhr vormittags, die Nachricht von der geplanten Abstimmung nebst genauen Unterlagen in die Hand der Landesleitung. […] Bei der ersten Besprechung um 10 Uhr waren zugegen: Klausner, Jury, Rainer, Globocnik und Seyss-Inquart. Es wurde festgelegt, daß erstens der Führer informiert werden müsse, zweitens durch eine offizielle Erklärung des Ministers Seyss an Schuschnigg dem Führer die Möglichkeit der Intervention in Österreich geboten werden müsse und drittens Seyss solange mit der Regierung zu verhandeln hätte, bis vom Führer Weisungen und Klarstellungen erfolgt sein werden. Seyss verfaßte gemeinsam mit Rainer den Brief an Schuschnigg, dessen einzige Abschrift Globocnik auf dem Luftwege dem Führer am Nachmittag des 9. März überbrachte"[80].

Der Parteibasis wurde mitgeteilt, wenn wir den Ausführungen Persches Glauben schenken, daß die Partei noch nicht sicher sei, ob sie sich „an der Volksabstimmung Schuschniggs beteiligen" werde oder nicht. Im Falle einer Beteiligung stehe auch noch nicht fest, ob „mit Ja oder Nein"[81] zu stimmen sei. Globocnik brachte bei seiner Rückkehr aus Berlin Handlungsfreiheit für die österreichischen Nationalsozialisten mit. Unverzüglich wurden die Gauleiter verständigt und beauftragt, Demonstrationen größten Umfangs zu veranstalten. Wenn Schuschnigg den Kampf aufnehmen sollte – das Bundesheer hatte eine Teilmobilmachung durchgeführt – sollten die Gauleiter „auf eigene Faust mit Einsatz aller Mittel zur Gewinnung von Machtpositionen"[82] übergehen.

Auch in Berlin war die letzte Entscheidung getroffen worden: Der österreichischen Regierung wurde ein Ultimatum gestellt, die Volksabstimmung abzusagen. Gleichzeitig wurde der „Fall Otto" ausgelöst. Die deutsche 8. Armee sollte am 12. März 1938 zur „Wiederherstellung geordneter Zustände in Österreich" die

[80] IMGH, Bd. XXVI, Nürnberg 1949, Dokument 812-PS, S. 355.
[81] PERSCHE, Hauptmann Leopold, S. 278.
[82] TOMKOWITZ, Gerhard/WAGNER, Dieter (1988): „Ein Volk, ein Reich, ein Führer". Der „Anschluß" Österreichs 1938, München/Zürich, S. 115.

Grenze überschreiten. Wo „österreichische Truppen Widerstand leisten, sei dieser mit Gewalt zu brechen"[83].

Am 11. März 1938 pendelte Odilo Globocnik, der von Klausner mit der „Durchführung der letzten politischen Aktivitäten"[84] beauftragt worden war, zwischen der Landesleitung der NSDAP und dem Bundeskanzleramt hin und her. Von der Telephonzentrale im Bundeskanzleramt aus organisierte Globocnik – wohl mit Klausners Zustimmung – „die Machtergreifung in den Bundesländern im Namen Seyss-Inquarts"[85]. Um 17 Uhr unterrichtete Globocnik Hermann Göring voreilig vom Rücktritt Schuschniggs und der Machtübernahme der Nationalsozialisten in Österreich. Gleichlautende Meldungen erhielten österreichische Parteifunktionäre. Tatsächlich war es am späten Nachmittag noch nicht soweit, Schuschnigg und Bundespräsident Wilhelm Miklas verweigerten noch den geforderten Rücktritt. Am Abend trat zunächst Schuschnigg zurück, in der Nacht wich auch Miklas der Gewalt. Neuer Regierungschef wurde Arthur Seyss-Inquart. Alle Machtpositionen im Staat waren in der Hand der Nationalsozialisten.

An der Machtübernahme hatten Friedrich Rainer und Odilo Globocnik entscheidenden Anteil. Trotzdem waren Rainer und Globocnik über ihre Rolle beim Umsturz unterschiedlicher Ansicht. Rainer erklärte, die „Machtübernahme war sohin ein Werk der Partei, gestützt auf die Einmarschdrohung des Führers und den legalen Stützpunkt Seyss-Inquart in der Regierung"[86]. Globocnik sah seine Rolle während des 11. März 1938 bedeutender. Seyss-Inquart erzählte er: „Wissen Sie, ich habe für Sie die Macht ergriffen, aber ich habe Ihnen nichts gesagt, denn Sie wären dagegen gewesen"[87].

Zweifellos ist die Rolle Globocniks bei der Machtübernahme der Nationalsozialisten in Österreich nicht hoch genug einzuschätzen. Dennoch mußte er noch einige Zeit Geduld haben, bevor er offiziell die Anerkennung in Empfang nehmen konnte, die er für angemessen hielt. Der weitere Lebensweg Odilo Globoc-

[83] SCHAUSBERGER, Norbert (1987): Der „Anschluß", in: WEINZIERL/SKALNIK (Hg.), Geschichte der Ersten Republik, Graz/Wien/Köln, Bd. I, S. 534.
[84] PAULEY, Der Weg in den Nationalsozialismus, S. 203.
[85] ROSAR, Deutsche Gemeinschaft, S. 292.
[86] IMGH, Nürnberg 1949, Bd. XXVI, Dokument 812-PS, S. 358.
[87] IMGH, Nürnberg 1947 ff., Bd. XV, S. 684.

niks soll hier nur mehr in groben Zügen gezeichnet werden. Genannt werden nur mehr die wichtigsten Stationen im Leben dieses Mannes, der wie kein zweiter nationalsozialistischer Funktionär aus Kärnten in den Völkermord im Osten Europas verwickelt war.

Globocnik wurde nach dem „Anschluß" zum SS-Standartenführer befördert und als Staatssekretär in die Regierung aufgenommen. Die Ernennung zum Staatssekretär wurde jedoch nicht rechtskräftig, da sie von Seyss-Inquart und nicht von Hitler, der allein die „Mitglieder der Landesregierung ernennen oder entlassen"[88] durfte, ausgesprochen wurde. Kärntner Zeitungen verfaßten Lobartikel über Globocnik, dessen Arbeit „schließlich den 12. März 1938 ermöglichte"[89].

Allein, damit war Odilo Globocnik noch nicht zufrieden. Er verfaßte ein Memorandum, in dem er seine Rolle in der NSDAP und bei der Machtübernahme hervorhob. Nicht „in der Korrektur von Grenzen" liege der Sieg des Nationalsozialismus, sondern „in der Durchsetzung des nationalsozialistischen Willens und damit in der Erringung der Macht in einem Staate"[90].

Wir können diesen Äußerungen entnehmen, Globocnik wäre zu dieser Zeit, Ende April oder Anfang Mai 1938, gegen die Vereinigung Österreichs mit dem Deutschen Reich gewesen. Tatsächlich war Globocnik enttäuscht, daß seine Rolle nicht entsprechend gewürdigt wurde, während Seyss-Inquarts Anteil nach Globocniks Meinung überbewertet wurde.

1939 erklärte Friedrich Rainer, der zu diesen Aussagen eine Stellungnahme abgeben mußte, beschwichtigend, die „Ursache für die verschiedenen Gemütszustände" Globocniks, denen das oben erwähnte Memorandum entsprang, wäre darin zu suchen, daß ein „unrichtiges Bild von den tatsächlich vorhanden gewesenen Führungsverhältnissen" entstanden sei, das nicht „behoben werden konnte"[91].

Globocnik sollte nicht lange in der zweiten Reihe bleiben müssen. Mit tatkräftiger Unterstützung des RFSS Heinrich Himmler brachte er sich als Gauleiter für Wien ins Gespräch.

---

[88] ROSAR, Deutsche Gemeinschaft, S. 322.
[89] Kärntner Grenzruf, 23. 4. 1938.
[90] ÖStA-AdR, Bestand Bürckel, Büro Knissel, Kt. 2, „Globocnik-Memorandum", fol. 434.
[91] IMGH, Nürnberg 1949, Bd. XXVI, Dokument 812-PS, S. 347.

Obwohl gegen Globocnik starker Widerstand vorhanden war, wurde er am 22. Mai 1938 von Adolf Hitler zum Gauleiter von Wien ernannt. Die Angelobung der neuernannten Gauleiter der „Ostmark" fand – wohl in Würdigung der Verdienste der „Kärntner Gruppe" – im Großen Wappensaal des Landhauses in Klagenfurt statt.

Als Gauleiter von Wien erwies sich Globocnik als „Fehlbesetzung"[92]. Innerhalb weniger Monate hatte Globocnik den Gau Wien in ein völliges finanzielles und organisatorisches Chaos gestürzt. Um von seinem Streit mit Gauschatzmeister Schwarz und dessen Mitarbeitern in Wien abzulenken, verstrickte sich Globocnik in Kämpfe mit „gewissen schwarzen Kreisen"[93], die seine Tätigkeiten behindern würden. Im Dezember 1938 sprach er von „Saboteuren im Staat [...] an höchster Stelle", die die „Erhaltung Österreichs befürworteten"[94]. Damit konnte eigentlich nur Seyss-Inquart gemeint sein.

Alle Ablenkungsversuche halfen Odilo Globocnik nichts: Am 30. Januar 1939 wurde er als Gauleiter von Wien abgelöst. In der österreichischen Exilpresse konnte man dazu folgendes lesen:

„Globocnik, ein Kärntner, war ein völlig unbedeutender Mensch und daher ein willfähriges Werkzeug: diesem Umstand verdankte er offenbar seine Ernennung gegenüber vielen anderen streitenden Bewerbern. Als Gauleiter war Globocnik eine Niete"[95].

Da Hitler ausgesprochen selten und ungern Gauleiter abgelöst hat, ist dieser Kommentar – trotz seiner Polemik – eine sehr treffende Beschreibung von Globocniks Gauleitertätigkeit.

Nach seiner Ablösung wurde Odilo Globocnik zur Waffen-SS versetzt, wo er seinen Militärdienst ableisten sollte. Dort blieb er bis November 1939. Am 9. November wurde Globocnik von Heinrich Himmler zum SS- und Polizeiführer des Distrikts Lublin im Generalgouvernement ernannt. Völlig überraschend dürfte für Globocnik diese Ernennung nicht gekommen sein: Vor dem deutschen Überfall auf Polen erklärte er dem Vater sei-

---

[92] So H. H.
[93] Zit. nach BOTZ, Nationalsozialismus in Wien, S. 385.
[94] LUŽA, Radomir (1977): Österreich und die großdeutsche Idee in der NS-Zeit, Wien/Köln/Graz (= Forschungen zur Geschichte des Donauraumes 2), S. 81.
[95] Der Kampf (Paris), 11. 2. 1939 (= SOWIDOK Wien).

ner Braut, es sei ihm „ein hohes Amt" angeboten worden, er „müsse jedoch darüber schweigen"[96]. Möglicherweise wollte sich Globocnik aber auch nur vor der Hochzeit mit seiner Braut drücken, denn er benützte dieses in Aussicht gestellte Amt auch dazu, die Heirat ein weiteres Mal zu verschieben. Einige Monate später, von Lublin aus, sagte er die Heirat endgültig ab. Wie auch an anderen Beispielen zu belegen ist, wagte es Globocnik nicht, anderen Personen gegenüber eigenes Fehlverhalten zuzugeben.

Polen war für die Nationalsozialisten der „Trainingsplatz" für ihre Vorstellungen einer Neuordnung Osteuropas. In diesem Übungsfeld wollte die SS mehr als eine Nische, sie beanspruchte die Führung für sich. Dem Distrikt Lublin kam besondere Bedeutung zu: Hier versuchte Adolf Eichmann, in Nisko am San ein „Judenreservat" einzurichten. Dieser Versuch, der im Oktober 1939 begann, scheiterte sehr bald.

In seinem neuen Betätigungsfeld verstrickte sich Odilo Globocnik wiederum sehr bald in Kompetenzstreitigkeiten mit anderen Dienststellen. Hier waren es die Beamten des Generalgouverneurs Hans Frank. Besonders Zivilgouverneur Ernst Zörner war Zielscheibe heftiger Attacken Globocniks.

Auch zeichnete sich Globocniks Amtsführung durch besonders rigorose Maßnahmen gegenüber der Zivilbevölkerung aus. Sein „Selbstschutz" wurde im Zuge der „AB-Aktion"[97] sogar von Hans Frank als „Mörderbande" bezeichnet.

Globocnik war auch der erste SSPF, der Zwangsarbeitslager für Juden einrichtete. Für seine umfangreichen, besser gesagt gigantomanischen Projekte[98] ließ er wilde Razzien in Betrieben durchführen, was für die Wirtschaft des Distrikts nicht gerade förderlich war. Wie wichtig Globocnik für Himmler war, zeigt sich in den Aufgaben, die der SSPF übertragen bekam: Am 17. Juli 1941 ernannte Himmler Globocnik zu seinem „Beauftragten

---

[96] Auskunft H. H.
[97] Allgemeine (auch außerordentliche) Befriedungsaktion im Mai und Juni 1940 im Generalgouvernement. Im Zuge dieser Aktion wurden mehrere Tausend Angehörige der polnischen Intelligenz auf Befehl Hans Franks ermordet.
[98] Eines dieser Projekte war der sogenannte „Buggraben", eine Sicherungsanlage an der Grenze zur Sowjetunion. Dafür wären 2,5 Millionen Arbeiter nötig gewesen!!! Bis 1941 waren „13 Kilometer fertig, militärisch sinnlos […] und dilettantisch angelegt". MÜLLER, Rolf-Dieter (1991): Hitlers Ostkrieg und die deutsche Siedlungspolitik, Frankfurt, S. 22.

für die Errichtung der SS- und Polizeistützpunkte im neuen Ostraum"[99]. Dafür entwickelte Globocnik „phantastische Pläne von Stützpunkten bis zum Ural. Schwierigkeiten gab es dabei für ihn nicht. Vorwürfe tat er mit einer Handbewegung ab"[100]. Himmler ließ sich stets von Globocnik beeindrucken und schob ihm weitere Aufgaben zu.

Globocnik sollte mit der Umsetzung des Generalplan-Ost[101], einem gigantischen Programm zur ‚rassischen Neuordnung' Osteuropas im Distrikt Lublin beginnen: Der Bezirk Zamosc sollte entvölkert werden und von Volksdeutschen Familien neu besiedelt werden.

Die Aktion begann im November 1941 mit der Aussiedelung der Einwohner von sieben Dörfern im Distrikt Lublin. Ein Jahr später wurde die Aktion im großen Maßstab fortgesetzt. 110.000 Polen wurden zwischen November 1942 und März 1943 zwangsumgesiedelt. Die Aktion endete in einem totalen Chaos und führte zu einem sprunghaften Ansteigen der Widerstandsbewegung. Bis zur Ablösung Globocniks im September 1943 wurde die Aktion unter verschiedenen Tarnbezeichnungen gegen den massiven Widerstand der Zivilverwaltung fortgesetzt.

Seinen wesentlichsten Anteil an der Durchsetzung des Nationalsozialismus leistete Odilo Globocnik mit der Leitung der „Aktion Reinhardt", der Ermordung der polnischen Juden. Innerhalb von eineinhalb Jahren wurden mit größter Brutalität mindestens 1,5 Millionen Menschen fabriksmäßig ermordet und beraubt. Den ‚Gesamtgewinn' dieser Aktion gibt Globocnik mit mehr als 178 Millionen Reichsmark[102] an. Tatsächlich ist der ‚Gewinn' höher gewesen: Nicht in dieser Summe enthalten sind der Wert der Immobilien und jene Gelder und Schmuckgegenstände, die von den an der Aktion beteiligten Personen gestohlen wurden. Nach dem Waffenstillstand Italiens mit den Alliierten im September 1943 wurde Odilo Globocnik am 13. September 1943 zum Höheren SS-

---

[99] BDC-Personalakte Odilo Globocnik, Himmler an Globocnik, datiert 17. 7. 1941.

[100] IfZ, F. 13/6 – Höß über Globocnik, verfaßt im Januar 1947 während der Haft in Krakau.

[101] Näheres dazu u. a. bei HEIBER, Helmut (1958): Der Generalplan-Ost, in: VfZ 6 (1958) S. 281 ff. Nachtrag in VfZ 7 (1959) S. 119.

[102] Abrechnung der „Aktion Reinhardt" vom 5. 1. 1944, Faksimile in GRAWITZ, Helge/SCHEFFLER, Wolfgang (1988): Letzte Spuren. Ghetto Warschau – SS-Arbeitslager Trawniki – Aktion Erntefest. Fotos und Dokumente über Opfer des Endlösungswahns im Spiegel der historischen Ereignisse, Berlin, S. 76.

und Polizeiführer in der „Operationszone Adriatisches Küstenland" mit Sitz in Triest ernannt. Hier traf er auch seinen ‚alten
Freund' Friedrich Rainer, der Oberster Kommissar dieses Gebiets
war, wieder. Globocnik wurde weder wegen seiner Streitigkeiten
mit der Zivilverwaltung in Polen abgelöst noch für seine „Leistungen" im Distrikt Lublin belohnt! Himmler brauchte einen
Mann in Triest, der die vorhandenen geringen Mittel durch Im-
provisationstalent aufwog. Aus Lublin nahm Globocnik an Menschen und Material mit, was er kriegen konnte. Trotzdem wurde er
in seinem neuen Arbeitsgebiet nicht so recht glücklich: Die Arbeit
sei „weitaus schwerer und die Erfolge auch spärlicher". Besonders störte Globocnik, daß man „so viele politische Rücksichten
nehmen müsse" und nicht „seine Kräfte austoben lassen"[103] konnte, wie es in Polen möglich gewesen war.

Trotzdem versuchte Globocnik auch in der „Operationszone
Adriatisches Küstenland" möglichst unabhängig von anderen
Dienststellen – auch der Wehrmacht – zu agieren. Die in Polen
an der „Aktion Reinhardt" beteiligt gewesenen Männer widme-
ten sich auch in ihrem neuen Arbeitsbereich der Verfolgung von
Juden. Diese wurden im Durchgangslager Risiera di San Sabba
bei Triest vor ihrer Deportation nach Auschwitz eingesperrt.
Hier lagerten auch die geraubten Wertgegenstände. Das Lager
diente jedoch vor allem als Gefängnis und Hinrichtungsstätte für
Angehörige der Widerstandsbewegung in Istrien. Entgegen
manchen Behauptungen war San Sabba kein reines Vernichtungslager. Auch das für Odilo Globocnik schon charakteristi-
sche Großprojekt fehlte nicht: Am 26. Juli 1944 befahl Hitler
den „Ausbau eines rückwärtigen Stellungssystems in Norditali-
en"[104]. Den Ausbau sollte Rainer als Oberster Kommissar leiten.
Dieser ernannte Globocnik zu seinem „allgemeinen Vertreter für
die gesamte Organisation des Stellungsbaus". Globocnik scheint
sich in dieser Funktion sichtlich wohlgefühlt zu haben, denn er
wurde von Rainer für das Deutsche Kreuz in Silber vorgeschlagen, weil er täglich „120.000 Arbeitskräfte"[105] mobilisiert hätte.
Diese Zahl ist mit Sicherheit viel zu hoch angesetzt.

---

[103] BDC-Personalakte Odilo Globocnik, Globocnik an Herff, 9. 2. 1944.
[104] Siehe dazu SCHRAMM, Percy F. (Hg., Sonderausgabe o. J.): Das Kriegstagebuch des Oberkommandos der Wehrmacht. Eine Dokumentation, Bd. 7, Bonn, S.
592.
[105] BDC-Personalakte Odilo Globocnik, Rainer an Bormann, 18. 12. 1944.

Während der letzten Monate des Krieges residierte Globocnik nicht mehr im gefährdeten Triest, sondern im sichereren Cividale. Von hier aus trat er auch den Rückzug über den Plöckenpaß an. Am 4. Mai 1945 hielt Globocnik in Kötschach-Mauthen eine Durchhalterede, in der er an die Ereignisse des Jahres 1915 anknüpfte: „Es sei kein Grund zur Besorgnis vorhanden", es seien „genügend Truppen im Anmarsch", um die „Briten aufzuhalten, wie es ja auch im Jahre 1915 gegen die Italiener gelungen sei"[106].

Sehr vom Endsieg überzeugt war wohl auch Globocnik nicht mehr, denn er verließ das Gailtal in Richtung Klagenfurt. Von dort flüchtete er auf eine Almhütte im Gebiet des Weissensees, wo er Friedrich Rainer, Ernst Lerch und drei weitere Mitglieder seiner Dienststelle traf. Die Gruppe wäre von „ortskundigen jüngeren Frauen" zur Hütte geführt worden und hätte nach Italien gebracht werden sollen. Es gab damals im Drautal „einen Kreis von Personen, der verfolgte Nationalsozialisten versteckt und ihre Flucht begünstigt habe"[107]. Dazu sollte es jedoch nicht mehr kommen. Am Morgen des 31. Mai 1945 wurde die Gruppe Rainer/Globocnik von einem britischen Kommando festgenommen und nach Paternion gebracht. Dort vergiftete sich Odilo Globocnik gegen 11 Uhr 30 nach dem ersten Verhör mit Zyankali[108]. Globocnik wäre mit Sicherheit an Jugoslawien oder Polen ausgeliefert worden und vor Gericht gestellt worden. Ein solches Verfahren hätte Globocnik mit seinen Verbrechen konfrontiert, was zusammen mit der Forderung Heinrich Himmlers, jeder Mitwisser am Judenmord müsse sein Wissen mit ins Grab nehmen, zu Globocniks Selbstmord führte.

Odilo Globocnik, voller Ehrgeiz und voller Enthusiasmus erlebte eine steile Karriere im nationalsozialistischen Staat, konnte jedoch nie eine Hausmacht aufbauen. Seine Position stand und fiel mit der ,Zuneigung' Heinrich Himmlers. Das Verhältnis Himmler – Globocnik darf jedoch nicht nur einseitig gesehen werden: Himmler erhielt von Globocnik viele Anregungen für die zukünftige Ostpolitik der SS. Zwischen beiden Männern bestand ein hohes Maß an Übereinstimmung.

---

[106] DÖW-Nr. 11.545, Zeitungsartikel ohne nähere Bezeichnung und Datum, vermutlich Kärntner Volkszeitung, Mai 1960.

[107] Auskunft R. W.

[108] Auskunft H. D., der Augenzeuge der Ereignisse dieses Tages ist und auch die Beerdigung Globocniks beobachtete. Vermutungen, Globocniks Tod wäre von ihm und den Briten inszeniert worden, sind ins Reich der Phantasie zu verweisen.

Literaturverzeichnis

In die folgende Quellen- und Literaturübersicht konnte nur eine kleine Auswahl der für diese Arbeit benutzten bzw. in den Anmerkungen zitierten Titel aufgenommen werden.

I. Unveröffentlichte Quellen

Archiv der Höheren technischen Bundeslehranstalt, Klagenfurt (HTBLA):
– Schülerstammblatt Odilo Globocnik

Archiv des Landesgerichts Klagenfurt (LG-Klgf.):
– Aktenbestand über die in den Jahren 1946-1949 eingeleitete Verfahren des Volksgerichts Graz, Senat Klagenfurt (= Entnazifizierungsprozesse)

Archiv des Österreichischen Instituts für Zeitgeschichte, Wien (ÖIfZ):
– Nachlaß Schumy, DO 203/Mappe 38

Archiv der Postdirektion für Kärnten:
– Pensionsakt Franz Globocnik

Arhiv ministrstva za notranje zadeve, Ljubljana (AMNZ):
– proces Alois Maier-Kaibitsch
– proces dr. Friedrich Rainer

Befragungen Siegfried Pucher

Bibliothek der Universität Klagenfurt:
– Stenographische Protokolle der Sitzungen des Kärntner Landtages, 15. Gesetzgebungsperiode 1930-1934

Bundesarchiv Koblenz (BA-KO)
– Bestand NS
– Bestand R
– Sammlung Schuhmacher
– Nachlaß Hans Steinacher
– SS-Dienstaltersliste der NSDAP

Berlin Document Center, Berlin (BDC, heute Bundesarchiv III).
– Die verwendeten Personalakten sind in den Anmerkungen angeführt.

Sozialwissenschaftliche Dokumentation der Kammer für Arbeiter und Angestellte für Wien und Niederösterreich, Wien (SOWIDOK):
– Zeitungsfaksimiliesammlung zu Odilo Globocnik

Dokumentationsarchiv des österreichischen Widerstandes, Wien (DÖW):
– Monatliche Lageberichte des BKA-Gen.dion f. d. öffentl. Sicherheit, Wien, 1934-1938;
– DÖW-Nr. 1.460/1; 5.947; 6.126; 11.545; 12.705

Institut für Zeitgeschichte, München (IfZ):
– F. 13/6: Höß über Globocnik

Kärntner Landesarchiv, Klagenfurt (KLA):
– Kärntner Landesregierung, Präsidium, 1933-1934;
– Gedenkbuch der politischen Führer des Landes Kärnten

Politisches Archiv des Auswärtigen Amtes, Bonn (PAdAA-BO):
– Politische Abteilung II Österreich: Konulatsberichte Klagenfurt, Politik
  29, Nr. 10 c;
– Konsulat Klagenfurt: Geheimsachen, Paket 24, Bd. I und Paket 25, Bd. 2.

Österreichisches Staatsarchiv: Archiv der Republik, Wien (ÖStA-AdR)
  – Aktenbestand:
    BKA-Inneres: Kärnten-22/Ktn.: 1918-1938
    BKA-Inneres: GD 1 und GD 2 - 22/gen.: 1931-1938

  – Aktenbestand:
    Neues Politisches Archiv (NPA)

  – Aktenbestand:
    Bürckel (= Reichskommissar für die Wiedervereinigung Österreichs mit
    dem Deutschen Reich)

  – Aktenbestand:
    Kriegsarchiv

  – Aktenbestand:
    Bundesministerium für Inneres, NS-Gauakten

Sammlung Pier Arrigo Carnier
  – Abschrift Stammbaum Odilo Globocnik

Sammlung Alfred Elste
  – Korrespondenz, Kopien und Bilder der Sammlung Ing. Friedrich Rainer
  – Mitgliederverzeichnis: Die Villacher Arminen 1905-1960, o. O., o. J.;
  – Nachlaß Univ. Prof. Dr. Ing. Erwin Aichinger

  – Protokolle der Befragungen:
    Ernst Lerch, 24. 11. 1989
    Dr. Heribert Huber, 31. 1. 1990
    Peter Köfler, 19. 10. 1991
    Adolf Neuberger, 16. 1. 1990

  – Korrespondenz: Schreiben Hofrat Prof. Dr. Erwin Steinböck, 2. 3. 1990

Staatsanwaltschaft Klagenfurt (StA-Klgf.):
  – Tagebuch des Staatsanwaltes

Stadtarchiv Spittal an der Drau
  – Gemeinderatsprotokolle 1933

Zentrale Stelle der Landesjustizverwaltungen, Ludwigsburg (ZStL):
  – Personalakten zu Odilo Globocnik

II. Zeitungen, Periodika

Tageszeitungen:
Der Kampf
Deutsche Bergwerks-Zeitung
Deutsche Wochenzeitung
Die Neue Zeit

Freie Stimmen
Neue Zeit
Kärntner Tagblatt
Kärntner Tagespost
Kärntner Volksblatt
Klagenfurter Zeitung
Kleine Zeitung
Reichspost
Villacher Zeitung
Volkswille
Volkszeitung

NS-Schriften:
Der Biologe
Der Erzieher in der Südmark, hg. von den Gauwaltungen des NS-Lehrerbundes
    Gau Steiermark und Gau Kärnten, Graz 1939 (= Beiheft zu „Der Deutsche
    Erzieher", Reichszeitung des NSLB)
Der Freiheitskampf
Der österreichische Nationalsozialist
Der Vormarsch
Deutsche Arbeiter-Presse
Deutsche Forstzeitung
Kärntner Grenzruf
Kärntner Jahrbuch 1941
Kärntner Volkswille
Kärntner Volkszeitung
Kärntner Zeitung
Mitteilungsblatt der Landesleitung Österreich der NSDAP
Neues Wiener Tagblatt
NS-Gaudienst, Gau Kärnten 1938-1940
Österreichischer Beobachter
Völkischer Beobachter
Wochenblatt der Landesbauernschaft Kärnten
Wochenblatt der Landesbauernschaft Südmark

Periodika:
Aula
Der Heimatkreis
Extrablatt
Forstarchiv
Forstwirtschaftliches Centralblatt
Kladivo
Profil

III. Veröffentlichte Quellen und Darstellungen

AMANN, Klaus (1992): Die Dichter und die Politik. Essays zur österreichischen Literatur nach 1918, Himberg

APIH, Elio (1976): Le rose di Globocnik, in: Bollettino dell'Istituto regionale per la storia del movimento di liberazione nel Friuli-Venezia Giulia, n. 1/aprile 1976, S. 23 ff.

ARAD, Yitzhak (1987): Belzec, Sobibor, Treblinka. The Operation Reinhard Death Camps, Bloomington.

BAUER, Theo (1941): Die SS in Kärnten, in: Der Heimatkreis, Heft 2, 1941, S. 2 f.

BEDÜRFTIG, Friedemann (1994): Lexikon III. Reich, Hamburg.

BEITRÄGE zur Vorgeschichte und Geschichte der Julirevolte, hg. auf Grund amtlicher Quellen, Wien 1934.

BENEDIKT, Ursula (1966): Vinzenz Schumy 1878-1962. Eine politische Biographie, phil. Diss., Wien.

BLACK, Peter (1991): Ernst Kaltenbrunner. Vasall Himmlers: Eine SS-Karriere, Paderborn/München/Wien/Zürich.

BLACK, Peter (1993): Odilo Globocnik - Himmlers Vorposten im Osten, in: SMELSER, Ronald/SYRING, Enrico/ZITELMANN, Rainer (Hg.), Die braune Elite II. 21 weitere biographische Skizzen, Darmstadt, S. 103 ff.

BOTZ, Gerhard (1976): Die Eingliederung Österreichs in das Deutsche Reich. Planung und Verwirklichung des politisch-administrativen Anschlusses (1938-1940), Linz/Wien.

BOTZ, Gerhard (1978): Wien vom „Anschluß" zum Krieg. Nationalsozialistische Machtübernahme und politisch-soziale Umgestaltung am Beispiel der Stadt Wien 1938/39.

BOTZ, Gerhard (1981): Strukturwandlungen des österreichischen Nationalsozialismus (1904 bis 1945), in: ACKERL, Isabella/HUMMELBERGER, Walter/MOMMSEN, Hans (Hg.), Politik und Gesellschaft im alten und neuen Österreich. Festschrift für Rudolf NECK zum 60. Geburtstag, Bd. 2, Wien, S. 163 ff.

BOTZ, Gerhard (1983): Gewalt in der Politik. Attentate, Zusammenstöße, Putschversuche, Unruhen in Österreich 1918 bis 1938, München.

BRACHER, Karl Dietrich (1960): Stufen der Machtergreifung (= Bracher/Schulz/Sauer, Die nationalsozialistische Machtergreifung. Studien zur Errichtung des totalitären Herrschaftssystems in Deutschland 1933/34), Köln/Opladen.

BREITMAN, Richard (1991): The Architect of Genocide. Himmler and the Final Solution, New York.

BREITMAN, Richard/ARONSON, Shlomo (1990): Eine unbekannte Himmlerrede vom Januar 1943, in: VfZ 38, S. 337 ff.

BROSZAT, Martin (1958): Die völkische Ideologie und der Nationalsozialismus, in: Deutsche Rundschau Nr. 84, S. 53 ff.

BROSZAT, Martin (1990): Die Machtergreifung. Der Aufstieg der NSDAP und die Zerstörung der Weimarer Republik, München.

BURZ, Ulfried (1992): „Der Wille der Lehrerschaft ist der Wille des Volkes". Bildungspolitische Zielsetzungen und Aktivitäten der nationalsozialistischen Bewegung in Kärnten, in: LECHNER, Elmar u.a. (Hg.), Zur Geschichte des österreichischen Bildungswesens. Probleme und Perspektiven der Forschung, Wien S. 491 ff.

BURZ, Ulfried (1995): Vom Kampf für das Deutschtum zum Kampf für den Führer. Die nationalsozialistische Bewegung in Kärnten 1918-1933, phil. Diss., Klagenfurt.

DEICHMANN, Ute (1995): Biologen unter Hitler. Porträt einer Wissenschaft im NS-Staat, Frankfurt am Main.

DOLINER, Dorothea (1953): Die politischen Organisationen, Verbände und Vereine in Kärnten von 1860-1914, phil. Diss., Innsbruck.

DRECHSLER, Robert (Hg.), Deutsche Dokumente, Folge 9/10, 1979, S. 171 ff.

DROBESCH, Werner (1991): Vereine und Verbände in Kärnten (1848-1938). Vom Gemeinnützig-Geselligen zur Ideologisierung der Massen (= Das Kärntner Landesarchiv 18), Klagenfurt.

DRUMBL, Ottokar (o. J.): Willkommen in Kärnten, in: Schönes heldisches Kärnten, hg. vom NS-Gauverlag, Klagenfurt.

DRUMBL, Ottokar (o. J.): Der Umbruch in Kärnten, in: Kärnten des Reiches Südwacht, hg. von der Gaudienststelle Kärnten der NS-Gemeinschaft „Kraft durch Freude", Klagenfurt, S. 2 f.

EICHSTÄDT, Ulrich (1955): Von Dollfuß zu Hitler. Geschichte des Anschlusses Österreichs 1933-1938, Wiesbaden.

EINSPIELER, Valentin (1980): Verhandlungen über die der slowenischen Minderheit angebotene Kulturautonomie 1925-1930. Beitrag zur Geschichte der Kärntner Slowenen, Klagenfurt 1980.

ELSTE, Alfred (1991): Die Parteien und ihre politische Einflußnahme auf Markt und Stadt (1918-1955), in: 800 Jahre Spittal 1191-1991, hg. von der Stadtgemeinde Spittal an der Drau, Spittal, S. 155 ff.

ELSTE, Alfred/HÄNISCH, Dirk (1995): Auf dem Weg zur Macht. Beiträge zur NSDAP in Kärnten von 1918-1938. Forschungsbericht, Bonn/Spittal a.d. Drau (Druck in Vorbereitung).

ELSTE, Alfred/HÄNISCH, Dirk/OGRIS, Gernot (1996): Politische Tradition, Parteiensystem und Wirtschaftsstruktur in Kärnten. Daten, Fakten und Analysen zum politischen System des Bundeslandes Kärnten unter besonderer Berücksichtigung der „Wiederaufbauphase". Unveröffentlichtes maschinschriftliches Manuskript, Wien.

ETSCHMANN, Wolfgang (1984): Die Kämpfe in Österreich im Juli 1934, in: Militärhistorische Schriftenreihe, Heft 50, Wien, S. 35 ff.

FANDL-PASTERK, Elisabeth (1986): Die Aussiedlung der Kärntner Slowenen 1942 und die Wiedergutmachung nach 1945, phil. Diss., Wien.

FERENC, Tone (1974): Kärntner Heimatbund in njegov voditelj v službi nacizma, in: Prispevki za zgodovino delavskega gibanja, Ljubljana, številka 1-2/1974, S. 260-269.

FERENC, Tone (1980): Quellen zur nationalsozialistischen Entnationalisierungspolitik in Slowenien 1941-1945, Maribor.

FEST, Joachim C. (1993): Das Gesicht des Dritten Reiches. Profile einer totalitären Herrschaft, München/Zürich.

FRIEDMANN, T[uviah] (Hg.) (1994): Himmlers Teufels-General. Ein Bericht über die Judenvernichtung im General-Gouvernement in Polen 1941-1944. Dokumenten-Sammlung, Haifa.

FRITZ, Karl (o. J.): Begebenheit, S. 178-181 u. Nächtlicher Besuch, S. 230-233, in: Kampf um Kärnten. Im Auftrage des Kärntner Heimatbundes gesammelt, bearbeitet und herausgegeben von Josef Friedrich PERKONIG, Klagenfurt.

FRITZL, Martin (1990): Der Kärntner Heimatdienst. Ideologie, Ziele und Strategien einer nationalistischen Organisation, hg. vom Slowenischen Institut zur Alpen-Adria-Forschung (= Dissertationen und Abhandlungen, Bd. 22), Klagenfurt/Celovec.

GEHL, Walter (1933): Der nationalsozialistische Staat, Breslau.

GRAWITZ, Helge/SCHEFFLER, Wolfgang (1988): Letzte Spuren. Ghetto Warschau - SS-Arbeitslager Trawniki - Aktion Erntefest. Fotos und Dokumente über Opfer des Endlösungswahns im Spiegel der historischen Ereignisse, Berlin.

HAAS, Hanns (1988): Der „Anschluß", in: TÁLOS, Emmerich/HANISCH, Ernst/NEUGEBAUER, Wolfgang (Hg.) NS-Herrschaft in Österreich 1938-1945, Wien, S. 1 ff. S. 1 ff.

HAAS, Hanns/STUHLPFARRER, Karl (1977): Österreich und seine Slowenen, Wien.

HANISCH, Ernst (1986): Braune Flecken im Goldenen Westen. Die Entnazifizierung in Salzburg, in: MEISSL, Sebastian/MULLEY, Klaus-Dieter/RATHKOLB, Oliver (Hg.), Verdrängte Schuld, verfehlte Sühne. Entnazifizierung in Österreich 1945-1955, München, S. 321 ff.

HARTLIEB, Wladimir von (1939): Parole: Das Reich. Eine historische Darstellung der politischen Entwicklung in Österreich von März 1933 bis März 1938, Wien/Leipzig.

HEIBER, Helmut (1958): Der Generalplan-Ost, in: VfZ 6 (1958) S. 281 ff.

HILBERG, Raul (1990): Die Vernichtung der europäischen Juden, 3 Bde., Frankfurt.

IMGH (= Der Prozeß gegen die Hauptkriegsverbrecher vor dem internationalen Militärgerichtshof) Nürnberg 1947 ff., 42 Bde.

JÄCKEL, Eberhard/LONGERICH, Peter/SCHOPS, Julius H. (Hg.) (1993): Enzyklopädie des Holocaust. Die Verfolgung und Ermordung der europäischen Juden, Bd. III, München/Zürich.

JÄCKEL, Eberhard/ROWDER, Jürgen (Hg., 1985): Der Mord an den Juden im Zweiten Weltkrieg. Entschlußbildung und Verwirklichung, Stuttart.

JACOBSEN, Hans-Adolf (Hg.) (1970): Hans Steinacher. Bundesleiter des VDA 1933-1937. Erinnerungen und Dokumente, Boppard am Rhein.

JAGSCHITZ, Gerhard (1976): Der Putsch. Die Nationalsozialisten 1934 in Österreich, Graz/Wien/Köln.

JAGSCHITZ, Gerhard (1988): Von der Bewegung zum Apparat. Zur Phänomenologie der NSDAP 1938 bis 1945, in: TÁLOS, Emmerich/HANISCH,

Ernst/NEUGEBAUER, Wolfgang (Hg.), NS-Herrschaft in Österreich 1938-1945, Wien, S. 487 ff.

JAGSCHITZ, Gerhard (1990), Die österreichischen Nationalsozialisten, in: STOURZH, Gerald/ZAAR, Birgitta (Hg.), Österreich, Deutschland und die Mächte. Internationale und österreichische Aspekte des „Anschlusses" vom März 1938 (= Veröffentlichungen der Kommission für die Geschichte Österreichs, Bd. 16), Wien, S. 229 ff.

JASCHKE, Hans-Gerd (1991): Soziale Basis und soziale Funktion des Nationalsozialismus. Alte Fragen, neu aufgeworfen, in: OTTO, Hans-Uwe/SÜNKER, Heinz (Hg.), Politische Formierung und soziale Erziehung im Nationalsozialismus, Frankfurt/Main, S. 18 ff.

JEDLICKA, Ludwig (1974): Gauleiter Josef Leopold (1889-1941), in: BOTZ, Gerhard u.a. (Hg.), Festschrift für Karl R. STADLER, Wien, S. 143 ff.

JÜDISCHES Historisches Institut Warschau (Hg.) (1961): Faschismus - Getto - Massenmord. Dokumentation über Ausrottung und Widerstand der Juden in Polen während des Zweiten Weltkrieges, Berlin.

DIE JULI-REVOLTE 1934. Das Eingreifen des österreichischen Bundesheeres zu ihrer Niederwerfung. Im Auftrage des Bundesministeriums für Landesverteidigung als Manuskript gedruckt, Wien 1936.

JURITSCH, Walter/LANGER, Josef/STEINBÖCK, Erwin (1979): Die Entwicklung des berufsbildenden mittleren und höheren Schulwesens in Kärnten, Klagenfurt.

KINDERMANN, Gottfried-Karl (1984): Hitlers Niederlage in Österreich. Bewaffneter NS-Putsch, Kanzlermord und Österreichs Abwehrsieg von 1934, Hamburg.

KNAUS, Siegmund (1962): Ein großer Sohn Kärntens. Dr. Hans Steinacher, Pörtschach.

KOHLWEG, Patrick (1981): Die Volksgerichtsbarkeit in Kärnten und Osttirol nach dem Zweiten Weltkrieg. Analyse des Aktenmaterials über die im Jahre 1946 eingeleiteten Verfahren des Volksgerichtes Graz, Senat Klagenfurt, phil. Dipl.arb., Klagenfurt.

KOSCHAT, Michael (1992): Das Polizeihaftlager in der Risiera di San Sabba und die deutsche Besatzungspolitik in Triest 1943-1945, in: Zeitgeschichte, Mai/Juni 1992, Heft 5/6, S. 157-171.

KOSCHAT, MICHAEL (1992): Das Polizeihaftlager in der Risiera di San Sabba (1943-1945). Eine politisch-historische Skizze, in: MORRISEY, John/RINNER, Franz M./STRAFNER, Claudia (Hg.), Triest Trst Trieste, Mödling/Wien, S. 158 ff.

KOSCHAT, Michael (1996): Die Metamorphose eines Denkmals oder wie aus Deutschland wieder Kärnten wurde, masch.schriftl. Typoskript, Maria Elend.

KRALL, Leander (1985): Die Aussiedlung der Kärntner Slowenen. Zur nationalsozialistischen Außen- und Volkstumspolitik, phil. Diss., Klagenfurt.

LASEK, Wilhelm (1992): „Revisionistische" Propaganda in Österreich, in: Amoklauf gegen die Wirklichkeit. NS-Verbrechen und „revisionistische" Geschichtsschreibung, hg. vom Dokumentationsarchiv des österreichischen Widerstandes und dem Bundesministerium für Unterricht und Kunst, Wien, S. 97 ff.

LASEK, Wilhelm (1992): „Revisionistische" Autoren und deren Publikationen, in: Ebd., S. 127 ff.

LICHTENBERGER-FENZ, Brigitte (1985): Österreichs Universitäten unter dem nationalsozialistischen Regime, in: Grenzfeste Deutscher Wissenschaft. Über Faschismus und Vergangenheitsbewältigung an der Universität Graz (= Steirische Gesellschaft für Kulturpolitik, Hg.), Wien/Graz, S. 5 ff.

LUŽA, Radomir (1977): Österreich und die großdeutsche Idee in der NS-Zeit, Wien/Köln/Graz (= Forschungen zur Geschichte des Donauraumes 2).

MAIER-KAIBITSCH, Alois (1926): Deutsche Schutzvereinsarbeit in Kärnten, in: Kalender des Deutschen Schulvereines Südmark zugleich Kärntner Jahrbuch, hg. von der Männerortsgruppe Klagenfurt des Deutschen Schulvereines Südmark, Klagenfurt, S. 112 f.

MAIER-KAIBITSCH, Alois: Kampf um Gutenstein, in: Kampf um Kärnten, S. 142-144.

MAIER-KAIBITSCH, Alois: Die Kämpfe des VolkswehrBaons 2 im Mai 1919, in: Kärntner Tagblatt, Festnummer vom 10. Oktober 1930, S. 52.

MALLEBREIN, Wolfram (1980): Hans Steinacher. Ein Kämpfer für Freiheit und Selbstbestimmung. Eine Biographie, Klagenfurt.

MERKL, Peter H. (1971): Die alten Kämpfer der NSDAP, in: Sozialwissenschaftliches Jahrbuch für Politik 2, S. 495 ff.

MERKL, Peter H. (1980): Zur quantitativen Analyse von Lebensläufen „Alter Kämpfer", in: MANN, Reinhard (Hg.), Die Nationalsozialisten. Analysen faschistischer Bewegungen (= Historisch-Sozialwissenschaftliche Forschungen, Bd. 9), Stuttgart, S. 67 ff.

MORITSCH, Andreas (1979): Die Kärntner Slowenen von 1918-1945, in: DEAK, Ernö (Hg.), Integratio XI-XII, S. 93;

MOSCHNER, Richard (1940): Kärnten. Grenzland im Süden (= Die deutschen Gaue seit der Machtergreifung, hg. von Paul MEIER-BENNECKEN-STEIN), Berlin.

MOSSE, George L. (1991): Die völkische Revolution. Über die geistigen Wurzeln des Nationalsozialismus, Frankfurt am Main.

MÜLLER, Rolf-Dieter (1991): Hitlers Ostkrieg und die deutsche Siedlungspolitik, Frankfurt.

NEĆAK, Dušan (1996): Die österreichische Legion II. Nationalsozialistische Flüchtlinge in Jugoslawien nach dem mißlungenen Putsch vom 25. Juli 1934, Wien/Köln/Weimar.

PAULEY, Bruce F. (1988): Der Weg in den Nationalsozialismus. Ursprünge und Entwicklung in Österreich, Wien.

PELLAR, Renate Elfriede (1981): Volksgerichtsbarkeit in Kärnten und Osttirol nach dem Zweiten Weltkrieg. Analyse des Aktenmaterials des Volksgerichtes Graz, Senat Klagenfurt über die eingeleiteten Verfahren aus dem Jahre 1947, phil. Dipl.arb., Klagenfurt.

PERCHINIG, Bernhard (1989): „Wir sind Kärntner und damit hat sich's ...". Deutschnationalismus und politische Kultur in Kärnten. Mit einem Vorwort von Thomas Pluch (= Dissertationen und Abhandlungen/Sloweni-sches wissenschaftliches Institut; 21), Klagenfurt/Celovec.

PERSCHE, Alfred (o. J.): Hauptmann Leopold. Der Abschnitt 1936 bis 1938 der Geschichte der nationalsozialistischen Machtergreifung in Österreich, o. O. (= Unveröffentlichtes Manuskript; DÖW-Nr. 1.460/1).

PETTER, Wolfgang (1992): SA und SS als Instrumente nationalsozialistischer Herrschaft, in: BRACHER, Karl Dietrich/FUNKE, Manfred/JACOBSEN, Hans-Adolf (Hg.), Deutschland 1933-1945. Neue Studien zur national-sozialistischen Herrschaft (= Bonner Schriften zur Politik und Zeitge-schichte, Bd. 23), Düsseldorf, S. 76 ff.

POHL, Dieter (1993): Von der „Judenpolitik" zum Judenmord. Der Distrikt Lublin des Generalgouvernements 1939-1944, Frankfurt (= Münchner Stu-dien zur neueren und neuesten Geschichte 3).

POSSEKEL, Kurt (1966): Dr. Hans Steinacher und der Verein für das Deutsch-tum im Ausland, Rostock (= Unveröffentlichtes Manuskript; DÖW-Nr. 12.705).

PRÄG, Werner/JACOBMEYER, Wolfgang (Hg.) (1975): Diensttagebuch des deutschen Generalgouverneurs in Polen 1939 - 1945, Stuttgart.

PRAUNEGGER, Egon/HEIN, Christian Friedrich (1947): Das Nationalsoziali-stengesetz mit Verbotsgesetz, Graz.

PRERADOVICH, Nikolaus von (1987): Österreichs höhere SS-Führer, Berg am See.

PUCHER, Siegfried (1996): „Daß wir den Mut gehabt haben, ..." Odilo Glo-bocnik (1904-1945). Eine Biographie, phil. Dipl.arb., Klagenfurt (Druck in Vorbereitung).

REICHSTAGSHANDBUCH. Der Großdeutsche Reichstag 1938. Lebensbe-schreibung der Mitglieder des Reichstages, abgeschlossen am 15. Juni 1938.

REITLINGER, Gerald (1961): Die Endlösung. Hitlers Versuch der Ausrottung der Juden Europas 1939-1945, Berlin.

RINTELEN, Anton (1941): Erinnerungen an Österreichs Weg. Versailles, Berchtesgaden, Großdeutschland, München.

RÖHR, Werner (Hg.) (1989): Die faschistische Okkupationspolitik in Polen. 1939 - 1945 (= Nacht über Europa. Die Okkupationspolitik des deutschen Faschismus 1938 - 1945, Bd. 2), Berlin.

ROSAR, Wolfgang (1971): Deutsche Gemeinschaft. Seyss-Inquart und der Anschluß, Wien/Frankfurt/Zürich.

RÜCKERL, Adalbert (1979): NS-Verbrechen im Spiegel deutscher Strafpro-zesse, München.

SCHALLER, Christian (1992): Parteien und Wahlen in Kärnten, in: DACHS, Herbert (Hg.), Parteien und Wahlen in Österreichs Bundesländern 1945-1991 (= Österreichisches Jahrbuch für Politik, Sonderband), Wien/-München, S. 83 ff.

SCHAUSBERGER, Norbert (1987): Der „Anschluß", in: WEINZIERL, Eri-ka/SKALNIK, Kurt (Hg.), Geschichte der Ersten Republik, Graz/ Wien/Köln, Bd. I, S. 527 ff.

SCHAUSBERGER, Norbert (1988): Der Griff nach Österreich, Wien/München.

SCHRAMM, Percy F. (Hg.) (o. J.): Das Kriegstagebuch des Oberkommandos der Wehrmacht. Sonderausgabe. Eine Dokumentation, Bonn.

SIEGERT, Michael (1972): Die Randdeutschen. Am Beispiel Hans Steinachers, des Gründers des Kärntner Heimatdienstes, in: Neues Forum 12/1972, S. 35 ff.

SIMA, Valentin (1992): Die Vertreibung von Kärntner Slowenen 1942. Vorgeschichte, Reaktionen und Interventionen von Wehrmachtsstellen, in: Narodu in državi sovražni. Pregon koroških Slovencev 1942. Volks- und staatsfeindlich. Die Vertreibung von Kärntner Slowenen 1942, redigiert von MALLE, Avguštin/SIMA, Valentin, Celovec/Klagenfurt, S. 133-209.

SKUDNIGG, Eduard (1970): Die freigewählten Bürgermeister von Klagenfurt, in: Landeshauptstadt Klagenfurt (Hg.): Die Landeshauptstadt Klagenfurt. Aus ihrer Vergangenheit und Gegenwart Bd. 2, S. 310 ff.

SMELSER, Ronald/ZITELMANN, Rainer (Hg.) (1990): Die braune Elite. 22 biographische Skizzen, Darmstadt.

SMELSER, Ronald/SEYRING, Enrico/ZITELMANN, Rainer (Hg.) (1993): Die braune Elite II. 21 weitere biographische Skizzen, Darmstadt.

SONTHEIMER, Kurt (1992): Antidemokratisches Denken in der Weimarer Republik. Die politischen Ideen des deutschen Nationalismus zwischen 1918 und 1933, München.

STEIN, Peter (1987): Die NS-Gaupresse 1925-1933. Forschungsbericht-Quellenkritik-neue Bestandsaufnahme (= Dortmunder Beiträge zur Zeitungsforschung, Bd. 42), München/New York/London/Oxford/Paris.

STEINACHER, Hans (1943): Sieg in deutscher Nacht. Ein Buch vom Kärntner Freiheitskampf, Wien.

STEINACHER, Hans (1970): In Kärntens Freiheitskampf. Meine Erinnerungen an Kärntens Ringen um Freiheit und Einheit in den Abwehrkämpfen 1918/19 und um die Volksabstimmung 1920, Klagenfurt.

STEINBÖCK, Erwin (1968): Die Verhandlungen zwischen den Nationalsozialisten und jugoslawischen Stellen vor dem Juliputsch 1934, in: Österreich in Geschichte und Literatur, Nr. 12, Wien, S. 533 ff.

STEINBÖCK, Erwin (1983): Kärnten, in: WEINZIERL, Erika/SKALNIK, Kurt (Hg.), Österreich 1918 bis 1938. Geschichte der Ersten Republik, Bd. 2, Graz/Wien/Köln, S. 821 ff.

STIEFEL, Dieter (1986): Entnazifizierung in Österreich, Wien/München/Zürich.

STUHLPFARRER, Karl (1972): Germanisierung in Kärnten, in: Neues Forum, 12/1972, S. 39 ff..

STUHLPFARRER, Karl (1981): Deutsche Volkstumspolitik in Kärnten nach der Volksabstimmung, in: RUMPLER, Helmut (Hg.), Kärntens Volksabstimmung 1920. Wissenschaftliche Kontroversen und historisch-politische Diskussionen anläßlich des internationalen Symposions Klagenfurt 1980, Klagenfurt, S. 325 ff.

STUHLPFARRER, Karl (1988): Zum Problem der deutschen Penetration Österreichs, in: Das Juliabkommen von 1936. Vorgeschichte, Hintergründe und Folgen. Protokoll des Symposiums in Wien am 10. und 11. Juni 1976 (= Wissenschaftliche Kommission des Theodor-Körner-Stiftungsfonds und des Leopold-Kunschak-Preises zur Erforschung der österreichischen Geschichte der Jahre 1927 bis 1938, Veröffentlichungen Bd. 4, hg. von Ludwig JEDLICKA/Rudolf NECK), Wien, S. 310 ff.

SUPPAN, Arnold (1983): Die österreichischen Volksgruppen. Tendenzen ihrer gesellschaftlichen Entwicklung im 20. Jahrhundert (= Schriftenreihe des Instituts für Österreichkunde, hg. von Erich ZÖLLNER), Wien, S. 150 ff.

TOMKOWITZ, Gerhard/WAGNER, Dieter (1988): „Ein Volk, ein Reich, ein Führer". Der „Anschluß" Österreichs 1938, München/Zürich.

TYRELL, Albrecht (1975): Vom „‚Trommler‘ zum ‚Führer‘". Der Wandel von Hitlers Selbstverständnis zwischen 1919 und 1924 und die Entwicklung der NSDAP, München.

VEITER, Theodor (1970): Das Recht der Volksgruppen und Sprachminderheiten in Österreich. Mit einer ethnosoziologischen Grundlegung und einem Anhang (Materialien), Wien.

VELIK, Ferdinand (1974): Zur Geschichte des Kärntner Heimatdienstes, in: Kärnten - ein Alarmzeichen. Informations- und Pressedienst der Österreichischen Widerstandsbewegung, Wien, Nr. 1, S. 23 ff.

VILLGRATER, Maria (1984): Katakombenschule. Faschismus und Schule in Südtirol (= Schriftenreihe des Südtiroler Kulturinstitutes, Bd. 11), Bozen.

WALZL, August (1987): Die Juden in Kärnten und das Dritte Reich, Klagenfurt.

WALZL, August (1989): Judenfrei - slowenenfrei? Die Kärntner Juden und der Anschluß, in: MALLE, Avguštin/SIMA, Valentin (Hg.), Der „Anschluß" und die Minderheiten in Österreich (= Dissertationen und Abhandlungen 19), Klagenfurt/Celovec, S. 127 ff.

WALZL, August (1992): „Als erster Gau…". Entwicklungen und Strukturen des Nationalsozialismus in Kärnten, Klagenfurt.

WALZL, August (1995): Alltag und Terror im südlichsten Gau, in: BERLE-KAMP, Brigitte/RÖHR, Werner (Hg.), Terror, Herrschaft und Alltag im Nationalsozialismus. Probleme einer Sozialgeschichte des deutschen Faschismus, Münster, S. 163 ff.

WASSER, Bruno (1993): Raumplanung im Osten. Der Generalplan Ost in Polen 1940-1944 (= Band 15 der Reihe Stadt/Planung/Geschichte), Basel/Berlin/Boston.

WERNER, Sebastian (1993): Werner Best - Der „völkische Ideologe", in: SMELSER, Ronald/SYRING, Enrico/ZITELMANN, Rainer (Hg.), Die braune Elite II. 21 weitere biographische Skizzen, Darmstadt, S. 13 ff.

WULF, Joseph (1984): Das Dritte Reich und seine Vollstrecker, Frankfurt/Berlin/Wien.

WUTTE, Martin (1943): Kärntens Freiheitskampf (= Kärntner Forschungen I), Weimar.

Namenregister

Aichinger, Josef   20
Aichinger, Prof. Erwin   **18–34**, 71, 72, 75
Arneitz, Viktor   61

Barger, Eduard   80
Berchtold, Josef   142
Bohle, Ernst Wilhelm   161, 166
Bormann, Martin   72
Bürckel, Josef   70, 71, 72, 73, 74, 99, 136, 192

Czeitschner, Moritz   11, **35–44**, 79, 95, 96, 141, 173, 176

Dollfuß, Engelbert   56, 95, 151, 164
Domenig, Dr. Norbert   95
Dreyer   125
Drumbl, Ottokar   **45–50**, 92, 94
Duttenhofer, Eduard   145

Ebner, Hans   54, 155
Eichmann, Adolf   196
Elste, Alfred   7, 13, 15

Feistritzer, Peter   84
Fercher, Gertrude   107
Ferenc, Tone   111
Fitzthum, Josef   74
Frank, Hans   196
Fresacher, Hartwig   126, 127
Frick, Wilhelm   166
Fritz, Karl   **51–59**, 62, 130, 165

Gayl, Albert   62
Gessler   160
Globocnik, Anna   181, 183
Globocnik, Erika   183
Globocnik, Franz   181, 182, 183
Globocnik, Henny   183
Globocnik, Lydia   183
Globocnik, Odilo   7, 11, 12, 14, 26, 27, 28, 31, 48, 62, 73, 74, 75, 80, 82, 83, 84, 85, 95, 103, 105, 106, 107, 108, 109, 110, 111, 117, 125, 128, 129, 132, 133, 134, 135, **179–199**
Goebbels, Joseph   45, 166

Göring, Hermann   28, 134, 193
Graeschke, Walter   144

Habicht, Theo   25, 42, 91, 92, 96, 97, 134, 144, 176
Hainzl, Josef   155
Hantsch, Hugo   127
Hasslacher, Franz   156
Hauser, Johann   **60–64**
Haushofer, Karl   167
Hefter, Adam   106, 187
Herff, Maximilian von   110, 180
Herzog, Hugo   11, 23, 25, 38, 43, **65–69**, 91, 141, 149
Heß, Rudolf   160, 161
Heydrich, Reinhardt   62, 109, 134, 166, 188
Himmler, Heinrich   12, 19, 20, 26, 29, 56, 57, 60, 72, 109, 128, 134, 135, 144, 145, 166, 181, 187, 188, 190, 194, 195, 196, 197, 198, 199
Hitler, Adolf   25, 37, 38, 46, 50, 60, 65, 66, 71, 73, 74, 75, 77, 85, 87, 88, 92, 95, 97, 100, 103, 121, 128, 130, 131, 133, 134, 135, 137, 141, 142, 143, 148, 160, 161, 162, 163, 164, 166, 167, 168, 172, 174, 189, 190, 191, 193, 194, 195, 198
Hofer, Andreas   76
Hollan, Fritz von   177
Höß, Rudolf   180
Hudal, Alois   106
Hülgerth, Ludwig   186

Jacobsen, Hans Adolf   159
Jakoncig, Guido   127
Janschütz, Severin   66
Joachim, Anna   75
Jury, Hugo   192

Kaltenbrunner, Ernst   62, 107, 134, 135, 189, 190
Kammerhofer, Konstantin   54
Keppler, Wilhelm   75, 133, 134, 189
Kernmaier, Ferdinand   93, 115
Klausner, Anna   75
Klausner, Helli   71, 72

Klausner, Hubert   11, 12, 27, 28, 42, 43, **70–86**, 94, 99, 103, 106, 123, 125, 127, 132, 133, 135, 136, 149, 167, 187, 191, 192, 193
Klausner, Ignatz   75
Klein   125
Kolbenheyer, Guido   18
Kollnitz, Julian   57
König, Sepp   78, **87–90**, 130
Kothen, Hans   25, 40, 42, 49, 57, 66, 80, **91–97**, 122, 176
Kraus, Felix   163
Kutschera, Franz   11, 12, 29, 57, 62, 63, 73, **98–103**, 107, 122, 123

Lakomy, Walter   54
Langbein, Hermann   105
Lemisch, Arthur   41
Leopold, Josef   11, 82, 84, 133, 134, 135, 189, 190, 191
Lerch, Ernst   7, 62, 63, **104–111**, 199
Liechtenstein, Friedrich von   22
Liechtenstein, Fürstin   23
Lienhardt   131
Lorenz, Werner   161
Löscher, Hans   78
Luža, Radomir   83

Mahnke   109
Maier-Kaibitsch, Alois   57, 59, 101, **112–120**, 153, 163, 164
Marchet   31
Messiner, Dr. Paul   41
Michner, Emil   184, 185
Michner, Grete   185
Miklas, Wilhelm   193
Mölzer, Andreas   150
Mößlacher, Michael   125
Mühlmann, Kajetan   134
Mussolini, Benito   167

Neubacher, Hermann   82, 156, 190

Opdenhoff, Christian   72, 73, 99, 127, 137

Pachneck, Karl   **121–124**
Paller, Heinz   164

Papen, Franz von   133, 189
Pauley, Bruce F.   74
Pawlowski, Wladimir von   99
Pelinka, Univ.-Prof. Dr. Anton   7
Perkonig, Josef Friedrich   58, 117
Perscher   192
Pflüger, Ada   131
Pichler-Manndorf, Ing.   88
Piesch, Hans   34
Plaichinger, Julius   26
Planck, Erwin   19
Planck, Max   19
Pohl, Ortwin   107
Prokopp, Josef   116
Puschnig   125

Rainer, Ada   138
Rainer, Friedericke geb. Klein   126
Rainer, Friedrich   7, 11, 12, 18, 20, 27, 43, 53, 55, 57, 70, 73, 74, 75, 81, 83, 84, 85, 86, 88, 103, 106, 117, 123, **125–139**, 156, 162, 189, 190, 191, 192, 193, 194, 198, 199
Rainer, Norbert jun.   129
Rainer, Norbert sen.   126
Raisinger, Vinzenzia   20
Ramm   108
Rapatz   185, 186
Rauter, Hanns   54
Reinthaller, Anton   30,31, 82
Rentmeister, Florian   141
Rentmeister, Justine   141
Rentmeister, Walther   **140–143**
Riehl, Walter   170
Rintelen, Anton   164
Rodenbücher, Alfred   60, 146
Rosenberg, Alfred   131, 166

Schatzmayr, Otto   61, 95, **144–147**, 177
Scheichelbauer, Bernhard   126
Scheriau, Hans   70, 81, 95, **148–149**
Schmidt, Heinrich   65
Schnablegger   40
Schulz, Karl   38
Schumy, Vinzenz   41, 56, 93, 94, 127, 164
Schuschnigg, Kurt   85, 125, 135, 149, 190, 191, 192, 193

Schwarz, Franz Xaver   155, 186,
    195
Seebohm   160
Seitz, Karl   35
Seyss-Inquart, Arthur   75, 133, 134,
    137, 156, 162, 190, 191, 192, 193,
    194, 195
Sima, Hans   171
Spangaro, Otto   26
Steinacher, Hans   7, 41, 54, 55, 56,
    57, 83, **150–171**
Strachwitz, Graf   170
Strutz, Gustav   155
Sucher, Dr. Arnold   117
Supersperg, Anton   93

Tauss, Karl   62
Teppan, Josef   43

Veesenmayer, Edmund   75, 134
Vogt, Josef   128

Walzl August   103, 137
Winkler, Franz   41
Wolf, Ing. Adolf   185

Zenegg   125
Zernatto, Guido   191
Zmölnig, Matthias   11, 80, 121,
    172–178
Zörner, Ernst   196
Zwitter, Dr. Martin   59

Anhang

Vorbemerkung

Die im Anhang unkommentiert aufgenommenen Dokumente und Faksimile repräsentieren einen Ausschnitt der benutzten Archivalien und Personaldossiers. Angegeben ist lediglich ihr personeller Bezug und ihre quellenmäßige Herkunft.

Erwin Aichinger 216
Ottokar Drumbl 219
Karl Fritz 220
Odilo Globocnik 222
Johann Hauser 224
Hugo Herzog 225
Hans (vom) Kothen 228
Ernst Lerch 235
Alois Maier-Kaibitsch 237
Karl Pachneck 239
Friedrich Rainer 241
Hans Steinacher 248

Zu Erwin Aichinger:

Abschrift!

Hauptmann d.R.Dr.Ing.Erwin Aichinger St.Jakob im Rosental
 o. Universitätsprofessor   am 18. April 1941.

An den Herrn Reichsminister
 Reichsführer-SS Heinrich Himmler
   Berlin SW 11, . Prinz Albrecht Straße.

  Sehr verehrter Herr Reichsminister!

  Beunruhigt durch die Arbeiten der SS im Raume von Oberkrain und in Südkärnten erlaube ich mir Herrn Reichsminister als
Wissenschaftler, aber auch als Parteigenosse folgendes mitzuteilen.
Ich nehme mir auch die Freiheit zu diesem Schreiben heraus, weil ich
Herrn Reichsminister persönlich kennen lernte und zwar in Rosenbach,
wo Sie meinen ehemaligen Buchhalter Herzog als Jagdgast besuchten.
Tatbestand: Die Organe der SS, es handelt sich meist um SS-Führer
aus Norddeutschland, die Land und Leute hier nicht kennen, richten
eine Willkürherrschaft auf, die gewiß nicht Ihren Anordnungen ent-
sprechen kann. Bestes deutsches Blut wird gegen bestes deutsches Blut
aufgeputscht, weil die SS-Führer im Zuge der Aussiedlungsaktion
alles aussiedeln wollen, das aufrechte anständige Haltung zeigt.
Ich möchte Ihnen im einzelnen nicht aufzählen, welches Unrecht und welches Leid durch Ihre Organe diesen Menschen zugefügt wurde. Mein Bruder Landrat Dr. Aichinger kann Ihnen Dutzende von solchen Härten aufzeigen, gegen die er als anständiger Mensch auftreten mußte.

  Es geht doch nicht an, daß anständige Menschen, die kein Unre
getan haben, innerhalb weniger Stunden von Haus und Hof vertrieben
werden und daß sich SS-Führer und Beamte der Gestapo in Ihre Wohnungen
setzen und sich ihr Eigentum aneignen. Als Deutscher, der ich immer
meinen deutschen Weg gegangen bin, muß ich mich schämen über diese
Entgleisungen der SS und kann nur immer wieder sagen, dass dies doch
unmöglich mit Ihrer Zustimmung erfolgen konnte. Herr Reichsminister,
Sie kennen doch von Ihrem Jagdaufenthalt selbst diesen Raum und diese
prächtigen Menschen hier und so werden Sie verstehen, dass ich als
anständiger Mensch gegen dieses grosse Unrecht auftreten muss und Herrn
Reichsminister versichere, dass alle anständigen Menschen hier in diese
Raume ebenso denken. Nichts schadet der Partei mehr als diese unwürdige
Vorkommnisse.

  Ich erlaube mir Ihnen heute zu schreiben, weil ich hörte, das
der Bauer Fugger, ein Führer der Slowenen, mit seiner ganzen Familie
ebenfalls ausgesiedelt werden soll. Ich kenne ihn von meiner Zeit als
Forstmeister dieses Raumes sehr gut und schätze ihn als prächtigen
anständigen Menschen. Wenn er slowenisch denkt, so dürfen wir ihm doch
keinen Vorwurf machen, denn er wurde doch als Kind slowenisch erzogen
und muss doch zu seiner angestammten Umgebung hälten. Ich versichere
Sie, dass ich als Forstmeister von Rosenbach mit diesen slowenischen
Bauern viel besser arbeitete als mit den Deutschen die vielfach weniger
fleissig waren. Bauer Fugger war immer mein Führer, wenn es galt die
Bauern zu irgend einem Einsatz zu bringen. Wie wollen wir dieses Gebiet bewirtschaften, wenn wir diese prächtigen Menschen aussiedeln?
Dazu kommt, dass die meisten Bauern rassisch gesehen einem guten Typ
angehören.

Ich bitte Sie, sehr verehrter Herr Reichsminister, diese Aussiedlungsangelegenheit sofort zu untersuchen und die verantwortlichen SS-Führer zur Verantwortung zu ziehen, denn ihre Arbeit grenzt an Sabotage am deutschen Volk. Wir haben jetzt Jahrhunderte lang zusammengelebt mit den slowenischen Menschen und haben diese prächtigen Menschen immer für uns gearbeitet, warum soll es jetzt auf einmal anders werden. Es ist eine Kulturschande, wenn diese Aussiedlungen weiter fortgesetzt werden, die uns in der ganzen Welt verhasst machen und von Menschen durchgeführt werden, die diesen Raum und diese Menschen nicht kennen.

Heil Hitler!
gez.Aichinger.

Quelle: Sammlung Alfred Elste, Nachlaß Erwin Aichinger.

Der Reichsführer-SS
A/ 1/49/41

Berlin SW 11, den 8. 5. 1941.
Prinz-Albrecht-Straße 8

Lieber Parteigenosse A i c h i n g e r !

Ihren Brief vom 18.4.1941 habe ich erhalten. Während eines längeren Aufenthaltes
in Bruck a.d.M. habe ich mich zusammen mit
dem Gauleiter U i b e r r e i t h e r und
dem Stellvertretenden Gauleiter Kutschera
sehr eingehend mit den slowenischen Fragen
befassen können. Sie können aber sehr beruhigt
sein. Von den Slowenen kommen nur die schlechtrassigen zur Aussiedlung, nicht die gutrassigen.
Sie werden alle rassisch gemustert.

Teilen Sie mir doch beschleunigt mit, wo
dieser Johann B u g g e r wohnt. Ich werde mich
dieses Einzelfalles persönlich annehmen.

H e i l   H i t l e r !

I h r

H. Himmler.

Quelle: Sammlung Alfred Elste, Nachlaß Erwin Aichinger.

Zu Ottokar Drumbl:

Kärnten, Gau der Treue

Von Gaupropagandaleiter Ottokar Drumbl

Im Leben eines Volkes oder Volksstammes gibt es manchmal große Augenblicke, die zwar von entscheidender nationaler Bedeutung sind, die aber nicht immer schon im Zeitpunkt des Geschehens jene geschichtswirkende Größe zu erlangen vermögen, die ihnen schon bei ihrer Geburt gleichsam als Tribut einer dankbaren völkischen Gerechtigkeit zustehen würde. Dann aber kommt einmal die Wende, da sich gewaltig aus der Tiefe des Erinnerns und aus der fernen Vielfalt des in der Vergangenheit versunkenen Alltages die stolzen Umrisse eines Ereignisses erheben, das plötzlich den Wert des Unvergänglichen angenommen hat und das für Gegenwart und Zukunft Richtschnur und Parole geworden ist, an denen sich der Geist der Jugend entzündet. Plötzlich versinken unwichtiges Gerank und blindhemmende Schnörkel und aus dem Schaufeld steigen frei und groß als leuchtendes Denkmal der Zeit Lied und Werk, Mythos und Wort dieses Augenblickes empor und fordern gebieterisch ein neues Werturteil: der Zehnte Oktober Neunzehnhundertundzwanzig trägt für Kärnten, und seit dem 13. März 1938 nun auch für alle Deutschen, diesen Stempel einer unverrückbaren Gültigkeit und das Ausmaß einer Jahrhunderte währenden Dauer.

Dieser Tag mit der ihm vorangegangenen Probe eines heldischen Opfer- und Kampfvermögens ist zum Feiertag eines ganzen Volkes geworden, der in sich, wie viele andere Gedenktage unseres völkischen Lebens, den Sporn der Begeisterung zu neuen Opfergängen verbirgt. Damals, in den Wochen und Monaten der Bewährung und des Kampfes, und damals, am Tage der Erfüllung, stand Kärnten, der Gau der Treue, allein, nun aber ist zum Träger und Verfechter dieses Vermächtnisses das ganze deutsche Volk, von der Weichsel bis zur Mosel, von Helgoland bis zum Brenner, geworden. Es ist für alle Menschen unseres Geistes und Blutes mit ein Fundament, auf dem sich unsere völkische Unvergänglichkeit baut, und ein Teil jenes Feuers, das unsere Geschlechter glühend und geballt lassen, sich verjüngend und sich verschwendend, von Jahrzehnt zu Jahrzehnt als Symbol der ewigen Erneuerung und als kostbarstes Geschenk des Schöpfers verwalten.

Hubert Klausner †

Weltkriegsoffizier, Kärntner Abwehrkämpfer, Landesleiter der NSDAP. Österreichs, als diese den Durchbruch zum Siege erkämpfte

Als in den ersten gewitterschwülen Novembertagen des unheilschwangeren Jahres 1918 die schon lange zu erkennende Auflösung im Gefüge des damaligen Deutschen Reiches und im besonderen in der völkerbunten habsburgischen Donaumonarchie Österreich-Ungarn immer mehr den Charakter einer Katastrophe annahm und die Wogen der Revolution höher und höher schlugen, da begann auch für Kärnten, dieses deutsche Bollwerk im Süden, die Zeit einer bitteren Passion, wie sie alle Grenzgaue unseres Blut- und Sprachraumes damals zu tragen beginnen mußten. Das deutsche Volk in seiner Gesamtheit war am Ende seiner Kraft angelangt, seine Grenzen im Norden und Westen, im Osten und Süden bluteten aus tausend Wunden; zum inneren Schwächezustand und zur moralischen Wertlosigkeit unseres Lebens gesellte sich in den gefährdeten Räumen der Grenze außerdem noch die wehrpolitische Ohnmacht des Reiches und rief alle im Entstehen begriffenen und aus diesem Chaos zu neuen Staatsgebilden sich erhebenden jungen Völker auf den Plan: das war die Zeit, da Kärnten jenen heroischen Freiheitskampf begann, der zu den rühmlichsten Äußerungen deutschen Willens zur Unabhängigkeit zählt und der nun, zwanzig Jahre nachher, seine volle Würdigung erfahren soll.

Der Feind war über unsere entblößten südlichen Grenzen geworden und begann Teile des Landes unter seine Hoheit zu bringen. Das Volk in Kärnten aber besann sich und griff, ausgeblutet in den vier langen Jahren des Weltkrieges, verlassen von aller Reichshilfe, verfemt von einer marxistisch und klerikalen Regierung in Wien, gedemütigt von der Übermacht und dem Geifer der siegreichen Ententestaaten, zum letzten Mittel, das noch helfen konnte, zum Schwert, um sich nach vielen Monaten, in denen bestes Blut geflossen ist, das Recht zu einer Volksbefragung zu erkämpfen. Zum erstenmal nach den furchtbaren Tagen des November 1918 lichtete sich im Süden des Reiches der deutsche Himmel und leuchtete im Frührot, allen Müden und Verzweifelten ein neues Sinnbild, allen Feinden aber ein Zeichen: Deutschland, das innere Deutschland, das ewige Deutschland,

Quelle: Der getreue Eckart. Monatsschrift der Ostmark, hg. von Bruno Brehm (Wien/Leipzig), 1940/41, I. Band, Oktober 1940 – März 1941, S. I.

Zu Karl Fritz:

Der
Höhere ℋ= und Polizeiführer
bei den Reichsstatthaltern
in Salzburg, in Kärnten,
in Steiermark und in Tirol
im Wehrkreis XVIII
Ro/K. 295/40

Salzburg, 10. Mai 1940.
Kapitelplatz 2
ℋ Tel. Nr. 2633-34
Pol. Tel. Nr. 1300 Klappe 50

S t e l l u n g n a h m e

zur ℋ-Aufnahme des Karl F r i t z aus Hermagor.

- -

Der Oberleutnant Karl F r i t z aus Hermagor war nach
dem Parteiverbot der NSDAP in Österreich und nach Verhaftung des damaligen Standartenführers Schatzmeier
der illegale ℋ-Führer der ℋ in Kärnten.

Als solcher hatte ich damals als Führer des Oberabschnitts
Donau Verbindung mit Fritz. Dieser besuchte wiederholt
dienstlich den Oberabschnitt Donau in München. Die Zusammenarbeit war ausgezeichnet. Auf Grund politischer Quertreibereien durch den damaligen Gauleiter von Kothen gegenüber
Fritz ist im Einvernehmen mit dem Reichsführer ℋ Fritz
von der illegalen Führung der ℋ in Kärnten beurlaubt worden.

Nach der Machtübernahme im Jahr 1938 ist die ℋ-Führung
an Fritz herangetreten und fragte nach dem Dienstgrad,
den er in der ℋ haben wolle. Fritz erklärte, dass er dazu
sich nicht äussern könne, da er im Jahr 1934 den Rang
eines Sturmbannführers innehatte.

Die Angaben des Pg. Karl Fritz aus Hermagor stimmen. Fritz
wurde seinerzeit vom Reichsführer der Dienstgrad eines
Sturmbannführers zuerkannt. Durch die unmittelbar darauf
folgende Einstellung der illegalen Betätigung in Österreich
wegen der Juli-Volkserhebung 1934 ist die Bestätigung
unterblieben.

Es wird gebeten, Fritz seinen Dienstgrad als Sturmbannführer
der Allgemeinen ℋ zu bestätigen.

ℋ-Gruppenführer.

Quelle: BDC-Personalakte Karl Fritz.

Mitglieds-Nr. 91266476 Name: *Fritz* *Karl*

Eingetreten am 1. 7. 1932. Beruf *Verwalter*

Geburtsort *Winkle Ktn.* Anschrift *Hermagor*

Heimatsgemeinde *Finkenstein* Neue Anschrift

Geboren am 2. 3. 1898.

Ortsgruppe · *Hermagor*

Gau *Ktn.* Bezirk 4 verh., ledig, verwitw.

Prov. Mitgliedskarte ausgestellt am: 5. AUG. 1932 Mitgliedsbuch ausgefertigt am:

... am 1. April 1933 an Ortsgruppe *Hermagor* Übernommen am 1. April 1933

Wohnung: H. 107

O. 1. 5. 18 ... *Hermagor* Gau: *Kärnten*

BDC * THIS COPY HAS BEEN MADE AT BERLIN DOCUMENT CENTER * BDC

Quelle: BDC-Personalakte Karl Fritz.

Zu Odilo Globocnik:

VIKTOR BRACK
SS-OBERFÜHRER

Geheime Reichssache

BERLIN, DEN 27. Juni 1942
W 9, Volstr. 4

An den

Reichsführer-SS und Chef der
Deutschen Polizei
Heinrich H i m m l e r

Berlin SW 11
Prinz Albrecht Str. 8

Sehr geehrter Reichsführer!

Ich habe dem Brigadeführer G l o b o c n i k auf Anwei-
sung von Reichsleiter Bouhler für die Durchführung seiner
Sonderaufgabe schon vor längerer Zeit einen Teil meiner
Männer zur Verfügung gestellt. Aufgrund einer erneuten
Bitte von ihm habe ich nunmehr weiteres Personal abgestellt.
Bei dieser Gelegenheit vertrat Brigadeführer Globocnik die
Auffassung, die ganze Judenaktion so schnell wie nur irgend
möglich durchzuführen, damit man nicht eines Tages mitten
drin steckenbliebe, wenn irgendwelche Schwierigkeiten ein
Abstoppen der Aktion notwendig machen. Sie selbst, Reichsführer, haben mir gegenüber seinerzeit schon die Meinung
geäußert, daß man schon aus Gründen der Tarnung so schnell
wie möglich arbeiten müsse. Beide Auffassungen, die ja im
Prinzip das gleiche Ergebnis zeitigen, sind nach meinen
eigenen Erfahrungen mehr als berechtigt; trotzdem möchte
ich Sie bitten, in diesem Zusammenhang folgende Überlegung
von mir vortragen zu dürfen:

Bei ca. 10 Millionen europäischen Juden sind nach meinem
Gefühl mindestens 2 - 3 Millionen sehr gut arbeitsfähiger
Männer und Frauen enthalten. Ich stehe in Anbetracht der
außerordentlichen Schwierigkeiten, die uns die Arbeiter-
frage bereitet, auf dem Standpunkt, diese 2 - 3 Millionen
auf jeden Fall herauszuziehen und zu erhalten. Allerdings
geht das nur, wenn man sie gleichzeitig fortpflanzungs-
unfähig macht. Ich habe Ihnen vor ca. 1 Jahr bereits berichtet, daß Beauftragte von mir die notwendigen Versuche

– b.w. –

für diesen Zweck abschließend bearbeitet haben. Ich
möchte diese Tatsachen nochmals in Erinnerung bringen.
Eine Sterilisation, wie sie normalerweise bei Erbkranken
durchgeführt wird, kommt in diesem Fall nicht in Frage,
da sie zu zeitraubend und kostspielig ist. Eine Röntgen-
kastration jedoch ist nicht nur relativ billig, sondern
läßt sich bei vielen Tausenden in kürzester Zeit durchführen. Ich glaube, daß es auch im Augenblick schon un-
erheblich geworden ist, ob die Betroffenen dann nach einigen Wochen bzw. Monaten an den Auswirkungen merken, daß
sie kastriert sind.

Sollten Sie, Reichsführer, sich im Interesse der Erhaltung
von Arbeitermaterial dazu entschließen, diesen Weg zu wäh-
len, so ist Reichsleiter Bouhler bereit, die für die Durchführung dieser Arbeit notwendigen Ärzte und sonstiges Personal Ihnen zur Verfügung zu stellen. Ebenso hat er mich
beauftragt, Ihnen zu sagen, daß ich dann auf schnellsten
Wege diese so notwendigen Apparaturen in Auftrag geben s

                    Heil Hitler!
              Ihr

              [Unterschrift: Viktor Brack]

Quelle: BDC-Personalakte Odilo Globocnik.

Zu Johann Hauser:

zum Akt Nr. 11 509

Der Reichsführer-SS
Persönlicher Stab

Führer-Hauptquartier

Bra/V.

1.)   SS-Sturmbannführer Johann **Hauser**,
Klagenfurt

August Jakschstr.61

Lieber Kamerad Hauser !

    Der Reichsführer-SS hat Ihre Mitteilung vom 12.11.1941 erhalten. Er beglückwünscht Sie zu der Verleihung des Blutordens der NSDAP.

    Ich schließe mich seinen Glückwünschen an.

    Freundliche Grüße und

        Heil Hitler !

        gez. **Brandt**

        SS-Sturmbannführer

2.)   SS-Personalhauptamt
Berlin

durchschriftlich mit der Bitte um Kenntnisnahme und Beinahme zum Personalakt des H. übersandt.

i.A.
SS-Sturmbannführer

SS-Personalhauptamt Eingang 19. NOV. 1941 Anlagen

Quelle: BDC-Personalakte Johann Hauser.

Zu Hugo Herzog:

Der Anſchluß
in Theorie und Praxis!
(Eine Rede, die wegen der demokratiſchen Redefreiheit nicht geredet werden kann.)

Anſchluß an das Mutterreich

ein Zauberwort für den Kärntner, der durch tauſend Jahre die Grenzmark gegen ſlawiſche Raubgier und welſchen Anſturm verteidigte.

Anſchluß – dies Wort gibt einen geeigneten Schlager ab für parlamentariſche Schaumſchläger einer faulenden Demokratie, um die müden Wähler wieder zur Sicherung eines zerfallenden Parlamentarismus aufzupulſchen und ſich die Parlamentarierdiäten zu ſichern.

Da ſprechen Parteienvertreter zu Euch, Ihr deutſchen Männer und Frauen, darunter Vertreter zweier internationaler Parteien. Warum will es dann mit dem Anſchluß nicht Ernſt werden, wenn es alle großen Parteien ſo ernſt damit meinen.

Jede Partei iſt nur dann für den Anſchluß, wenn ſie damit ihr Süppchen zu kochen verhofft. Obenan ſteht beim ganzen Heilgeſchrei – wie zum Hohn – die internationale Sozialdemokratie, und der ſozialdemokratiſche Reichstagspräſident Löbe iſt nachgerade Wanderredner des öſterreichiſch-deutſchen Volksbundes geworden. Es iſt dieſelbe deutſche Sozialdemokratie, die durch den feigen Dolchſtoß Deutſchland jeder Macht, edes Anſehens beraubte und durch das Schuldbekenntnis ihm auch noch die Ehre und dem ſchaffenden Volke das Brot nahm, jene Sozialdemokratie, deren zweiter Vorſitzender, Crispien, bekannte: **„Ich kenne kein Vaterland, das Deutſchland heißt!"** Es iſt jene Sozialdemokratie, die durch den grenzenloſen Erfüllungswahnſinn das deutſche arbeitende Volk in ſo tiefe Not treibt, daß jede Machtentfaltung ausgeſchloſſen erſcheint.

Glaubſt du, deutſcher Michel, daß der Anſchluß je ohne Macht, ohne Anſehen, durch Gewinſel vor unſeren erbarmungsloſen Feinden erbettelt wird? Merk' auf, was die Franzoſen darüber denken: Briand erklärte mit zyniſcher Offenheit, daß die deutſchen Sozialdemokraten den Schandfriedensvertrag höher ſchätzen, als den Anſchluß. Dem Erfüller Streſemann der Deutſchen Volkspartei erklärte er offen, daß der Anſchluß Krieg bedeute. Warum haben da alle unſere Pazifiſten gegen dieſen offenen Militarismus der Weſtſtaaten nicht vor aller Welt proteſtiert! Würdig an der Seite der internationalen Sozialdemokratie ſteht der Auſtromarxismus, der in den Jahren 1918/19 mit ſeinem Renner, Bauer, Deutſch und den anderen Genoſſenführern am Ruder vor lauter Sozialiſierungsverſprechungen die Durchführung des Anſchluſſes einfach verſchlafen und vertraumt haben. Vielleicht fürchteten damals die Auſtrobolſchewiki auch, daß der Wille für Freiheit und Brot des deutſchen Volkes noch nicht geſtorben iſt. Sie ſind auch die Schöpfer jener Demokratie, die Öſterreich immer mehr an den Rand des Abgrundes brachte, ſo daß wir vereint ſelbſtbewußt zum Mutterland heimkehren können.

Aber auch das Zentrum, die chriſtliche Partei Deutſchlands, der ſtändige Freund der Sozialdemokratie (Reichsbanner Schwarz-Rot-Gold, ſchwarz-rote Koalition in Preußen und im Reich), will im **Anſchlußgeſchrei** nicht zurückſtehen, obwohl der Deutſchhaſſer Briand öffentlich erklärte: „Ich zweifle daran, daß der Vatikan ein Vabanqueſpiel führen wird." Er erklärte damit, daß vom Vatikan und ſeiner unbedingten Gefolgſchaft, den katholiſchen Parteien, keine ernſtliche Förderung der Anſchlußpolitik zu erwarten ſei. Es ſcheint alſo tatſächlich ſo zu ſein, wie der „Bayriſche Kurier" aus einer Schrift des katholiſchen Geiſtlichen Dr. Mönius fettgedruckt hervorhebt: **„Katholizismus bricht jedem Nationalismus das Rückgrat."**

Ihre Freunde, die öſterreichiſchen Chriſtlichſozialen, ſchielen nur immer ängſtlich auf die lutheriſchen Preußen und wägen immer die Parteivorteile, ob doch durch den Anſchluß der Katholizismus in Deutſchland ſiegt. In der praktiſchen Politik haben ſie immer wieder – von Sana bis Genf – **die Anſchlußidee verleugnet** und Öſterreich in immer tiefere Abhängigkeit der internationalen Hochfinanz gebracht, ſo daß man höchſtens von einem **Selbſtbeſtimmungsrecht der Bank- und Börſenjuden** reden kann. Auch auf dieſe Weiſe wird man zum **Totengräber des Anſchluſſes.**

Gerade über die **Regierung Seipel** gingen mehrfach ſehr beunruhigende Artikel in bezug auf Anſchlußpolitik durch die Preſſe.

Wir Nationalsozialisten wollen den Anschluß durch Taten, nicht durch Festreden und Biertischgeheule, weil alle Deutschen in Freiheit und sozialer Gerechtigkeit in einem starken, machtvollen Volksstaat vereint sein sollen. Wir fragen nicht, ob Deutschland gegenwärtig schwarz oder rot regiert wird; denn wir Deutsche bilden eine Brot- und Schicksalsgemeinschaft. Diesem Gedanken gab als erster der nationalsozialistische Abgeordnete Knirsch in der konstituierenden Nationalversammlung am 21. Oktober 1918 Ausdruck in folgender Parlamentserklärung: „Wir Nationalsozialisten lehnen eine eine vollständige Vereinigung Österreichs zu einem Staatenbund mit den aus dem alten Österreich erstehenden slawischen Staaten von vornherein ab. Im nationalen, sozialen und kulturellen Interesse fordern wir den staatsrechtlichen Anschluß Deutsch-Österreichs als Bundesstaat an das deutsche Reich. Nur im deutschen Einheitsstaat können wir Ostmarkdeutsche die baldige Verwirklichung jener staatssozialistischen Grundsätze erhoffen, welche die Wunden dieses Krieges heilen und unser Achtzigmillionenvolk der Arbeit und Tüchtigkeit einer glücklichen Zukunft entgegenführen werden.

Es lebe das freie, soziale Alldeutschland!

Warum haben sie nicht die Grenzpfähle, die uns vom Mutterlande trennen, hinweggefegt?

Adolf Hitler mit seinen Getreuen ist diesem Willen zur Tat treu geblieben. Am 4. Juli 1928 stellte die nationalsozialistische Fraktion im Deutschen Reichstag den Antrag auf Herbeiführung einer deutsch-österreichischen Zoll- und Wirtschaftsunion, am 12. November 1928 stellte sie neuerlich folgende Anträge:

1. Den Reichsdeutschen im Ausland ist die **Ausübung des Wahlrechtes** zu ermöglichen.
2. Daß die in geschlossenen deutschen Siedlungsgebieten im Ausland lebenden Volksgenossen deutschen Stammes, jedoch fremder Staatsangehörigkeit, insbesondere in Österreich, in der Tschechoslowakei und in den durch das Versailler Diktat von uns getrennten Gebieten, eine **Vertretung im Deutschen Reichstag** erhalten.
3. Der Reichstag wolle beschließen, folgendes Telegramm an den österreichischen Nationalrat zu richten: „Der Deutsche Reichstag gedenkt des heute vor 10 Jahren vom Nationalrat **bekundeten Anschluß- willens Deutsch-Österreichs** an das deutsche Mutterland und gibt der nächsten Tagung des Völkerbundsrates feierseits, alles Vorsatz zu wollen, um auch Deutschland das **Selbstbestimmungsrecht** zu sichern und den Anschluß so schnell als möglich zu verwirklichen.“
4. Die Reichsregierung wird beauftragt, alsbald die erforderlichen Schritte zu tun, um auch den **Deutschen** als einer den Tschechen, Polen, Jugoslawen, Rumänen und anderen Kulturvölkern gleichberechtigten Nation das **Selbstbestimmungsrecht** zu sichern und der zur nächsten Tagung des Völkerbundrates deshalb im Artikel 80 des Versailler Diktats vorgesehene Zustimmung zum **Anschluß Deutsch-Österreichs** an das Reich zu erwirken.

Bei der Abstimmung erhoben sich lediglich die nationale Bauernpartei und einige Deutschnationale für die Anträge. Diejenigen, die also hier für den Anschluß sprechen – das Zentrum, die Sozialdemokraten des Herrn Löbe, die Deutsche Volkspartei –, haben in **entscheidender Stunde den Anschluß** neuerdings **verraten.**

Merke nun, deutscher Volksgenosse, **wie verlogen dieses Geschrei ist!**

Kämpfst du für den **Anschluß in der Tat**, dann gehörst du **in die Reihen der**

Nationalsozialistischen Deutschen Arbeiter-Partei
(Hitlerbewegung)

Ihr Frontkämpfer, Kärntner Freiheitskämpfer und Ihr Gegner des demokratisch-parlamentarischen Geschwätzes, die Ihr ein soziales Alldeutschland wollt, gehört unter das Hakenkreuzbanner

Adolf Hitlers

Leset und verbreitet unsere Kampfblätter:

„**Die Volksstimme**“, Linz a. d. Donau, Schubertstraße 46, monatlich . . . . S 1·20
„**Illustrierter Beobachter**“, Linz a. d. Donau, Schubertstraße 46, monatlich . . . . . . S 1·70
Das Zentralorgan der Bewegung Großdeutschlands: „**Der Völkische Beobachter**“,
München, Thierschstraße 11, monatlich . . . . S 5·60

Geschäftsstelle: Klagenfurt, St.-Veiter Ring 47

Verantwortlich: Hugo Herzog, Rosenbach.   Druck: Joh. Leon sen., Klagenfurt. 1454.29

Quelle: ÖStA-AdR, BKA – Inneres, 22/Ktn., KA. 5050, Zl. 129.615/29.

Nationalsozialistische Deutsche Arbeiterpartei

Hauptgeschäftsstelle der Reichsleitung:
// München, Schellingstraße 50 //
Telefon-Nr. 29031, 297217 Postscheckkonto 23319
Geschäftsstunden: 8—12 Uhr u. 2—6 Uhr nachm.
Sonntags geschlossen

Kampfzeitung d. Partei: „Völkischer Beobachter"
Geschäftsstelle der Zeitung: Thierschstraße 15
// Telefon-Nummer 20647 //
// Schriftleitung: Schellingstraße 39
Telefon-Nummer 30801 · Postscheckkonto 11346

München, den 4. August 1927.

Herrn

Hugo H e r z o g

R o s e n b a c h / Kärnten

Entsprechend einem Antrage des Pg. Herrn Heinrich S c h m i d t

vom 12. VII. 1927 entbinde ich diesen ab 1. IX. 1927 von

der Leitung des Gaues Kärnten und bestelle Sie von diesem Zeit-

punkte ab hiemit als Leiter dieses Gaues.

Ich begrüsse Sie gerne auf diesem verantwortungsvollen

Posten, auf dem Sie sich als stellvertretender Gauleiter

bereits bewährt haben.

Heil!

Quelle: BA-KO, NS 26/143.

Zu Hans (vom) Kothen:

```
        Sicherheitsdirektor für das Bundesland Karnten .
     --------------------------------------------------

Zl. SD II-357/1
------------------

Dr. Oswald Gunkel,
Verhalten .

            An das

  Bundeskanzleramt ( staatspolizeiliches Büro )

                    in  W I E N .
                    ----------------

    Ich beehre mich zu berichten, dass der Bezirkshaupt-
mann von Spittal beiliegenden Brief am 29. Janner 1934 er-
hielt.

          Klagenfurt, am 15. Februar 1934.

            Der Sicherheitsdirektor :

                Barger Oberst .
```

Quelle: ÖStA-AdR, BKA – Inneres, 22/Ktn., Kt. 5057
Zl. 301.321/St. B. 35.

Abschrift .

Nationalsozialistische Deutsche Arbeiterpartei

     Landesleitung Oesterreich .

Gauleitung von

Kärnten und Osttirol .

    v. K/Be.   München, den 26. I. 1934.

Herrn

     Bezirkshauptmann G u n k e l ,

                     S p i t t a l a.Dr.

    Seit geraumer Zeit verfolge ich Ihre parteiischen

Verordnungen, die sich ausschliesslich gegen den

Nationalsozialismus richten.

    Wo immer Sie auch auftauchen, werden Sie von jetzt

ab von uns mit besonderer Aufmerksamkeit behandelt werden .

              Heil Hitler !

Stampiglie
(N.S.D.A.P.Hitler-   von Kothen e.h.
    bewegung
Die Gauleitung Kärnten.)   Gauleiter

          von Kärnten und Osttirol .

Abschrift des Kouvert.

Herrn

     Bezirkshauptmann G u n k e l ,

              Spittal a.Drau .

          Kärnten .

Quelle: ÖStA-AdR, BKA – Inneres, 22/Ktn., Kt. 5057
Zl. 301.321/St. B. 35.

Der Sicherheitsdirektor

Zl.S.D.III-317/1933.

NSDAP, Landesleitung
Oesterreich; Aussendung
von Drohbriefen.

An das

B u n d e s k a n z l e r a m t

(Generaldirektion für die öffentliche Sicherheit -GD 1)

z.H. Sr.Hochwohlgeboren Herrn Baron d' E l v e r t

in W i e n.

./.   In der Anlage beehre ich mich die Abschrift eines Droh-
briefes der NSDAP, Landesleitung Oesterreich, aufgegeben in
München, gerichtet an den Oberlehrer Josef Schiestl in Völkermarkt und unterfertigt vom Kothen zur geneigten Kenntnisnahme
zu bringen.

Schiestl ist zwar ein sehr rühriges Mitglied des Heimatschutzes, hat aber laut Bericht der BH.Völkermarkt bisher keine
Anzeige gegen Nationalsozialisten erstattet.

Klagenfurt, am 14. September 1933.

1 Beilage.

212088

Dient zur Kenntnis.
Einlegen.
18. September 1933

Quelle: ÖStA-AdR, BKA – Inneres, 22/Ktn., Kt. 5052
Zl. 212.088/33.

<u>Abschrift.</u>

N a t i o n a l s o z i a l i s t i s c h e   Deutsche Arbeiterpartei

Landesleitung Oesterreich

Geschäftsstelle:Reichsadler,München,   Postscheckk.Alfred Proksch,
Herzog-Wilhelm-Strasse 32   München Nr.13.449
Fernruf München 90012   Bankkonto Nr.29.413 der
                                              Deutschen Bank und Disconto
                                              Gesellschaft,Filiale München.

v.K./Be.   München, am 8.9.1933.

   Herrn Josef S c h i e s t l,

                          V ö l k e r m a r k t

                                Kärnten.

   Wir haben erfahren, dass Sie bei der dortigen Bezirkshauptmannschaft unsere Leute laufend anzeigen.

   Der Judaslohn wird Ihnen gutgeschrieben.

   Wir haben Sie vorgemerkt!

                                      Der Gauleiter

                                      vom Kothen eh.

L.S.
NSDAP Hitlerbewegung
Der Gauleiter Kärnten   von Kärnten und Osttirol.

      Höflichkeitsformeln fallen bei allen parteiamtlichen
Schreiben weg.

Quelle: ÖStA-AdR, BKA – Inneres, 22/Ktn., Kt. 5052
Zl. 212.088/33.

Nationalsozialistische Deutsche Arbeiterpartei (Hitlerbewegung)
Gau Kärnten

Fernruf 1375
Postfach Klagenfurt 1, Nr. 314
Drahtanschrift: Nationalsozialisten Klagenfurt

Postscheckkonto: 6. Wolff 115 471
NS.-Wochenblatt „Der Vormarsch" S 1.20

Klagenfurt, Theaterplatz 17

Abteilung: Zeichen: K/T.   25.April 1933.
                                                    Klagenfurt, den ....

                    Herrn

                         Obmann des Landbundes

                         Ing.Vinzenz S c h u m y ,

Österr. Institut f. Zeitgeschichte
ARCHIV   KLAGENFURT.
Inv. Nr. 401   ----------------

                    Sehr geehrter Herr Schumy!

            In Anbetracht der Wichtigkeit unserer letzten Aus-
        sprache am vergangenen Samstag, der Herr Suppersberg und Ma-
        jor Klausner beiwohnte, möchte ich in Fortsetzung der mit
        Ihnen vereinbarten Linie folgenden konkreten Vorschlag machen,
        den Sie bei der erweiterten Vorstandssitzung des Landbundes
        am Donnerstag dank Ihrer Stellung und Ihres Einflusses auch
        ohne weiteres durchzubringen in der Lage sind.
            Nachdem sowohl Sie wie der Herr Suppersberg Ihrer
        Ueberzeugung Ausdruck gegeben haben, dass der heutige Land-
        tag unmöglich mehr den Willen des Volkes entsprechen kann,
        Sie aber auch durch die gewaltigen Ereignisse und der natio-
        nalen Revolution im Reiche zu der Ueberzeugung gekommen sind,
        dass ein selbständiges Auftreten des Landbundes bei kommenden
        Neuwahlen als Partei wegen der leidigen Proporzfrage nicht
        mehr zur Diskussion stehen könne, Sie von einem Gleichschaltungs-
        prozess mit den deutschösterreichischen (steirischen) Heimat-
        schutz und der Eingliederung dieses Wehrverbandes Kenntnis
        genommen haben, halte ich den verabredeten Vorstoss der ge-
        samten nationalen Parteien, wie verabredet, gegen die jetzige
        Landesregierung für unbedingt notwendig. Dabei halte ich mich
        an die mit Ihnen besprochene Abmachung, dass der jetzige Lan-
        deshauptmann Kernmaier sein Amt zurücklegt und wir geschlossen
        unter der Leitung der N.S.D.A.P. die Auflösung des jetzigen
        Landtages verlangen.-
            Es ist mir vollkommen klar, dass rein zahlenmässig
        Neuwahlen nicht erzwungen werden können. Jedoch bringen wir

mindestens
1./ die Christlichsozialen und Sozialdemokraten in die Zwangs-
    lage, aus ihren Reihen unmittelbar einen neuen Landeshaupt-
    mann zu wählen, der von jetzt ab bei dem verschärften Kurs
    mit seinem Namen die oft unerträglichen Massnahmen zu decken
    hätte. Bei der ausgeprägten nationalen Einstellung des ge-
    samten nationalen Flügels (N.S.D.A.P., Landbund, Heimat-
    schutz und Großdeutsche), der unwiderruflich jedem überlegen-
    den Menschen den Weg der nationalen, geeinten Abwehrfront
    weist, würde für die nunmehr kommenden Ereignisse der Weg
    zunächst für eine kraftvolle Opposition und nach den Neu-
    wahlen die Unbedingtheit einer stosskräftigen Einheitsfront,
    ähnlich wie im Reiche, gewiesen sein. Es liegt also an den
    jetzt noch zersplitterten nationalen Gruppen, die Zeichen
    der Zeit zu erkennen und die im Reiche mit absolutem Erfolg
    durchgeführte Gleichschaltung nationaler Kreise durchzuführen,
2./ die Bundesregierung in die unangenehme Lage zu bringen unter
    Umstände einen Kommissär zu ernennen und dadurch einen Zustand
    der Unsicherheit in den schwarz-roten Kreisen hervorzurufen,
    der die Dezidierung der schwarz-roten Front nur beschleunigen
    könnte,
3./ Taucht auch die Möglichkeit auf, dass tatsächlich in Kärnten
    Neuwahlen durchgeführt werden, deren Ausgang für die Schwar-
    zen und Roten eine ebenso grosse Niederlage bedeuten würde,
    wie jetzt das Wahlresultat in Innsbruck es gezeigt hat. Vor-
    aussetzung ist natürlich, dass Sie als Obmann des Landbundes
    für Ihre Anhänger einstehen können, und die am letzten Sams-
    tag besprochenen Massnahmen auch vorbehaltlos zur Durchführung
    bringen.-
4./ Der Antrag auf Auflösung des jetzigen Landtages müsste ein-
    vernehmlich mit den bereits erwähnten Organisationen ge -
    schlossen eingebracht werden.-
         Ich halte es für dringend notwendig, dass vor Einbe-
    rufung der nächsten Landtages und vor Einbringung des Antrages
    auf Auflösung ein oder mehrere Vertreter der verschiedenen Or-
    ganisationen zu einer besonderen Aussprache, etwa am kommenden
    Sonntag zusammengerufen werden. Ich denke da an Dr.Lakomy,
    Dr.Plasch, Sie, Herrn Suppersberg und Kernmaier und unsererseits
    Major Klausner und mich selbst.-
         Mit dem Landbund Kärnten möchte ich, genau so, wie
    es mit dem deutschösterreichischen (steirischen) Heimatschutz
    geschehen ist, ein besonderes Abkommen, das definitiv ist,
    treffen. Vielleicht haben Sie die Liebenswürdigkeit und rufen
    mich nach Ihrer Rückkehr aus Wien sofort an, damit am Donnerstag
    abends in der Landbundbesprechung die Formulierung noch über-
    prüft werden kann.
         Der bedeutsame Schritt, der nunmehr von den nationalen
    Kreisen Kärntens eingeleitet wird, wird im Kärntner-Flügel des
    gesamten österreichischen Landbundes unter Ihrer Führung zum
    offenen Konflikt mit der Winkler'schen Richtung führen. Es ist

Nationalsozialistische Deutsche Arbeiterpartei (Hitlerbewegung)
Gau Kärnten

Fernruf 1375
Postfach Klagenfurt I, Nr. 314
Drahtanschrift: Nationalsozialisten Klagenfurt

Postscheckkonto: H. Wolff 115 471
NS.-Wochenblatt „Der Vormarsch" S 1.20

Klagenfurt, Theaterplatz 17

2. Blatt.

Abteilung: Zeichen: Klagenfurt, den ....

aber auch klar, dass der Schritt des Kärntner Landbundes auch die
übrigen Bundesländer, insbesondere Salzburg, Tirol, Steiermark
und andere Bundesländer Oesterreichs unbedingt mitreissen wird.
Die verbliebenden, vielleicht <u>noch</u> für Winkler eingenommenen Bun-
desländer werden sich dieser grossen nationalen Tat des Kärntner
Landbundesflügels letzten Endes nicht verschliessen.-
     Wiederholt erinnere ich Sie daran, sehr geehrter Herr
Schumy, dass die Zeit des <u>Zauderns</u> und <u>Abwartens</u> endgiltig vor-
über ist. Nach Ihren eigenen Worten suchen Sie eine <u>passende Ge-</u>
<u>legenheit</u> und einen stichhältigen Grund, um nunmehr den latenten
Bruch mit Winkler zu vollziehen. Sie sehen in dem gemeinsamen
Antrag auf Auflösung des Kärntner Landtages die willkommene Gelegenheit und werden, ohne <u>die äusserliche Parteitreue gebrochen</u>
<u>zuhaben,</u> damit den Zustand der Wahrhaftigkeit hergestellt haben.
Ihre eindeutige Stellungnahme wird bis auf wenige sowieso den
Christlichsozialen oder anderen Parteien nahestehenden Elemente
nur einen mitreissenden Eindruck machen. Ich habe Ihnen nicht
verhehlt und Sie selbst wissen es noch besser, dass <u>Oberkärnten</u>
sich zu Ihrer Person im allgemeinen <u>kritisch</u> eingestellt hat,
während Ihre stärkere Anhängerschaft in Unterkärnten zu suchen ist.
Man wird es weder in Kärnten noch in allen nationalpolitisch
positiv eingestellten Kreisen verstehen, wenn Sie sich die Stunde
des Handelns etwa von Herrn Winkler vorschreiben lassen oder
aber den günstigsten Augenblick zur vollen Machtentfaltung des
nationalen Kärntens sich entgehen lassen. Die kommende Entwicklung
wird dann die immer schon anerkannten Leistungen des Landbundes,
insbesondere die unmittelbare Zeit nach dem Kriege, wo der Landbund mit die wertvollste nationale Politik betrieben hat, dadurch berücksichtigen, dass auf Grund der gesunden vorhandenen
Standesorganisationen des Landvolkes dieselben nicht nur aufgenommen, sondern im Sinne der ständischen Berufsorganisation für
die Bauern im Sinne der <u>Reichsführergemeinschaft</u> unter dem Präsidenten Darré, der auch Präsident der landwirtschaftlichen Ge-
nossenschaft ist, zu ihren Nutzen und damit zum Wohle aller Land-
wirte, Bauern und der damit verbundenen Betriebe <u>gleichgeschal-</u>
tet wird.-
     Die Aufgabe ist gross, aber es lohnt das Ziel.-

                     Heil Hitler!
                     Ihr sehr ergebener:

                     Gauleiter.

Quelle: ÖJfZ, NL Schumy, DO 203/Mappe 38; siehe auch
ÖStA-AdR, NPA, Kt. 245, Mappe Liasse Österreich 2/21, Zl.
41.458-13/36.

Zu Ernst Lerch:

```
3/ſſ-Sondersturmbann Ost

(Dienſtſtellenſtempel)          L u b l i n          , den   20.Dezember 1941.


                                 An   den

                                 ſſ- und Polizeiführer

Betreff:·

𝔅eförderungsvorſchlag            L u b l i n

Anlagen: 1. Stammkarten-Abſchrift
         2. Perſonalbericht und Beurteilung
         3. Selbſtgeſchriebener Lebenslauf
         4. Durchſchlag der Beförderung zum Hauptſcharführer.
         5. Vorſchlagsprotokoll
         6. Zwei Lichtbilder

    Ich bitte, die Beförderung des ſſ. Hauptsturmführers (S) Ernst L e r c h
                                              ſſ-Nr. 309 700
z. 3t. Adjutant beim ſſ- und Polizeiführer Lublin.                    zum

        ſſ. S t u r m b a n n f ü h r e r (Allg.-ſſ)

erwirken zu wollen.


        Ich erbitte gleichzeitig
                                 Verleihung des (S)-Dienstranges
Ernennung zum Führer            ſſ-Sturmbannführer (S)

Beauftragung mit der Führung

Beauftragung m. d. W. d. G.
                                                                  28
Privatanſchrift: Klagenfurt, Wienergasse 10Alter            1.3.1914

                                             Eintritt ſſ     309 700

                                             ſſ-Nr.          1 317 396

                                             Pg.-Nr.         12.9.38

                                             Letzte Beförd.  ſſ. Schar.

                                             Beruf:          7 Monate

                                             gedient:

                 Lublin        , den       20.Dezember      1941

                 Der Führer des 3/ſſ-Sondersturmbann Ost

                                 ſſ-Hauptsturmführer (S)

Anmerkung: 1. Originalzeugniſſe und Ausweiſe ſind nicht mit einzureichen.
           2. Deutliche Schrift, möglichſt Schreibmaſchine.
           3. Die Anlagen 1, 3, 4, 5 und 6 ſind nur bei Beförderung zum Scharführer nötig.
           4. Für etwaige zur Beförderung notwendig erachtete Begründung und Weiſungsabvermerke iſt die Rückſeite zu benützen.

SSV K 13  ſſ-Werbruckverlag W. 8. Mayr, Miesbach (Bayer. Oberland). 1531.40
```

Quelle: BDC-Personalakte Ernst Lerch.

Urschriftlich mit 1 Anlage

an den
Höheren ᛋᛋ- und Polizeiführers Ost,

K r a k a u

weitergeleitet.
Der umseitige Beförderungsvorschlag wird von mir bestens befürwortet.
ᛋᛋ-Hauptsturmführer L e r c h gehört zu den alten ᛋᛋ-Männern der Ostmark und hat dort den größten Teil des Kampfes als aktiver ᛋᛋ-Führer
mitgemacht, ist dann 18 Monate bei der Wehrmacht gewesen und hat am
Polenfeldzug teilgenommen. Er ist dann hierher gekommen und obliegt
ihm hier die Leitung des Dienstbetriebes über alle Stäbe, die mir
für die verschiedenen Aufgaben zur Verfügung stehen. Er hat diese Auf
gaben bisher sehr gut geführt und hat seine Tätigkeit durch meine
Beauftragung mit der Errichtung der ᛋᛋ- und Polizeistützpunkte eine
neuerliche Erweiterung erfahren.
ᛋᛋ-Hauptsturmführer L e r c h hat somit nicht nur die Stäbe in den
verschiedensten Arbeitsgebieten mit aufgebaut, sondern sorgt auch
für den klaglosen Dienstbetrieb. Durch meine Beauftragung mit der
Errichtung der ᛋᛋ- und Polizeistützpunkte im neuen Ostraum ist es
auch notwendig, daß er einen entsprechenden Dienstrang erhält, de
seine Arbeitsleistung ist eine solche, daß ihm eine Beförderung
als Anerkennung gelten kann.

ᛋᛋ-Brigadeführer
und Generalmajor der Polizei

Quelle: BDC – Personalakte Ernst Lerch.

Zu Alois Maier-Kaibitsch:

Abschrift.

Der Landeshauptmann von Kärnten.

    Z.4054/Präs.   Klagenfurt, am 14.April 1938.

       Die Volksabstimmung in Kärnten hat ein derartig ausserordentliches Ergebnis gebracht, wie es selbst die größten Optimisten nicht zu erwarten wagten.

       Insbesondere ist aber das gemischtsprachige Gebiet gegenüber den anderen Landesteilen nicht zurückgestanden und selbst Gemeinden, in denen die Slowenen in der Mehrheit sind, haben sich einmütig zum Führer und zum deutschen Volke bekannt.

       Einen nicht zu unterschätzenden Anteil an diesem glänzenden Abstimmungsergebnisse im gemischtsprachigen Gebiete Kärntens darf ich wohl Ihrer zielbewußten und unermüdlichen Propagandatätigkeit in den Wochen vor der Abstimmung zuschreiben. Der Kärntner Heimatbund hat auch während der Systemzeit in diesem Gebiete mühevolle, stets gefährdete, aber wie sich jetzt gezeigt hat, ungemein fruchtbringende,Kleinarbeit geleistet. Was in langen Jahren hier aufgebaut wurde, konnte in die von der NSDAP großzügig geleitete Wahlpropaganda eingebaut werden und mußte zu dem schönen Erfolge führen.

       Nach Abschluß der Volksabstimmung, über deren Ergebnis in Kärnten wir alle ganz besonders stolz sein dürfen, ist es mir deshalb eine besondere freudige Pflicht, Ihnen für Ihre ausgezeichnete Arbeit in der ehemaligen Abstimmungszone, für die Organisation der Propaganda in diesem Gebiete und für Ihren mühevollen persönlichen Einsatz von Ort zu Ort und von Mann zu Mann auf das Herzlichste zudanken und Ihnen die vollste Anerkennung auszusprechen.

                   Der Landeshauptmann:
                    Pawlowski

   An Herrn
       Landesrat Alois Maier-Kaibitsch
                Klagenfurt.

Quelle: BDC – Personalakte Alois Maier-Kaibitsch.

Abschrift.

Staatssekretär
Odilo Globocnik,M.d.R.   Wien, den 16.Mai 1938.

B e s t ä t i g u n g !

Ich bin mit Hauptmann Maier-Kaibitsch, dessen streng nationale
Einstellung und dessen gute Beziehungen zu Staat und Partei bekannt
waren, nach dem Parteiverbot in engere Zusammenarbeit getreten. In
seiner Eigenschaft als Leiter des Kärntner Heimatdienstes hatte Hauptmann Maier Kaibitsch vielfach Möglichkeiten die illegale Tätigkeit der
Partei zu unterstützen. Er hat diese Möglichkeiten auch sofort bereit-
willigst in den Dienst der Partei gestellt und leistete in der Folge-
zeit wertvollste Hilfe. Dies war insbesondere im Nachrichtenwesen, sowie bei Geldüberweisungen und Verteilungen im Lande der Fall, weiters
bei der Bauernhilfe und Bauernberatung. Ausserdem hat Hauptmann Maier-
Kaibitsch in zahlreichen Fällen für verhaftete Nationalsozialisten
interveniert und die Abhaltung vieler illegaler Versammlungen mit Hilfe von Lagerbetrieben ermöglicht. Beim Juliaufstand 1934 bewährte sich
Hauptmann Maier-Kaibitsch wiederum als eifrigster Helfer, so daß es
nur einem glücklichen Zufall zuzuschreiben war, daß er aus der Verhaftung wieder alsbald entlassen wurde. Auch in der Zeit nach dem Juliaufstand war Hauptmann Maier-Kaibitsch für die Arbeit der NSDAP nicht
nur ein jederzeit bereitwilliger Helfer, sondern darüber hinaus auch
ein wertvoller politischer Berater.

                                Odilo Globocnik.

Quelle: BDC – Personalakte Alois Maier-Kaibitsch.

Zu Karl Pachneck:

„Unterirdische NS-Geschäftsstelle" in der Hauptschule
Feldkirchen.
Quelle: Sammlung Alfred Elste.

Zugang zur „unterirdischen NS-Geschäftsstelle" in der Haupt-schule Feldkirchen.

Quelle: Sammlung Alfred Elste.

Zu Friedrich Rainer:

Der Reichskommissar für die Festigung
deutschen Volkstums
Stabshauptamt

Ober-Krainen, den 20. Oktober 1944

I-1/1 Kärnt. 4 - Dr.St/Sv

Referent : H-Obersturmbannführer Dr. Stier

Geheim

Tgb.Nr. ......

925

⑩ Schweiklberg
Post: Vilshofen Ndby.

Betr.: Volkspolitische Behandlung der Slovenen.

Bezug: Vorlage des Oberstleutnant a.D. von Morari vom 22.8.44
an das Hauptamt H-Gericht und Schreiben des Hauptamtes
H-Gericht vom 4.9.44 an das Stabshauptamt.

Anlg.: 4

An
Reichsführer-H
Berlin SW 11
Prinz Albrecht-Str. 8

Gemäss Mitteilung des Hauptamtes H-Gericht vom 4.9.1944 hat
Reichsführer-H das Stabshauptamt beauftragt, Oberstleutnant a.D.
von Morari zu empfangen und mit ihm seine Ansichten über die Behandlung der Slovenen zu prüfen.

Am 24.9.1944 hat die Aussprache stattgefunden. Bei dieser Gelegenheit hat er seine dem Reichsführer-H eingereichte Denkschrift in
Abschrift hier vorgelegt (Anlage 2) und aufgrund der Besprechung
noch die in der Anlage beigefügten "Bemerkungen über den Zeitpunkt der Schaffung eines freien Sloveniens" (Anlage 3) und den
Entwurf eines Aufrufs "Slovenen, Partisanen" (Anlage 4) nachge-
reicht.

Die Vorschläge des Herrn von Morari umfassen im Wesentlichen zwei
Punkte, nämlich

1. die Schaffung eines freien Sloveniens unter deutscher Führung,

2. einen endgültigen Stop der Absiedlung und - in gewissem
   Umfange - Entschädigung für diejenigen Slovenen, welche nur
   wegen ihrer allgemeinen politischen Haltung abgesiedelt wurden.

Da die Entscheidung über die politischen Fragen ausserhalb des
Arbeitsgebietes des Stabshauptamtes liegt, beschränkt sich dieser

b.w.

auf eine Übersicht über die derzeitige Lage in den slovenischen
Gebieten aufgrund von mit Gauleiter Rainer geführten Besprechungen
und die Niederlegung einiger Gedankengänge, die sich bei der
Beschäftigung mit den Vorschlägen des Herrn von Morari ergaben.

Zu 1) (Schaffung eines freien Sloveniens unter deutscher Führung)

Das Freie Slovenien soll nach Vorschlag von Herrn von Morari
zunächst das alte Herzogtum Krain und die rein slovenisch besiedel-
ten Gebiete östlich des Isonzo mit Ausnahme von Görz umfassen.
Eine spätere Ausdehnung dieses slovenischen Gebietes nach Triest
hin wird von ihm als möglich bezeichnet.

Zu diesem Vorschlag darf bemerkt werden:

In der früheren Provinz Laibach hat Gauleiter Rainer - nach seiner
Erklärung mit ausdrücklicher Genehmigung des Führers und nach
Abstimmung mit Reichsführer-H - eine Politik befolgt, welche der
von Herrn von Morari vorgeschlagenen Selbstregierung für dieses
Gebiet nahekommt. Als Nachfolger des italienischen Präfekten
ist der slovenische General Rupnick eingesetzt, dem H-Obergruppen-
führer Roesner als deutscher Berater zur Seite steht. In allen
kulturellen Dingen ist den Slovenen weitgehende Freiheit gelassen.
Der Schutz gegen die Banden obliegt neben deutschen Einheiten
auch den von General Rupnick geführten Domobranzen. In die Einzel-
heiten der Verwaltung greift die deutsche Führung nur insoweit ein,
als es die Sicherheit des Landes und die Durchführung kriegs-
wichtiger Aufgaben unbedingt erfordert.

Der Gauleiter ist der Ansicht, daß sich diese Politik bewährt hat.
Dies zeige sich u.a. darin, daß die Slovenen bei dem jetzigen
Bau von Befestigungslinien dem Aufruf zur Mitarbeit ohne Widerstand
folgten, ferner darin, daß die Domobranzen aktiv bei der Bekämpfung des Bandenunwesens mitwirken und hierbei von der Mehrzahl
der bodenständigen Bevölkerung unterstützt werden.

Für Oberkrain würde die von Herrn von Morari vorgeschlagene
slovenische Selbstregierung eine starke Änderung gegenüber den
jetzigen Verhältnissen bedeuten. Gauleiter Rainer hat hier zunächst

- 2 -

die von stellvertr. Gauleiter Rutschera eingeleitete Eindeutschungspolitik fortgesetzt. Die Slovenen hatten hier bis vor kurzer Zeit keinerlei Selbstverwaltung. Die Schulsprache für alle Einwohner, gleichgültig welcher rassischen Wertung und staatsrechtlichen Stellung, war ausschliesslich deutsch. Auch das slovenische kulturelle Leben war vollkommen gedrosselt. Absiedlungen wurden nach kurzen Unterbrechungen immer wieder aufgenommen.

In letzter Zeit hat Gauleiter Rainer die Slovenen zunehmend zur aktiven Mitarbeit herangezogen. Die Bürgermeister sind überwiegend Slovenen. Unter ihrer Führung sind in allerneuester Zeit Ortswehren gegründet worden, welche die Aufgabe haben, die Gemeinden vor Bandenüberfällen zu schützen. Eine Zusammenfassung dieser Ortswehren in eine ganz Oberkrain umfassende Landwacht wurde von Gauleiter Rainer abgelehnt.

Auf kulturellem Gebiet wurde eine bescheidene Betätigung der Slovenen zugelassen. Die slovenische Sprache wurde in der ersten Klasse als Hilfssprache neben dem Deutschen eingeführt. Im übrigen ist die Schulsprache nach wie vor deutsch geblieben, im Gegensatz zu der Provinz Laibach, wo die deutsche Sprache nur in den Oberschulen als Fremdsprache gelehrt wird.

Gauleiter Rainer ist sich darüber klar, daß eines Tages die Oberkrain wieder mit der Unterkrain - der jetzigen Provinz Laibach - zu einer Verwaltungseinheit zusammengefasst werden muss, und daß in dieser neuen Krain, zu der vielleicht noch einige slovenische Gebiete hinzukommen könnten, den Slovenen eine grössere kulturelle und staatsrechtliche Bewegungsfreiheit genehmigt werden muss, als es z.Zt. in Oberkrain der Fall ist. Der Gauleiter hält den Zeitpunkt jedoch noch nicht für gekommen, um diese grössere Verwaltungseinheit mit einer gewissen slovenischen Selbständigkeit zu schaffen. Er will bis dahin einerseits in Oberkrain durch sprachliche Eindeutschung, Absiedlung von Slovenen und Ansiedlung von Reichsdeutschen die Eindeutschung vorantreiben, andererseits die Verhältnisse in Oberkrain und der Provinz Laibach auf dem staatspolitischen Gebiet soweit annähern, daß die

b.w.

Schaffung einer von Deutschland geführten autonomen Krain keinen allzu grossen Bruch mit den dann bestehenden Verhältnissen in diesen Gebieten bedeuten würde.

Die Mitarbeit der bodenständigen Slovenen bei der Bandenbekämpfung in Oberkrain ist z.Zt. geringer als in der Provinz Laibach, was anscheinend auf die schärfere Eindeutschungspolitik in Oberkrain zurückzuführen ist.

Die Grundauffassung des Gauleiters Rainer lässt sich in folgenden Sätzen zusammenfassen:

Die alsbaldige Schaffung eines selbständigen Gross-Sloveniens lehnt Gauleiter Rainer ab, da diese Massnahme jetzt als Schwäche ausgelegt werden könnte. Im jetzigen Augenblick ist nach Ansicht von Gauleiter Rainer keine Zeit für politische Lösungen, sondern die Slovenen müssen in der politischen Verfassung, in der sie sich z.Zt. befinden, geführt werden. In Oberkrain könne er im jetzigen Augenblick nicht von den verhältnismässig scharfen Massnahmen zurück. Wenn einmal den Slovenen eine gewisse Selbständigkeit versprochen und gewährt würde, so müssten die Versprechungen auch eingehalten werden, da sonst das Vertrauen in das Deutsche Reich völlig erschüttert würde.

__Zu 2)__ (Absiedlungsstop)

In der Frage der Absiedlung ist Gauleiter Rainer im Ganzen zurückhaltender geworden. Er legt einerseits Wert darauf, daß nur dann abgesiedelt wird, wenn die Staatspolizei eindeutige Unterlagen über eine Beteiligung der Abzusiedelnden an deutschfeindlichen Massnahmen in der Hand hat. Andererseits sieht er in den jetzigen Absiedlungsmassnahmen die letzte Möglichkeit, slovenisches Land in die Hand zu bekommen und damit die Möglichkeit zur Ansiedlung von Reichsdeutschen zu schaffen. Im zweisprachigen Gebiet Alt-Kärntens wird als hinreichender Grund für die Absiedlung angesehen, wenn ein Mitglied aus der abzusiedelnden Familie zu den Partisanen übergelaufen ist. In Oberkrain wird im allgemeinen nur dann abgesiedelt, wenn die Abzusiedelnden ausserdem selbst der Unterstützung deutschfeindlicher Bewegungen überführt sind.

Das Stabshauptamt hat bereits im Jahre 1941 gegenüber den örtlichen Staatspolizeistellen seine Bedenken gegen Art und Umfang der seinerzeitigen Absiedlung geäußert. Auf den Bericht des Reichsministers Rust vom 4.9.1941 und des Stabshauptamtes vom 26.9.1941 hin sind vom Reichsführer-ß die seinerzeit sehr scharfen Absiedlungsbestimmungen aufgelockert worden; die Absiedlung wurde in Oberkrain und Untersteiermark seinerzeit bis auf wenige Ausnahmefälle vollkommen eingestellt. Bei der zur Ansiedlung der Gottscheer notwendigen Absiedlung wurde aufgrund des Berichtes des Stabshauptamtes den Abgesiedelten gute Behandlung und Entschädigung zugesagt. Hierdurch ist vermieden worden, daß durch die Absiedlung die Unruhe in der Untersteiermark wesentlich erhöht wurde. Die Abgesiedelten selbst warten auf die zugesagte Entschädigung und arbeiten zur Zufriedenheit ihrer Arbeitgeber in Reich. Das Stabshauptamt darf erneut seine Bedenken gegen jegliche Absiedlung in diesem Gebiete vortragen.

Gauleiter Rainer will die Absiedlung z.Zt. nicht vollkommen aufgeben, da er in ihr die einzige und letzte Möglichkeit zur Gewinnung von Siedlungsland sieht. Er hat jedoch das Stabshauptamt gebeten, bei Reichsführer-ß die Genehmigung dafür einzuholen, daß er in besonders gelagerten Fällen Slovenen, welche in den Jahren 1941/42 lediglich wegen ihrer politischen Haltung abgesiedelt wurden, zurückholen darf. Der Antrag darf vom Stabshauptamt befürwortet werden.

Einige weitere Bemerkungen zu dem Vorschlag des Herrn von Morari dürfen in der Anlage 1 vorgelegt werden.

Der Chef des Stabshauptamtes

[Unterschrift]

ß-Obergruppenführer
und General der Polizei

Quelle: BDC-Personalakte Dr. Friedrich Rainer.

FEDERATIVNA LJUDSKA REPUBLIKA JUGOSLAVIJA

LJUDSKA REPUBLIKA SLOVENIJA

M LO **L j u b l j a n a**

Opr. št. __b18/52__

Datum __1.4.1952__

Izpisek iz mrliške matične knjige

Letnik __1947__, stran __3o2__, zap. št. __14o1__, Datum vpisa __25.9.195o__

Dan, mesec. leto in ura (0—24) smrti	19./devetnajsti/avgust 1947
Kraj smrti, ulica in hišna št.	L j u b l j a n a, Miklošičeva 9
Priimek in ime umrlega	R a i n e r dr. Friderik
Dan, mesec in leto rojstva umrlega	28.7.19o3
Kraj rojstva umrlega (okraj in okrožje)	Št. Vid na Glini
Državljanstvo	Narodnost	Avstrijsko-nemška
Poklic	uradnik
Zadnje prebivališče (kraj, ulica in hišna št.)	Celovec, Kogelstrasse 5
Zakonsko stanje	poročen
Priimek in ime zakonskega druga	. . . .
Vzrok smrti	. . . .
Ime zdravnika, odnosno mrliškega preglednika, ki je mrliča pregledal	. . . .
Dan, mesec, leto in kraj pokopa	. . . .
Priimek, ime in rojstn. podatki	očeta	Norbert
	matere	Friderika Klein
Priimek, ime in prebivališče prijavitelja	. . . .
Matičar	Babšek Franja

Pripombe in popravki:

Vpisano z dovoljenjem Minot-a L.131, v
Ljubljani, št. III. Pov. 352/2-5o Me, z dne 19.9.195o, po čl.
15 zak. o drž. matičnih knjigah.

Poznejši vpisi in zaznambe;

matičar

/Lipičar Marija/

Štev. Ov-i 52/1952.

Potrjuje se pristnost podpisa (namestnika) matičarja Lipičar Marija

iz Ljubljane in žiga Mestne a ljudskega odbora glavnega mesta Ljubljana

Taksa za overitev v znesku 112,50 din redi odsotnosti taksnega zavezerca, ni plačana.

Okrajno sodišče v Ljubljani dne 7. aprila 19 52.

Predsednik sodišča: Jeluščič Dušan

LJUDSKA REPUBLIKA SLOVENIJA
Ministrstvo za pravosodje

Stev. Nov 617/52-2

Podpis Jeluščič-a Dušana , predsednika (sodnika) okrajnega

sodišča v Ljubljani- mesto , in uradni pečat (žig) istega sodišča

se nadoverita.

V Ljubljani dne 24. maja 19 52.

Šef pravnega odseka:

Taksa v znesku din 10.-
ni plačana!

Quelle: Sammlung Ing. Friedrich Rainer (= Sammlung Alfred
Elste).

Zu Hans Steinacher:

Nicht gemeldet, [8]
3410

Nationalſozialiſtiſche Deutſche Arbeiter = Partei.

Nr. ....

Perſonal = Fragebogen

zum Antragſchein auf Ausſtellung einer vorläufigen Mitgliedskarte und zur Feſtſtellung
der Mitgliedſchaft im Lande Öſterreich.

Familienname : *Steinacher*

Vorname : *Hans*

Geburtstag : *22. V. 1892*   Geburtsort : *Seilberg-Krain*

Verheiratet : *ja.*

Vorname und Mädchenname der Frau : *Lilli geb. Sommer*

Geburtstag, Geburtsort : *6. V. 1907, Frankfurt a. M.* Staatsangehörigkeit : *deutſch (Reich)*

Liegt ariſcher Nachweis vor? *Ja!*

Anzahl der Kinder : *6.*

Wohnort : *.............*

Bundesland : *Kärnten*   Bezirk : *Völkermarkt*

Beruf : *.............*

Welche Stellung bisher bekleidet ?

Schulen, Lehrgang, Studium :

Militäriſche Dienſtzeit (Frontſoldat, Orden und Ehrenzeichen?) :

O. Nr. 2 — 1 000 000 — V. 38

Angaben über die Zugehörigkeit zur NSDAP.

Wann erfolgte der erstmalige Eintritt in die NSDAP.: *März 1933 Waldwing*

Bei welcher Ortsgruppe: *Dorf Jg. Maint Instituty i. Rümdy i. Oly...*

Gau (Bundesland): *Kärnten*   Bezirk: *Klagenfurt*

Bisherige Mitgliedsnummer (nach dem 27. 2. 1925): _____

Ist die Mitgliedsnummer von der Reichsleitung bestätigt? _____

Aufnahmedatum: _____
(nur von der Reichsleitung bestätigt)

Beiträge zuletzt bezahlt an: *Allg. Leitung durch Kärnten gekommen*

für welche Zeit: _____

Unterbrechung der Parteibeitragsleistung vom _____ bis _____

Gründe: _____

Sind Sie aus der Partei ausgetreten? _____ Wann: _____

Wo: _____ Gründe: _____

Sind Sie aus der Partei ausgeschlossen worden? _____ Wann: _____

Durch wen: _____ Gründe: _____

Zeitpunkt des Wiedereintritts: _____

Bei welcher Ortsgruppe: _____

Gau (Bundesland): _____ Bezirk: _____

Bei welcher Gliederung der NSDAP. (z. B. Pol. Leitung, SA, SS, NSBO, Frauenschaft, HJ, BdM) machten Sie Dienst:
1934 gemeldet bei SS i. Kärnten.

Welche Funktionen haben Sie in der illegalen Zeit ausgeübt:
Lundsleider VDA.

Sind Sie wegen illegaler nationalsozialistischer Betätigung bestraft worden? _____

Welche Strafen haben Sie erlitten: *Diese gefährte prostmaargriffe*
von 1933 - 1937 i. de. öfterr. Straße. Politik
Commmißio für unseren Besitz i. J. 1937.
Siehe Beilage I.

Mußten Sie wegen Ihrer illegalen Tätigkeit ins Altreich flüchten? _____

Genaue Gründe: _____

Wann erfolgte die Flucht: _____ Wo hatten Sie Ihren Aufenthaltsort: _____

Wo und als was waren Sie tätig? _____

Wurden Sie durch das Flüchtlings-Hilfswerk betreut? _____

In welcher Zeit gehörten Sie der Legion an? _____

Gehörten Sie oder gehören Sie noch einer Freimaurerloge oder einer logenähnlichen Vereinigung (Old Fellows, Druidenorden, Rotary Club) oder einem sonstigen Geheimbund an? _____

_____

_____

Welchen anderen Parteien, Organisationen, Verbänden und Vereinen (z. B. BF., CV., KV.) gehörten Sie an?

[handwritten]

Waren Sie Funktionär einer dieser Organisationen? _____

[handwritten]

Sind Sie aus anderen als pol. Gründen vorbestraft? _____

Art der Vorstrafen: _____

Angaben des Antragstellers über sonstige Tätigkeit für die NSDAP.: _____

[handwritten text]

_____

_____

Vorstehende Angaben habe ich nach bestem Wissen und Gewissen gemacht.

[handwritten] , den *24. [handwritten]* 1938.

[signature]

Quelle: BDC-Personalakte Dr. Hans Steinacher.

Nationalsozialistische ✦ **Deutsche Arbeiterpartei**

Der Stellvertreter des Führers

_.er Stabsleiter

München, den   1?. November 1937.
Braunes Haus

G e h e i m !

Streng vertraulich !

R u n d s c h r e i b e n
154/37.
(Nicht zur Veröffentlichung!)

An alle Reichsleiter und Gauleiter !

Der bisherige Leiter des VDA., S t e i n a c h e r , ist
beurlaubt worden; seine Abberufung wurde seit langem von
allen interessierten Gauleitern verlangt. Ich bitte die
Gauleiter, die volksdeutschen Fragen, wie im Rundschreiben 122/37 vom 5.10.37 mitgeteilt, mit Obergruppenführer
Lorenz oder dessen Vertreter, Dr. Behrends - beide Volksdeutsche Mittelstelle, Berlin W 35, Tiergartenstrasse 18 a -
zu behandeln.

gez.: M. B o r m a n n .

F.d.R.:

Quelle: BA-KO, NS6/227.